# UM DEUS
*365 dias de conexão com Ele*

# O ENCONTRO COM DEUS

*Eu te conhecia só de ouvir, mas agora os meus olhos te veem.*

Jó 42:5

Sentir Deus pela primeira vez foi uma experiência única, que me tomou de surpresa e me emocionou profundamente. Era como se todas as palavras que eu já ouvira sobre Ele finalmente ganhassem vida e se manifestassem dentro de mim.

Cresci ouvindo histórias sobre Ele. Elas permeavam minhas orações e conversas cotidianas. No entanto, sentia que algo me faltava naquela relação. Sentia que minhas palavras eram vazias, sem a profundidade de uma conexão verdadeira. Eu conhecia Deus de ouvir falar, mas não O havia incluído em minha vida de maneira real.

Essa distância entre ouvir falar de Deus e viver com Ele me acompanhou por muitos anos, até o momento em que o Pai decidiu se revelar em mim de uma forma arrebatadora, tornando o que sou em uma nova pessoa.

Eu estava passando por dias turbulentos e cansativos, repleto de dúvidas. Minha alma ansiava por certezas, algo que preenchesse o vazio gerado por ansiedade e insegurança quanto ao futuro. Foi então que, em meio à minha angústia, clamei a Deus com toda a sinceridade que pude reunir. Pedi não apenas respostas, mas Sua presença real em minha vida.

E Ele respondeu. Não por meio de sinais externos: Ele não precisou abrir o mar para mim, nem aparecer nas estradas perigosas da minha vida, mas revelou o Cristo que havia dentro de minha alma. Minhas emoções, que antes estavam desordenadas, encontraram um lugar de repouso quando Jesus deixou de ser uma imagem na minha mente. Eu podia senti-Lo na minha pele quando orava. E enquanto a chuva caía lá fora, dentro do meu quarto as lágrimas caíam sobre meu travesseiro. Compreendi o significado de Suas palavras ao dizer:

# EU SOU O CAMINHO, A VERDADE E A VIDA, NINGUÉM VEM AO PAI SENÃO POR MIM.

**João 14:6**

É que para ouvir Deus é preciso compreender e seguir Jesus. Encontrei as respostas para minhas dúvidas, dissipou-se a ansiedade e a insegurança.

Assim foi minha conversão. Eu não me converti quando passei a admirar Jesus e a falar sobre suas palavras, mas ao sentir que Ele vive em mim, ainda que eu seja uma pessoa tão falha. Embora soubesse que a estrada nem sempre seria fácil senti toda a luz que meu espírito teria para guiar-me em frente.

Assim como Jó, que vivenciou tantas provas e tribulações e passou de um conhecimento firmado em tradições ancestrais sobre Deus para um encontro pessoal, íntimo e transformador, eu também O encontrei face a face. E como ele, eu também pude dizer: Senhor, eu te conhecia só de ouvir falar, mas agora os meus olhos te veem.

Minha fé já não era mais baseada apenas em tradições, mas em uma experiência real e viva com Deus, meu Criador. Passei a percebê-Lo em cada detalhe da vida, nas pequenas e grandes coisas, nas alegrias e nas dores. Compreendi que Ele sempre esteve presente comigo, esperando o momento certo para se revelar de maneira mais íntima.

Meu desejo que é que esse devocional aprofunde sua relação com Deus, convidando-O para sua vida. Abra seu coração e chame-O para fazer parte do seu lar, suas decisões e de seus relacionamentos. E no tempo certo você poderá dizer com toda convicção: Deus, agora eu também Te vejo!

*Jaime Ribeiro*

# ENTENDA E SINTA O SEU
## DEVOCIONAL

**1Deus** é um chamado para um estado permanente de conexão com Deus. Todos os dias do ano você será convidado a perceber como o Todo Poderoso pode influenciar cada detalhe de sua vida de uma maneira espiritualmente positiva.

**DEUS ABRIU:** Você também pode abrir o seu livro ao acaso e deixar Deus lhe surpreender. Após ler a mensagem, anote a data, criando um registro especial das surpresas que Ele traz para sua vida.

**DEVOCIONAL:** Essa é a marcação da evolução da sua leitura anual. Ela indica quantos textos você já leu até aquele momento.

**REFLEXÕES:** Anote suas principais reflexões e pensamentos. Registre aqui as palavras que Deus inspirou no seu coração.

## #UMDEUSDEVOCIONAL

# EU SOU O PRIMEIRO E EU SOU O ÚLTIMO; ALÉM DE MIM NÃO HÁ DEUS.

Isaías 44:6

## COMO LER O 1DEUS

**VOCÊ PODE INICIAR A LEITURA DO SEU DEVOCIONAL EM QUALQUER ÉPOCA E DIA DO ANO. SIGA A CRONOLOGIA DA DATA EXATA E DÊ CONTINUIDADE ATÉ COMPLETAR OS SEUS 365 DIAS COM O 1DEUS.**

A seção Deus abriu serve para as chamadas leituras aleatórias, quando você abre o livro em qualquer página e faz a leitura. Quando você deixar Deus abrir o seu devocional para você, não esqueça de anotar no seu livro, preenchendo manualmente a data que você leu aquela mensagem.

## ONDE E QUANDO LER O 1DEUS

- Ao acordar, para iniciar bem o seu dia, conectando-se com Deus;
- Ao se deitar, para lhe acompanhar no momento de oração e equilíbrio antes do sono;
- Acompanhando as suas leituras do Evangelho no Lar;
- Sempre que seu coração sentir que precisa de apoio para sentir Deus.

Qualquer lugar e momento são perfeitos para falar com nosso Pai. Não sei esqueça que haverá muitas oportunidades de você ler essas mensagens para outras pessoas que podem precisar dela.
Então, ide e pregai! Nas redes sociais, em família ou nas conversas com amigos.

# APRESENTAÇÃO

Meu amigo Jaime tem dedicado sua vida a viver um propósito fundamentado em palavras como unir, construir, transformar, tendo a esperança como verbo.

O livro Um Deus nasce com esse fim: ser um instrumento, um caminho para que, dia após dia, durante os 365 dias do ano, possamos, assim como respiramos e vivemos, dar um passo atrás no nosso cotidiano e buscar transcender.

As escolhas, decisões e caminhos que tomamos todos os dias, quando feitos após um devocional, podem nos conduzir a uma vida mais equilibrada e profundamente conectada ao nosso grande propósito: Por que estamos aqui? Para que estamos aqui? Para onde iremos depois daqui?

Essas são perguntas individuais, mas todos nós podemos buscar respostas por meio de uma disciplina de conexão com Deus.

Os dias atuais me entristecem, mas leituras como Um Deus me enchem de alegria, entusiasmo e esperança. Desejo que o devocional Um Deus, que nasceu no coração do querido amigo Jaime, invada o seu coração, faça morada em sua casa e abençoe sua família com a presença divina.

Somente assim poderemos vislumbrar, ainda que em um futuro distante, uma sociedade de paz, justiça e amor. Afinal, como sociedade, somos reflexo do que carregamos dentro de nós. Que possamos ter Um Deus único dentro de cada um de nós!

Boa leitura.

*Fábio Silva*
*Embaixador do Pacto Global da ONU E CEO da Rede Muda Mundo.*

JANEIRO

@umdeusdevocional

"Venha o teu reino. Seja feita a tua vontade, assim na terra como no céu."
Mateus 6:10

01

# Recomeçar com Deus traz paz ao Coração

# TEMPO DE RENOVAÇÃO

> *"Mas os que esperam no Senhor renovarão as suas forças. Subirão com asas como águias; correrão, e não se cansarão; caminharão, e não se fatigarão."*
>
> Isaías 40:31

**UM DEUS**
**01 JAN**

Deus abriu ____/____

Devocional 1/365

Reflexões

O início de um novo ano é como uma página em branco diante de nós, cheia de possibilidades. As promessas de Deus para nossas vidas se renovam a cada manhã, e Ele nos chama a iniciar esta nova fase com a certeza de que, em Suas mãos, encontramos descanso e renovação. Não importa como foi o ano que se passou – seja de vitórias ou de desafios – hoje é um novo começo.

Aqueles que esperam no Senhor não apenas continuarão sua caminhada, mas o farão com forças renovadas. Muitos de nós chegamos exaustos ao final de um ano, talvez pelo peso das batalhas diárias ou pelos desafios que enfrentamos. Mas Deus promete nos revigorar quando escolhemos confiar Nele. Sua força é suficiente para nos fazer superar as dificuldades e avançar quando tudo parece incerto ou desafiador.

O segredo para uma vida renovada está em confiar plenamente no Senhor. Quando esperamos em Deus, recebemos forças que não vêm de nós mesmos, mas Dele. Assim como a águia que voa acima das tempestades, Deus promete que nos dará forças para superar qualquer obstáculo que possa surgir neste novo ano. Basta confiarmos e entregarmos a Ele nossas preocupações e cansaços.

Neste novo ano, confie que Deus, em Sua infinita graça, renovará suas forças. Ele é o Deus que nunca nos deixa desamparados, que nos capacita a correr a corrida da vida sem desfalecer. Ele está ao seu lado, pronto para renovar o que for necessário.

## FRASE DO DIA

**TODO RECOMEÇO COM DEUS CARREGA A CERTEZA DA VITÓRIA.**

#umdeusdevocional

# UM DEUS

## UM DEUS
### 02 JAN

📖 Deus abriu ____/____

🙏 Devocional 2/365

💭 Reflexões

_____
_____
_____
_____
_____
_____
_____
_____
_____

**FRASE DO DIA**

**CREIO NO DEUS VERDADEIRO, O ÚNICO QUE NUNCA FALHA.**

#umdeusdevocional

*"Não terás outros deuses além de mim."*
Êxodo 20:3

Deus nos chama a um relacionamento exclusivo, em que Ele é o centro de tudo. Esse é o coração do primeiro mandamento, um convite a buscarmos em Deus o sentido e a orientação de nossa vida, sem deixar espaço para ídolos que desviem nossa atenção e nossa devoção. No mundo de hoje, a idolatria nem sempre vem na forma de imagens ou altares físicos, mas pode se manifestar em preocupações que dominam o nosso coração, como a busca incessante por status, sucesso, relacionamentos ou aprovação. Essas distrações podem, aos poucos, nos afastar da presença de Deus.

Observar o nosso coração é uma prática essencial para manter nossa fé pura e nossa devoção verdadeira. Pergunte-se o que tem ocupado seus pensamentos, o que desperta sua ansiedade ou até o que toma o primeiro lugar em seu tempo e em suas prioridades. Deus nos alerta para não permitirmos que essas distrações se tornem falsos deuses que tentam competir com Sua posição em nossa vida.

Quando nos mantemos fiéis ao chamado de Um só Deus somos libertados da necessidade de buscar satisfação em coisas passageiras. Com um coração voltado apenas para Ele, encontramos paz e propósito. Permita que Deus seja o único a ocupar o centro de sua vida, e peça-Lhe que o livre de toda idolatria oculta. Que sua vida seja um testemunho do amor a um Deus verdadeiro, em quem você encontra tudo o que precisa.

# CONFIE NAS ESCOLHAS DE DEUS

**UM DEUS**
**03 JAN**

*"Então Abrão disse a Ló: Não haja desavença entre mim e você, ou entre os seus pastores e os meus; afinal somos irmãos!"*
Gênesis 13:8

Deus abriu ____/____

Devocional 3/365

Reflexões

Todos nós enfrentamos situações em que nos sentimos traídos ou enganados por alguém próximo que nos coloca em posição delicada e desconfortável.

A história de Abrão e seu sobrinho Ló exemplifica como lidar com essas situações com fé e sabedoria. Ao perceberem que já não podiam compartilhar a terra em razão de conflitos de interesse e desentendimentos entre seus liderados, Abrão permitiu que Ló escolhesse primeiro: Aí está a terra inteira diante de você. Vamos nos separar! (Gênesis 13-9). Ló escolheu para si o terreno fértil da região do Jordão. Sobraram para Abrão as terras áridas do deserto.

A escolha parecia injusta. No entanto, Abrão não se abalou. Confiava plenamente em Deus, opção que fez toda a diferença e confirmou as escolhas que Deus fez para ele. Sua confiança foi recompensada e transformou aparente perda em bênção duradoura para sua descendência. O deserto não era impedimento para que Deus cumprisse o que planejou de bom para a sua vida.

Lembremo-nos de que Deus tem sempre um plano maior para nós. Muitas vezes, nos permite atravessar momentos difíceis para fortalecer nossa fé e nos preparar para bênçãos maiores. Seu cuidado é perfeito. Ele é fiel para corrigir qualquer injustiça e nos abençoar abundantemente no momento certo ao confiarmos Nele.

Mantenha sua fé firme. Confie em Deus. A desvantagem de hoje pode se transformar na maior bênção da sua vida.

**FRASE DO DIA**
**EU ESCOLHO CONFIAR EM DEUS.**

#umdeusdevocional

# A VONTADE DE DEUS

**UM DEUS**

04 JAN

*"Venha o teu reino. Seja feita a tua vontade, assim na terra como no céu."*

**Mateus 6:10**

**Deus abriu** ___/___

**Devocional 4/365**

**Reflexões**

_____
_____
_____
_____
_____
_____
_____
_____
_____
_____

**FRASE DO DIA**

EU ACEITO TUA VONTADE PARA MINHA VIDA, SENHOR.

#umdeusdevocional

Ao pensarmos em orar, lembramo-nos logo do Pai Nosso, essa oração completa e sublime ensinada por Jesus durante o Sermão da Montanha. Dizemos com os olhos fechados seja feita a Tua vontade, mas será que aceitamos os desígnios de Deus como Jesus ensinou, ou queremos que Ele faça as nossas vontades? Será que entendemos que a Dele é melhor para nós do que a nossa?

O Apóstolo Paulo nos convoca a transformar nossas mentes para que possamos entender e aceitar a vontade de Deus. Isso requer uma mudança profunda na maneira como pensamos e vivemos. Não temos a capacidade de sondar os mistérios que envolvem Suas decisões para as nossas vidas, quase sempre porque o envolvimento emocional ou o nosso estado espiritual imaturo nos impossibilita o despertar da alma.

Aceitar a vontade de Deus pode ser desafiador, especialmente quando ela diverge dos nossos próprios desejos. No entanto, essa entrega é fundamental para uma vida de fé autêntica. Deus conhece o que é melhor para nós, mesmo quando não conseguimos entender Suas ações no momento.

Da próxima vez que você orar o Pai Nosso, concentre o poder da sua fé quando seus lábios disserem seja feita a tua vontade. Essa é sua declaração de entrega aos planos perfeitos de Deus.

# DÚVIDAS

**UM DEUS**
**05 JAN**

> "Por isso não tema, pois estou com você; não tenha medo, pois sou o seu Deus. Eu o fortalecerei e o ajudarei; eu o segurarei com a minha mão direita vitoriosa."
>
> Isaías 41:10

Deus abriu ___/___

Devocional 5/365

Reflexões

Deus te viu em silêncio, paralisado, sem saber o que fazer. Ele está acostumado com nossas angústias e medos. Sabe das sombras que atravessamos e daquelas que ainda teremos que atravessar. Não foi por acaso que Ele falou para nós através dos profetas e os poetas dos livros sagrados repetiram: "Não tenha medo!" Esse aviso e encorajamento são repetidos insistentemente para nos lembrarmos de que não estamos sozinhos.

A coragem para agir vem da certeza de que Deus está ao nosso lado, pronto para nos ajudar. Quando enfrentamos incertezas, é fácil ficar paralisado pelo medo. No entanto, Deus nos convida a confiar em Sua presença constante e amorosa. Ele quer que avancemos com fé, até quando não conseguimos ver o caminho claro à nossa frente.

Na próxima vez que se sentir paralisado pela dúvida lembre-se de que Deus está observando e esperando que confie Nele. Ele nunca nos abandona e está sempre pronto para nos guiar através das tempestades da vida. Não tenha medo, pois o Senhor está contigo sustentando-te com Sua justiça.

**FRASE DO DIA**

NADA TEMO, POIS ELE ESTÁ COMIGO.

#umdeusdevocional

# A NOVA CRIATURA EM CRISTO

**UM DEUS**

06 JAN

*"Quanto à antiga maneira de viver, vocês foram ensinados a despir-se do velho homem, que se corrompe por desejos enganosos."*
**Efésios 4:22**

Deus abriu ___/___

Devocional 6/365

Reflexões

_____
_____
_____
_____
_____
_____
_____
_____

**FRASE DO DIA**
HOJE DECIDO TORNAR-ME NOVA CRIATURA EM CRISTO.

#umdeusdevocional

Em nossa jornada espiritual, a transformação em Cristo é convite ao renascimento completo. Paulo fala sobre despir-se do velho homem e revestir-se do novo, imagem poderosa que nos convida a abandonar hábitos e pensamentos que nos afastam de Deus, adotando nova maneira de viver, baseada na justiça e santidade.

Um artesão moldando uma peça de barro refina e aperfeiçoa sua obra até que atinja a forma desejada. Assim somos nós nas mãos de Deus. A cada dia Ele nos molda, remove imperfeições e nos transforma à Sua imagem.

As prioridades mudam, os valores são realinhados com os princípios divinos. Se antes havia ressentimento, agora há perdão; se havia medo, agora há coragem; se havia dúvida, agora há fé.

Essa transformação contínua requer esforço diário. Envolve leitura da Palavra, oração e busca constante por uma vida que espelhe os ensinamentos de Cristo. A jornada não é fácil, mas gratificante e nos aproxima cada vez mais de Deus.

Libertemo-nos das amarras do passado. Muitas vezes, carregamos conosco culpas, traumas e medos que nos impedem de viver plenamente a nova vida que Cristo oferece. Mas, com Ele, deixamos essas cargas para trás e caminhamos em liberdade.

Que possamos, a cada dia, buscar essa renovação e sempre nos lembrar de que em Cristo somos novas criaturas, chamadas a viver em justiça e santidade.

# A TRANSFORMAÇÃO EM CRISTO

> *"Não se amoldem ao padrão deste mundo, mas transformem-se pela renovação da sua mente, para que vocês experimentem a boa, agradável e perfeita vontade de Deus."*
> **Romanos 12:2**

**UM DEUS**
**07 JAN**

Deus abriu ____/____

Devocional 7/365

Reflexões

Ao olharmos para nossa vida antes de encontrar Cristo, o cenário era de dúvidas, medos, inseguranças, solidão. Talvez você tenha orado, participado de cultos, lido o Evangelho, mas não sentiu a Presença Divina. Ao vivenciar sincera conversão, algo muda. O véu é retirado dos olhos, Deus torna-se presente em cada momento do dia ao mudarmos o pensamento sobre a vida e a espiritualidade.

Quando minha vida era um mar de incertezas, em conversa sincera com Deus pedi para sentir Sua presença real. Então, passei a percebê-Lo no sorriso de um estranho, na brisa de fim de tarde, na paz após uma oração, em cada detalhe da minha vida. Eu só precisei estar atento para vê-Lo.

Estar em Cristo significa ser uma nova criatura. Velhas preocupações e ansiedades não têm mais poder sobre nós. A cada dia aprendemos a confiar mais, a entregar as angústias em Suas mãos e a viver na alegria de Sua presença, a enfrentar adversidades de uma nova maneira.

Em Cristo encontramos força e coragem para enfrentar desafios. A fé se torna nosso sustento, rocha firme sobre a qual construímos nossa vida. Vemos cada experiência, boa ou ruim, como oportunidade de crescimento e aprendizado em Deus.

A cada manhã, as misericórdias de Deus se renovam sobre nós trazem esperança e alegria. Que vivamos essa verdade, sentindo a presença de Deus em cada aspecto de nossas vidas.

**FRASE DO DIA**

**A PRESENÇA DE DEUS RENOVA-ME TODOS OS DIAS.**

#umdeusdevocional

# O EXEMPLO DE ZAQUEU

**UM DEUS**

08 JAN

> *"Quando Jesus chegou àquele lugar, olhou para cima e disse: Zaqueu, desça depressa. Quero ficar em sua casa hoje. Então, ele desceu rapidamente e O recebeu com alegria."*
>
> **Lucas 19:1-6**

 **Deus abriu** ___/___

 **Devocional 8/365**

**Reflexões**

_____
_____
_____
_____
_____
_____
_____
_____
_____
_____

**FRASE DO DIA**

**EU ACEITO SER UMA NOVA PESSOA, SENHOR JESUS.**

#umdeusdevocional

Zaqueu é exemplo de que a transformação em Cristo é jornada de fé e disposição, ao se esforçar para encontrar Jesus em meio à multidão. E Ele surpreendeu-o com o propósito de ficar em sua casa. Reveja essa passagem completa em Lucas 19:1-10.

Jesus não se importa com a posição social ou a reputação das pessoas. Ele olha para o coração, a fé e desejo de mudança. Ao aceitá-Lo em sua casa, Zaqueu tomou a decisão de transformar sua vida, mostrando que para ser amado por Ele o que importa é permitir que Ele viva dentro de nós.

Muitas vezes, somos chamados a superar obstáculos e sair de nossa zona de conforto para encontrar Cristo. Isso pode significar dedicar mais tempo à oração, à leitura da Palavra ou a atos de serviço e amor ao próximo. Que esforço real nós temos feito em nossas vidas por Ele?

A conversão de Zaqueu foi uma mudança interna, mas se refletiu em ações concretas que demonstraram sua nova identidade em Cristo. Ele se comprometeu a devolver o que havia extorquido e a dar metade de seus bens aos pobres.

Não importa quem somos ou o que fizemos, Jesus nos convida a descer da nossa figueira e a recebê-Lo em nossas vidas. Ele nos convida a fazer um esforço genuíno para buscar Sua presença e permitir que Ele transforme nossas vidas de dentro para fora.

Que possamos seguir o exemplo de Zaqueu, buscando Jesus com determinação e abrindo nosso coração para a transformação que só Ele pode trazer.

# REAGIR COM SABEDORIA

*"Vocês planejaram o mal contra mim, mas Deus o tornou em bem."*
Gênesis 50:20

**UM DEUS**
**09 JAN**

Deus abriu ___/___

Devocional 9/365

Reflexões

Seguir a Deus não significa apenas agir corretamente, mas reagir às adversidades com sabedoria e equilíbrio. Ao sermos injustiçados, nossa reação pode determinar o curso dos acontecimentos. A resposta sábia e equilibrada desarma conflitos e promove a paz. Jesus reagia com calma e perdão até às maiores provocações. Grande é o desafio, porém é oportunidade de demonstrar o poder transformador de Cristo em nossas vidas.

José, filho de Jacó, vendido como escravo por seus irmãos enfrentou inúmeras injustiças. No entanto, reagiu com sabedoria e equilíbrio, confiou em Deus e manteve sua integridade. Ao invés de se vingar escolheu o perdão. Sua reação salvou sua família e também cumpriu os propósitos de Deus.

No Sermão do Monte Jesus nos convida a reagir com amor e paciência: Se alguém o forçar a caminhar com ele uma milha, vá com ele duas (Mateus 5:41). Isso simboliza a disposição de ir além das expectativas humanas e demonstrar o amor incondicional de Deus.

Ao enfrentar desafios, escolha reagir com sabedoria e equilíbrio. Permita que o exemplo de Cristo guie suas respostas, transformando conflitos em oportunidades de demonstrar paz e amor. Que suas atitudes reflitam o amor de Deus em cada situação, mostrando ao mundo a força de uma fé viva.

**FRASE DO DIA**

COMO JESUS, ENFRENTO OS DESAFIOS COM CALMA E SABEDORIA.
#umdeusdevocional

# CAMINHOS CURTOS

**UM DEUS**
**10 JAN**

> *"Nem todo aquele que me diz: 'Senhor, Senhor', entrará no Reino dos céus, mas apenas aquele que faz a vontade de meu Pai que está nos céus."*
>
> **Mateus 7:21**

 Deus abriu ___/___

 Devocional 10/365

Reflexões

_____
_____
_____
_____
_____
_____
_____
_____
_____

**FRASE DO DIA**
O SENHOR É O MEU GUIA E MEU MODELO PARA A VIDA.

#umdeusdevocional

O desejo de seguir o caminho mais simples é comum a todos nós. No entanto, Jesus nos ensina que o melhor caminho nem sempre é o mais fácil. Ele fala sobre a porta estreita, pouco escolhida, mas que leva ao Reino de Deus e à verdadeira realização.

Seguir Jesus implica ouvir e praticar Suas palavras, ainda que signifique escolher a porta estreita. Ao construirmos nossa vida sobre a rocha de Seus ensinamentos, enfrentamos as tempestades com firmeza e segurança, pois estamos ancorados na verdade.

Noé aceitou o caminho difícil ao obedecer à ordem de Deus para construir a arca, empreendimento gigantesco que exigia fé e obediência. Ele poderia ter ignorado a tarefa árdua, mas optou pela porta estreita, seguia a vontade de Deus e assim salvou sua família (Gênesis 6-9).

O Talmud nos ensina que existem muitos caminhos curtos que são longos e muitos caminhos longos que são curtos. Isso ilustra bem nossa jornada espiritual. O atalho pode trazer dificuldades inesperadas, enquanto o caminho difícil pode nos conduzir mais rapidamente aos nossos verdadeiros objetivos.

Então, por que escolhemos a porta larga? Porque julgamos que seja a rota direta para o sucesso. No entanto, Jesus nos diz que o caminho largo pode levar à destruição, enquanto o estreito, embora difícil, leva à vida eterna, ao Reino de Deus. Que escolhas temos feito?

# JORNADA DA CONVERSÃO

> "Mas eu orei por você, para que a sua fé não desfaleça. E quando você se converter, fortaleça os seus irmãos."
>
> Lucas 22:32

UM DEUS
11 JAN

Deus abriu ___/___

Devocional 11/365

Reflexões

A conversão é um evento que transcende o simples momento do encontro inicial com Cristo. É uma jornada contínua de transformação, onde cada passo nos aproxima mais da verdadeira essência de ser uma nova criatura em Cristo.

A transformação começa de dentro para fora, tocando primeiro o nosso espírito antes de se refletir em nossas ações e palavras. Haverá dias de intensa proximidade com Deus, onde Sua presença é palpável e confortadora. Em contrapartida, haverá dias de aparente distância, onde a fé é testada e fortalecida.

Inicialmente, pode parecer que ainda há muito de nosso velho eu aparecendo mais do que Cristo. Isso é natural. À medida que continuamos a caminhar com Jesus, essas diferenças começam a se alinhar com a natureza divina. A vida do convertido é, pois, uma busca constante por se tornar mais semelhante a Cristo.

Sinta o seu processo de conversão como parte da obra divina em sua vida. Ele é único, belo e, às vezes, desafiador, mas cada etapa vale a pena. Confie que Deus está moldando você com paciência e perfeição. Um dia, a plenitude Dele será visível em tudo o que você fizer. Até lá, caminhe com firmeza, confiando na obra que Ele está realizando em você. Respeite o tempo de sua transformação interior e permita que Deus o conduza a uma vida mais plena e alinhada com o Seu propósito.

**FRASE DO DIA**

MINHA CONVERSÃO É A PRIORIDADE DA MINHA ALMA.

#umdeusdevocional

# DEIXE DEUS NO SEU LUGAR

**UM DEUS**
**12 JAN**

*"Disse-lhe Jesus: Eu sou a ressurreição e a vida; quem crê em mim, ainda que esteja morto, viverá."*

**João 11:25**

Deus abriu ___/___

Devocional 12/365

Reflexões

_____
_____
_____
_____
_____
_____
_____
_____

**FRASE DO DIA**

CUIDE DA MINHA FAMÍLIA, SENHOR.

#umdeusdevocional

Quando Lázaro morreu, Jesus estava ausente, seguia em Sua missão. As irmãs do amigo, Marta e Maria, O culparam, crendo que se Ele estivesse presente, Lázaro não morreria.

Às vezes carregamos a dor da culpa por não estarmos presentes na vida de quem amamos, por questões fora de nosso controle, escolhas imaturas ou errôneas e não nos perdoarmos por essa falha.

Jesus, porém, chegou a Betânia e trouxe esperança onde já não parecia haver vida. Ele pediu a Deus pela ressurreição de Lázaro e foi atendido.

Deus pode operar maravilhas em nossa ausência. O Rabino Akiva, um dos maiores sábios de seu tempo, precisou viajar e deixar sua família sozinha, confiante de que Deus cuidaria deles. Foi um período penoso para eles, ocorreram muitas dificuldades. Ao retornar ele encontrou sua família fortalecida na fé. Deus cuidou dos seus entes queridos enquanto ele estava longe, pois a presença divina não depende de nossa presença física.

Cultive a presença de Cristo nos corações dos seus afetos, e Deus estará sempre com eles. Antes de compartilhar o Evangelho com outras pessoas traga as Suas palavras para dentro de sua família. Faça o Evangelho no Lar. Jesus diz que onde duas ou mais pessoas estejam reunidas em Seu nome, Ele está presente.

Não se culpe, pois, por suas ausências voluntárias ou involuntárias. Chame Deus para estar com aqueles que você ama todos os dias. Deixe-O no seu lugar.

# A PUREZA QUE TRANSFORMA

*"Jesus estendeu a mão, tocou nele e disse: 'Quero. Seja purificado!' Imediatamente a lepra o deixou, e ele foi purificado."*

Marcos 1:41-42

**UM DEUS**
**13 JAN**

Deus abriu ___/___

Devocional 13/365

Reflexões

Um leproso fez a Jesus pedido simples carregado de fé: Se quiseres, podes purificar-me. A lepra, mais do que doença física, era símbolo de impureza e isolamento social. Na lei mosaica tocar um leproso tornava a pessoa impura. Por isso, os discípulos e as outras pessoas alarmaram-se com a ação revolucionária de Jesus.

Ao tocar o leproso, Ele desafiou normas sociais e religiosas de seu tempo e revelou uma verdade profunda: Sua pureza é tão poderosa que, ao tocar o impuro, Ele o purifica em vez de ser contaminado.

Muitas vezes, tememos que as impurezas do mundo nos contaminem, então nos isolamos e evitamos lugares e pessoas consideradas "impuras". No entanto, Jesus nos chama a ser luz em meio às trevas, a estar no mundo sem sermos do mundo (João 17:14-16). Quando somos genuinamente conectados a Cristo, vivendo em constante oração e vigilância, Sua pureza em nosso coração é capaz de transformar ambientes e pessoas ao nosso redor.

A conexão com Ele nos torna instrumentos de Sua graça transformadora. Somos chamados a tocar os "intocáveis" de nossa sociedade, a levar esperança onde há desespero, a manifestar a santidade de Deus em todos os lugares.

Portanto, não nos isolemos para nos proteger das impurezas. Envolvamo-nos com o mundo. Firmes em Cristo, seremos agentes de transformação, capazes de dissipar as trevas e trazer cura aos corações feridos e impuros que encontrarmos.

**FRASE DO DIA**

O CRISTO BRILHA EM MIM.

#umdeusdevocional

# VENCER EM CRISTO

**UM DEUS**

**14 JAN**

> *"Mas graças a Deus, que nos dá a vitória por meio de nosso Senhor Jesus Cristo."*
> **1 Coríntios 15:57**

 Deus abriu ___/___

 Devocional 14/365

 Reflexões

_____
_____
_____
_____
_____
_____
_____

**FRASE DO DIA**
SÓ HÁ APARENTES DERROTAS QUANDO CRISTO NÃO ESTÁ EM MIM.

#umdeusdevocional

Há momentos em nossa caminhada cristã em que parece que não conseguimos vencer. Oramos, jejuamos, confiamos em Deus, mas os resultados esperados não vêm. O desânimo se instala, a dúvida começa a corroer nossa fé. Nessas horas precisamos lembrar que nossa vitória não está baseada em circunstâncias visíveis, mas na obra consumada de Jesus Cristo.

A vitória que Deus promete não é sempre sobre os desafios imediatos, mas uma vitória eterna e segura em Cristo. Jesus, em Sua vida, morte e ressurreição, conquistou a vitória definitiva sobre o pecado e a morte. Quando nos sentimos derrotados, precisamos olhar para a cruz e lembrar que ali Jesus declarou: Está consumado (João 19:30). Essa declaração nos assegura que, até quando não vemos a vitória agora, ela já foi conquistada para nós. A aparente derrota pode ser um tempo de crescimento e fortalecimento espiritual.

Deus usa nossas lutas para moldar nosso caráter e nos aproximar mais Dele. O apóstolo Paulo enfrentou inúmeras dificuldades, mas ele reconhecia que em todas essas coisas era mais do que vencedor por meio daquele que o amou (Romanos 8:37).

Se o sentimento de derrota te envolve hoje, lembre-se que a vitória de Cristo é sua. Ele prometeu estar com você todos os dias até a consumação dos séculos (Mateus 28:20). Confie que Ele está trabalhando em todas as coisas para o nosso bem, mesmo quando não compreendemos Seus caminhos.

# FALTA DE FORÇAS

> "Pois o Espírito que Deus nos deu não é de covardia, mas de poder, de amor e de equilíbrio."
> 2 Timóteo 1:7

UM DEUS
15 JAN

Deus abriu ____/____

Devocional 15/365

Reflexões

Todos nós já experimentamos momentos em que sentimos que nos faltam forças para convencer alguém sobre algo importante, especialmente quando se trata de compartilhar nossa fé. Podemos sentir a pressão de encontrar as palavras certas ou de sermos persuasivos o suficiente. No entanto, é vital lembrar que a obra de convencer os corações não depende de nossa habilidade, mas do poder Divino.

Jesus nos disse que o Espírito Santo é quem convence o mundo do pecado, da justiça e do juízo (João 16:8). Nosso papel é sermos testemunhas fiéis, compartilhar a verdade com amor e viver de maneira que reflita Cristo. O apóstolo Paulo, que era um grande evangelista, reconhecia que seu sucesso não vinha de si mesmo, mas do poder de Deus trabalhando através dele.

Quando nos sentimos incapazes, podemos confiar que o Divino nos capacita e nos dá as palavras certas. Precisamos orar pedindo sabedoria e coragem, sabendo que Deus nos dá um espírito de poder, amor e equilíbrio. Ele nos equipa para cumprir Sua vontade, não importa quão difícil possa parecer a tarefa.

Se você está lutando para convencer alguém hoje, entregue essa preocupação a Deus. Confie que Ele está trabalhando no coração dessa pessoa e que Ele usará suas palavras e ações de maneira que você nem pode imaginar. Lembre-se, a força e a sabedoria vêm de Deus, e Ele é fiel para completar a obra que começou.

**FRASE DO DIA**
EU ENTREGO AS MINHAS PREOCUPAÇÕES A DEUS E CONFIO.

#umdeusdevocional

# A DOR DO ABANDONO

**UM DEUS**

**16 JAN**

*"Mesmo que meu pai e minha mãe me abandonem, o Senhor me acolherá."*
**Salmos 27:10**

Deus abriu ___/___

Devocional 16/365

Reflexões

_____
_____
_____
_____
_____
_____
_____
_____

**FRASE DO DIA**

**DEUS ME ACOLHE EM SEU AMOR ETERNO.**

#umdeusdevocional

A dor do abandono é experiência das mais difíceis que podemos enfrentar. Quando aqueles em quem confiamos nos deixam no meio da jornada, sentimos um vazio profundo. Esse abandono pode nos fazer questionar nosso valor e até nossa fé. No entanto, em meio a essa dor, Deus nos oferece uma promessa de acolhimento e fidelidade inabalável.

O salmista Davi conhecia bem o sentimento de abandono. Ele experimentou traições e solidão e sempre encontrou consolo na presença de Deus. Essa verdade é um ancoradouro para nós em momentos de solidão e desespero.

Jesus também experimentou o abandono. Na cruz, Ele foi abandonado por Seus discípulos e até sentiu a separação de Deus quando clamou: Deus meu, Deus meu, por que me desamparaste? (Mateus 27:46). No entanto, por meio de Sua ressurreição, Ele nos assegura que nunca estaremos sozinhos e prometeu estar conosco sempre, até o fim dos tempos (Mateus 28:20).

Quando amigos nos abandonam, é oportunidade de nos voltarmos ainda mais para Deus, o amigo fiel e constante. Podemos confiar que entende nossa dor e está presente para nos consolar e fortalecer. Ele também nos envia novas pessoas para nos apoiar e caminhar ao nosso lado.

Ao sentir o vazio do abandono em algum momento da vida, busque a presença de Deus. Permita que Ele cure seu coração, e restaure sua esperança. Ele é o amigo que nunca falha, sempre pronto a nos acolher em Seus braços amorosos.

# EM MEIO ÀS TEMPESTADES

*"E Ele, despertando, repreendeu o vento e disse ao mar: 'Acalma-te, emudece.' O vento se aquietou, e fez-se grande bonança."*

**Marcos 4:39**

**UM DEUS**
**17 JAN**

**Deus abriu** ____ / ____

**Devocional 17/365**

**Reflexões**

As tempestades da vida muitas vezes nos pegam de surpresa. São momentos em que tudo parece fora de rumo e a esperança se esvai. No entanto, é nesses momentos que precisamos lembrar que Jesus está no barco conosco. Até quando Ele parece estar dormindo, tem o poder de acalmar as tempestades.

Os discípulos, pescadores experientes, sabiam lidar com o mar, mas a borrasca que enfrentaram era tão feroz que temeram por suas vidas. Em desespero, acordaram Jesus, clamando por ajuda. Ele, com serenidade, repreendeu o vento e o mar, trazendo paz instantânea.

Em meio às tempestades, nossa fé é testada e fortalecida. A presença de Jesus faz toda a diferença, traz paz, não porque as circunstâncias mudam imediatamente, mas porque Ele está conosco.

Precisamos aprender a confiar que Ele está no controle, ainda que não vejamos uma solução imediata. Ele nos chama a ter fé, a acreditar que Ele pode transformar qualquer situação, por mais desesperadora que pareça.

Se você está enfrentando uma tempestade hoje, clame a Jesus. Confie que Ele é capaz de trazer paz e acalmar os ventos e as ondas em sua vida. Seu poder é o que basta para transformar nossas aflições em grandes bonanças.

Portanto, não deixe que o medo domine seu coração. Olhe para Jesus e lembre-se de que Ele nunca nos abandona; está sempre presente, pronto para intervir em nosso favor.

**FRASE DO DIA**

**JESUS DISSIPA AS TEMPESTADES DA MINHA VIDA.**

#umdeusdevocional

# RESILIÊNCIA

**UM DEUS**
**18 JAN**

> "E não somente isso, mas também nos glorificamos nas tribulações; sabendo que a tribulação produz a perseverança; e a perseverança, o caráter; e o caráter, a esperança."
>
> **Romanos 5:3-4**

Deus abriu ___/___

Devocional 18/365

Reflexões

_____
_____
_____
_____
_____
_____
_____
_____

**FRASE DO DIA**
CADA DIA É UMA VITÓRIA EM HONRA A DEUS.

#umdeusdevocional

Resiliência é a capacidade de se recuperar das adversidades e continuar em frente. Cada um de nós já enfrentou momentos difíceis e lembrarmo-nos das superações pode ser uma fonte poderosa de encorajamento. Deus nos sustenta em todas as tribulações. Deus foi fiel ontem, é fiel hoje e será fiel amanhã para nos ajudar a superar sempre.

Quantas dificuldades você já venceu, quantas noites escuras transformadas em manhãs de alegria, testemunhas do cuidado e da graça de Deus em sua vida. Cada desafio superado fortalece seu caráter e aprofunda sua esperança.

Recorde as suas vitórias passadas. Lembre-se: quando pensou que não conseguiria mais, Deus te fortaleceu. Essas experiências não são apenas memórias, são a base de uma fé resiliente para enfrentar novos desafios com confiança.

Ao sentir-se envolto em angústia e desânimo, recorde-se da fidelidade de Deus em sua vida. A resiliência não é apenas sobre sobreviver, mas viver plenamente, até em meio às dificuldades, por sabermos que Deus está conosco.

Portanto, não desista. Lembre-se das vitórias passadas confiante de que Deus te sustentará novamente, devolvendo-te a alegria. Sua resiliência está enraizada em Cristo, a chave para superar qualquer adversidade, viver uma vida abundante, voltar a sorrir e brilhar.

# VOCÊ NÃO É MAIS UM

> "E, se encontrar, com certeza ficará mais feliz por aquela do que pelas noventa e nove que não se desviaram."
>
> Mateus 18:13

**UM DEUS**
**19 JAN**

Deus abriu ____ / ____

Devocional 19/365

Reflexões

Jesus nos ensina, através da parábola da ovelha perdida, que o coração de Deus se alegra imensamente quando encontra aquele que estava perdido. Na história, o pastor não hesita em deixar suas noventa e nove ovelhas em segurança para buscar a única que se afastou. Esse gesto mostra que cada um de nós tem um valor incomparável para Deus. Ele não nos vê apenas como parte de um grupo; Ele nos conhece individualmente, com todas as nossas lutas, quedas e dúvidas.

A ovelha que se desgarrou representa qualquer um de nós que, em algum momento, se sente distante, confuso ou até mesmo caído. O pastor da parábola não apenas busca incansavelmente, mas, ao encontrar a ovelha, ele a carrega sobre seus ombros e a leva de volta, simbolizando o cuidado e o alívio que Deus traz quando nos acolhe novamente. Não importa o quanto você se sinta distante, Deus jamais desiste de você. Sua alegria em vê-lo retornar é maior do que qualquer erro ou afastamento que possa ter acontecido.

Para Deus, você não é apenas mais uma pessoa; é Sua criação amada. Ele se importa com suas dores, suas dúvidas e até com os momentos em que você perde o rumo. E quando você decide voltar, Ele o acolhe com uma festa no céu, prova de Seu amor pleno, incondicional e inabalável. Permita-se ser encontrado por Ele e sinta a paz de estar em Seus braços, onde não há julgamento, apenas alegria e perdão.

**FRASE DO DIA**

**DEUS JAMAIS DESISTE DE MIM.**

#umdeusdevocional

# A FÉ MOVE MONTANHAS

**UM DEUS**
**20 JAN**

> "Em verdade vos digo que, se tiverdes fé e não duvidardes, não só fareis o que foi feito à figueira, mas até se a este monte disserdes: 'Ergue-te e lança-te no mar' assim será feito."
>
> Mateus 21:21

📖 Deus abriu ___/___

🙏 Devocional 20/365

💡 Reflexões

_____
_____
_____
_____
_____
_____
_____
_____
_____
_____

**FRASE DO DIA**
EU CREIO NO DEUS QUE MOVE MONTANHAS.

#umdeusdevocional

A fé tem o poder de transformar situações impossíveis em milagres visíveis. Jesus nos chama a ter uma fé plena no poder de Deus. Quando acreditamos, coisas extraordinárias podem acontecer.

Portanto, a fé que move montanhas não é baseada em nossa força ou habilidades, mas na confiança total em Deus. Ele é capaz de fazer infinitamente mais do que pedimos ou imaginamos. A nossa parte é crer ainda que enfrentemos grandes obstáculos. Muitas vezes, olhamos para as montanhas em nossa vida e nos sentimos impotentes, mas Jesus nos ensina que a fé verdadeira pode mudar qualquer cenário.

A fé é um dom de Deus, e devemos cultivá-la ao meditar na Palavra de Deus, orar fervorosamente e confiar nas promessas divinas, diariamente. Ao fazermos isso, nossa fé cresce e se fortalece, permitindo-nos enfrentar qualquer desafio com confiança. Jesus não disse que mover montanhas seria fácil, mas que é possível com fé.

Se você está diante de uma "montanha" hoje, confie que Deus pode fazer o impossível em sua vida. Lembre-se de que a fé não é apenas acreditar que Deus pode fazer, mas saber que Ele fará, de acordo com Sua vontade perfeita. Portanto, não permita que a dúvida enfraqueça sua fé.

# DIANTE DO DESESPERO

> *"Bendito seja o Deus e Pai de nosso Senhor Jesus Cristo, o Pai das misericórdias e o Deus de toda consolação."*
> 2 Coríntios 1:3

**UM DEUS**
**21 JAN**

**Deus abriu** ____/____

**Devocional 21/365**

**Reflexões**

O desespero pode nos trazer a sensação de isolamento e desesperança. No entanto, Deus é o Pai das misericórdias e o Deus de toda consolação. Ele está presente em nossas tribulações, oferecendo conforto e esperança em meio à dor. Paulo, em sua segunda carta aos Coríntios nos lembra de que Deus nos consola em todas as nossas tribulações para que possamos também consolar os outros.

Deus não apenas nos consola, mas nos capacita a consolar os outros com o mesmo conforto que recebemos Dele. Nossas experiências podem se tornar um testemunho poderoso da graça de Deus, ajudando a quem esteja passando por situações semelhantes. Nossa dor, quando entregue a Deus, pode se transformar em uma fonte de esperança para os outros.

Se você está enfrentando desespero hoje, busque o amor de Deus. Permita que Ele encha seu coração de esperança e use sua experiência para trazer conforto a outros. Lembra-te de que Sua misericórdia é renovada a cada manhã, e Ele nunca te deixará nem te abandonará. Em meio ao desespero, podemos encontrar uma esperança que transcende nossa compreensão.

Portanto, em vez de se render a esse sentimento, busque a presença de Deus que te consola e fortalece sempre. Ao recuperar a serenidade seja um canal de conforto e esperança para quem igualmente sofra com o desespero. Deus pode transformar sua experiência em testemunho de Sua fidelidade e amor.

**FRASE DO DIA**

**SUPERO MEU DESESPERO COM FÉ E INSPIRO OUTROS DESESPERADOS.**

#umdeusdevocional

# O SILÊNCIO DE DEUS

**UM DEUS**

22 JAN

> "E Respondeu-lhes Jesus: O que eu faço, não o sabes agora; mas depois o entenderás."
> 
> **João 13:7**

**Deus abriu** ___/___

**Devocional 22/365**

**Reflexões**

_____
_____
_____
_____
_____
_____
_____
_____
_____
_____

**FRASE DO DIA**

**SE DEUS SILENCIA AGUARDO CONSTANTEMENTE O SEU SINAL.**

#umdeusdevocional

Há momentos na vida em que Deus parece silencioso, e isso pode ser extremamente desafiador para nossa fé. Oramos, clamamos e buscamos respostas, mas o silêncio de Deus pode nos fazer sentir abandonados ou ignorados. No entanto, é importante lembrar que esse fato não significa Sua ausência.

Jesus nos ensina que há propósitos divinos que não compreendemos no momento, mas que serão revelados a seu tempo. Assim como os discípulos não entendiam perfeitamente os planos de Jesus até depois de Sua ressurreição, muitas vezes não compreendemos os planos de Deus em nossas vidas até que eles se realizem. O silêncio de Deus pode ser um período de preparação e crescimento espiritual, onde Ele trabalha em nosso caráter e fortalece nossa fé.

O silêncio de Deus é temporário, mas Sua presença é eterna. Mantenha-se firme em Sua Palavra e em Suas promessas. A sua fidelidade durante os tempos de silêncio pode se tornar um testemunho poderoso para outras pessoas que também enfrentam períodos de incerteza e espera.

Portanto, não deixe que o silêncio de Deus abale sua fé. Use esse tempo para se aproximar mais Dele, para fortalecer sua vida de oração e para aprofundar seu relacionamento com o Pai. Ele está trabalhando em todas as coisas para o seu bem, e no tempo certo, Ele revelará Seu plano para sua vida.

# A ORAÇÃO PERSISTENTE

*"Orai sem cessar."*
**1 Tessalonicenses 5:17**

**UM DEUS**
**23 JAN**

Deus abriu ___/___

Devocional 23/365

Reflexões

A oração é uma das ferramentas mais poderosas que temos como cristãos, e a Bíblia nos exorta a orar sem cessar. No entanto, muitas vezes nos sentimos desencorajados quando nossas orações não são respondidas imediatamente ou da maneira que esperamos. A persistência na oração é um ato de fé que demonstra nossa confiança na soberania e bondade de Deus.

Na parábola do juiz iníquo e da viúva persistente Jesus fala da importância da oração contínua (Lucas 18:1-8). A viúva, apesar das repetidas negativas, continuou a pedir justiça até que finalmente foi atendida. Se até um juiz iníquo atendeu ao pedido da viúva por causa de sua persistência, quanto mais nosso Pai celestial, que é justo e amoroso ouvirá nossas orações.

Se você está orando por algo e ainda não viu a resposta, não desista. Continue com fé e perseverança. Deus ouve cada uma de suas orações e está trabalhando em sua vida, ainda que você não veja os resultados imediatos. Quando perseveramos em oração, mostramos que confiamos em Deus e em Seu tempo perfeito.

A oração persistente nos transforma, molda nosso caráter, alinha nossos desejos aos de Deus e nos ensina a depender Dele em todas as situações.

Portanto, ore sem cessar e Deus, em Sua sabedoria e tempo perfeitos, responderá suas orações. Lembre-se de que, em Cristo, nossas orações têm poder e propósito, e Deus nos ouve e responde conforme Sua vontade perfeita.

**FRASE DO DIA**

**DEUS ME OUVE E RESPONDE NO SEU TEMPO PERFEITO.**

#umdeusdevocional

# QUANDO JESUS CHOROU

**UM DEUS**

**24 JAN**

*"Jesus chorou."*
**João 11:35**

Deus abriu ____/____

Devocional
24/365

Reflexões

_____
_____
_____
_____
_____
_____
_____
_____
_____

**FRASE DO DIA**

**JESUS ACOLHE MINHAS LÁGRIMAS E CONSOLA A MINHA DOR.**

#umdeusdevocional

Essa é uma das menores frases da Bíblia e carrega um significado enorme. Estas palavras foram pronunciadas quando Jesus chegou ao túmulo de Lázaro, seu amigo querido, e viu a dor e a tristeza de Marta, Maria e dos outros presentes. Jesus sabia que iria ressuscitar Lázaro, mas se comoveu profundamente e chorou.

Este versículo nos mostra o lado humano de Jesus, que se compadece de nossas dores e tristezas. Ele não é alguém distante e indiferente, mas um Salvador que conhece e acolhe nossas aflições. Jesus chorou porque Ele sente nossa dor e sofre conosco. Sua compaixão e empatia são um lembrete poderoso de que não estamos sozinhos em nossas aflições.

Se você está passando por momentos de tristeza ou dor, lembre-se de que Jesus está ao seu lado. Ele entende suas lágrimas e se importa profundamente com o que você está passando. Ele é o nosso refúgio em tempos de dor e angústia.

Jesus chorou não apenas por Lázaro, mas por todos nós. Ele tomou sobre si nossas dores e enfermidades (Isaías 53:4), pronto para nos confortar e nos dar esperança. Sua humanidade nos aproxima Dele e nos faz confiar em Sua infinita compaixão e amor incondicional.

Entregue suas dores a Jesus. Ele acolherá suas lágrimas e oferecerá consolação. Ele está sempre presente, até nos momentos mais difíceis. Confie que Ele está trabalhando em sua vida, mesmo nas lágrimas, e que Ele trará cura e restauração ao seu coração.

# ANGÚSTIAS

> *"Quero trazer à memória o que me pode dar esperança."*
> **Lamentações 3:21**

**UM DEUS**
**25 JAN**

A angústia pode nos paralisar, fazer-nos sentir impotentes e sem esperança. No entanto, a Bíblia nos ensina a trazer à memória tudo o que Deus já fez por nós. Quando nos lembramos das formas como Deus já nos sustentou, nossa fé é renovada e encontramos força para enfrentar as adversidades presentes.

Lamentações 3 é um capítulo de grande dor, mas no meio dele, o profeta Jeremias encontra uma razão para ter esperança ao lembrar-se da misericórdia e fidelidade de Deus (Lamentações 3:22-23).

Se você está enfrentando angústia, tire um momento para lembrar-se das vezes em que Deus já te resgatou, te sustentou e te abençoou. Essas lembranças são pedras de memorial que fortalecem nossa fé e nos dão esperança. Deus é idêntico ontem, hoje e para sempre. A fidelidade que Ele demonstrou no passado é a que Ele demonstra hoje.

A presença constante de Deus em nossa vida, portanto, é um ancoradouro que nos mantém firmes, ainda que tudo ao nosso redor pareça incerto. Nos ajuda a ver que a angústia atual é temporária.

Afaste esse sentimento do seu coração. Traga à memória as vitórias passadas e encontre esperança na fidelidade de Deus. Ele continuará a ser sua rocha e fortaleza.

**Deus abriu** ____/____

**Devocional 25/365**

**Reflexões**

**FRASE DO DIA**

**NAS HORAS DE ANGÚSTIA, MINHA ESPERANÇA É A FIDELIDADE DE DEUS.**

#umdeusdevocional

# BATALHAS ÍNTIMAS

**UM DEUS**
**26 JAN**

> *"Vigiai e orai, para não cairdes em tentação."*
> Mateus 26:41

Deus abriu ___ / ___

Devocional 26/365

Reflexões

_____
_____
_____
_____
_____
_____
_____
_____
_____

**FRASE DO DIA**
A BATALHA É DO SENHOR, E ELE JÁ VENCEU.

#umdeusdevocional

A vida espiritual é um campo de batalha constante. Nossa luta não é contra seres humanos, mas contra forças muito maiores e mais sinistras: contra os poderes e autoridades, contra os dominadores deste mundo de trevas, contra as forças espirituais do mal nas regiões celestiais (Efésios 6:12).

A batalha espiritual é real, estamos todos envolvidos nela. Cada situação de conflito, tentação ou dúvida pode ser manifestação das forças invisíveis, e precisamos estar preparados.

A chave para enfrentá-las está em constante vigilância espiritual e oração por meio da constante conexão com Deus que nos fortalece e nos capacita para vencê-las.

Se você já se sentiu ferido em uma situação aparentemente humana, saiba que isso é algo que todos enfrentamos. Nem sempre percebemos de imediato que a batalha é espiritual, e acabamos nos ferindo. Contudo, o Senhor nos oferece, todos os dias, novas oportunidades para nos prepararmos. Através da vigilância e da oração, vestimos a armadura de Deus e levantamos o escudo da fé, que nos protege contra os dardos inflamados do inimigo, não apenas nas grandes crises, mas também nas pequenas escolhas diárias. Cada oração, cada momento de entrega a Deus, é um passo na direção certa. Mais que uma questão de sobrevivência espiritual, é viver uma vida abundante e vitoriosa, ciente de que estamos sempre em guerra, mas nunca sozinhos.

# TUDO É DEUS

*"Nele vivemos, nos movemos e existimos."*
Atos 17:28

**UM DEUS**
**27 JAN**

Deus abriu ___/___

Devocional 27/365

Reflexões

À s vezes, nos questionamos onde Deus está em meio aos momentos e aspectos de nossa vida. Nas pequenas e grandes coisas, não podemos esquecer que Deus está em tudo, em todos os detalhes da nossa vida. Ele é a força que nos sustenta, a razão pela qual respiramos, o propósito por trás de cada ação.

Essa verdade nos convida a enxergar o mundo com novos olhos. Cada nascer do sol, cada sorriso, cada desafio ou vitória são oportunidades para reconhecer a presença de Deus, autor de tudo o que é bom. Até nas dificuldades, Ele opera para o nosso bem. Reconhecer que tudo é Deus nos leva a uma profunda gratidão e a uma conexão contínua com Ele.

Não há parte de sua vida em que Ele não esteja presente, ativo nas alegrias e dores, nas conquistas e perdas, nos sussurros e tempestades.

Essa consciência muda a maneira como vivemos. A vida deixa de ser uma série de eventos desconectados e enxergamos o fio condutor da graça divina em tudo. Isso nos dá paz, confiança e um senso renovado de propósito.

Ao se deparar com um momento de dúvida ou incerteza, lembre-se de que Deus está com você. Ele é o princípio e o fim, o motivo e a força por trás de tudo ao seu redor, que é a expressão de Seu amor e poder. E quando você reconhece isso, sua vida se transforma em uma constante comunhão com o Criador.

**FRASE DO DIA**

**TUDO ME LEVA A UMA CONSTANTE COMUNHÃO COM O CRIADOR.**

#umdeusdevocional

# O MEDO DA SOLIDÃO

**UM DEUS**

**28 JAN**

*"Não te deixarei, nem te desampararei."*
**Hebreus 13:5**

Deus abriu ____/____

Devocional 28/365

Reflexões

_____
_____
_____
_____
_____
_____
_____
_____
_____
_____

**FRASE DO DIA**

JAMAIS ESTOU SÓ PORQUE DEUS ESTÁ COMIGO O TEMPO TODO.

#umdeusdevocional

A solidão é sentimento que pode nos atormentar profundamente. Nos momentos em que nos sentimos esquecidos ou invisíveis, o medo da solidão pode nos paralisar. Talvez seja a sensação de que, embora estejamos cercados por pessoas, ninguém realmente nos entende ou se importa conosco. Ou, quem sabe, seja o silêncio esmagador quando nos vemos sozinhos em um espaço vazio, apenas com nossos pensamentos e inquietações.

Nesses momentos de vulnerabilidade, lembremo-nos de que Deus entende o nosso medo da solidão. Ele sabe que fomos criados para relacionamentos, não apenas com outras pessoas, mas principalmente com Ele. É por isso que precisamos lembrar que Sua presença é constante e imutável, um abrigo seguro onde podemos descansar, sabendo que nunca estamos realmente sozinhos.

Se o medo da solidão estiver sobrecarregando seu coração busque a presença de Deus, converse com Ele sobre suas angústias e permita que preencha o vazio que você sente. Não importa quão isolado você se sinta, Deus está sempre ao seu lado, pronto para oferecer excelente companhia.

A solidão pode ser um chamado para uma comunhão mais profunda com Deus, quando Ele nos convida a nos aproximarmos Dele, a conhecê-Lo melhor, a experimentar Sua paz e a perceber que, com Ele, nunca estamos verdadeiramente sozinhos.

# FALTA DE AMOR

*"Nós amamos porque ele nos amou primeiro."*
1 João 4:19

**UM DEUS**

**29 JAN**

O amor é o que dá sentido à vida. Ele é a força que nos conecta uns aos outros e nos faz sentir vivos. Mas, e se um dia sentirmos que não temos amor suficiente para dar? E se nos sentirmos incapazes de receber amor? Esse medo pode assombrar nossas mentes e corações, levando-nos a questionar nosso valor e nossas relações.

O evangelista nos diz que o amor não começa em nós. Quando pensarmos que este sentimento nos falta, seja para dar ou para receber, precisamos voltar nossa atenção para Deus. Ele é a fonte do amor incondicional e abundante para aprendermos a amar os outros e a nós próprios.

Se você se sente vazio de amor, se há um temor em seu coração de que não será capaz de amar o suficiente ou de que não é digno de ser amado, confie em Deus. Ele te ama mais profundamente do que possa imaginar, e te capacita a amar. Quando reconhecemos e aceitamos o amor de Deus, ele flui através de nós, curando nossas feridas e fortalecendo nossas relações.

Ele não apenas nos preenche, mas também nos transforma. Possibilita-nos amar os outros de maneira plena e verdadeira. E, ao fazermos isso, descobrimos que o medo de faltar amor desaparece, porque entendemos que nunca estamos sozinhos nessa jornada. Deus é a fonte inesgotável de todo amor que precisamos.

**Deus abriu** ____/____

**Devocional** 29/365

**Reflexões**

**FRASE DO DIA**

SENHOR, ME ENSINE O VERDADEIRO SIGNIFICADO DO AMOR.
#umdeusdevocional

# RENOVAR AS FORÇAS

## UM DEUS

**30 JAN**

> *"O Senhor o protegerá de todo o mal, protegerá a sua vida [...] protegerá a sua saída e a sua chegada, desde agora e para sempre."*
>
> **Salmos 121:7-8**

**Deus abriu** ____/____

**Devocional 30/365**

**Reflexões**

_____
_____
_____
_____
_____
_____
_____
_____
_____

### FRASE DO DIA
**DEUS É MINHA PROTEÇÃO EM TODOS OS MOMENTOS.**

#umdeusdevocional

Todos nós, em algum momento, sentimos que as forças estão se esgotando. O peso das responsabilidades, as pressões diárias e as lutas internas podem nos fazer sentir a beira do colapso. É natural, nessas horas, pensar: Eu não posso perder as forças. Preciso continuar, mas não sei como.

Quando nos encontramos nesse estado de esgotamento, é crucial lembrar que a nossa força não vem apenas de nós mesmos, mas de Deus.

Esperar no Senhor não é apenas uma questão de passividade, mas de confiança ativa. É acreditar que, enquanto colocamos nossa esperança em Deus, Ele trabalha para renovar nossas energias físicas e espirituais. Deus entende nossas limitações e sabe exatamente quando precisamos de um renovo.

Se você está lutando para manter suas forças, não tente fazer isso sozinho. Entregue a Deus suas preocupações, dores e fraquezas. Ele não apenas entende suas necessidades, mas já preparou o alívio e a renovação que você precisa.

Não há vergonha em admitir que suas forças estejam se esgotando. Pelo contrário, esse é o momento perfeito para buscar o Senhor e receber a força necessária para seguir adiante. Com Deus, você não apenas continuará a jornada, mas fará isso com renovado vigor e confiança.

# SUA VOZ DIGITAL

> "Pois por suas palavras você será absolvido, e por suas palavras será condenado."
> Mateus 12:37

**UM DEUS**
**31 JAN**

A forma como as palavras têm sido utilizadas passou por várias mudanças ao longo da História humana. Se no tempo de Jesus elas eram utilizadas quase que só oralmente e apenas uns poucos conheciam a palavra escrita, hoje qualquer um de nós tem acesso à ambientes digitais e neles nos expressamos, bem ou mal, sobre qualquer assunto.

Jesus nos alerta que nossas palavras possuem o poder de moldar não apenas as percepções dos outros, mas também nosso próprio destino espiritual. Elas são mais do que expressões vazias; revelam o que habita em nosso coração e têm o poder de edificar ou destruir. Podem ser bênçãos ou instrumentos de julgamento, ecoando nossa sinceridade ou nossa superficialidade, edificando ou destruindo pessoas, trabalhos, realizações no Bem.

Falar de maneira honesta, bondosa e cheia de compaixão é um reflexo da presença de Deus em nosso interior. As palavras que escolhemos dizer ou calar são pequenas janelas que revelam o estado da nossa alma. Elas demonstram a força do nosso compromisso com Cristo e da nossa responsabilidade em manifestar Sua luz para o mundo.

Ao usar sua voz digital preste atenção ao que fala. Esteja ciente de que Deus nos chama a usar a palavra como um meio de abençoar e edificar. Quando estamos em sintonia com Ele, o que expressamos torna-se canal de graça e verdade, refletindo a transformação que Deus opera em nós.

**Deus abriu** ____/____

**Devocional** 31/365

**Reflexões**

---

**FRASE DO DIA**

**MINHA VIDA DIGITAL TAMBÉM É DE DEUS.**

#umdeusdevocional

## Meus Aprendizados

_____
_____
_____
_____
_____
_____
_____
_____
_____
_____
_____
_____

## Meus Planos futuros

_____
_____
_____
_____
_____
_____
_____
_____
_____
_____
_____
_____

**FEVEREIRO**

@umdeusdevocional

"Clame a mim e eu responderei e direi a você coisas grandiosas e insondáveis que você não conhece."
Jeremias 33:3

**02**

# A Alegria Renova a Alma e Ilumina o Caminho

# INCOMPREENSÃO

> "Pai, perdoa-lhes, pois não sabem o que estão fazendo."
>
> Lucas 23:34

**UM DEUS**

**01 FEV**

📖 Deus abriu ____/____

🙏 Devocional 32/365

🧠 Reflexões

A incompreensão é realidade dolorosa que muitos de nós enfrentamos. Há momentos em que sentimos que ninguém nos entende, nossas intenções são distorcidas, nossas ações mal interpretadas, mas não estamos sozinhos nessa experiência.

Jesus também foi incompreendido em sua missão e propósito. Na cruz, Jesus em vez de retribuir aos algozes com ressentimento, diante da incompreensão extrema, escolheu o caminho do perdão e do amor. A rejeição alheia não O afastou de Seu propósito divino.

Em Atos 4, os apóstolos Pedro e João também enfrentaram a incompreensão perante o Sinédrio. Ameaçados por proclamarem a mensagem de Cristo mantiveram sua fidelidade ao Evangelho.

Jesus e os apóstolos não buscavam a aceitação do mundo, mas sim agradar ao Senhor. Em nossa vida, quando incompreendidos, seja no trabalho, em casa ou entre amigos, lembremo-nos de que estamos seguindo o exemplo de Cristo.

A dor da incompreensão pode ser esmagadora, mas nos aproxima de Deus. É oportunidade de crescer em nossa fé, de reafirmar nosso compromisso com o propósito que Deus nos deu. Se até Jesus foi incompreendido em sua vida e missão, por que esperaríamos que nossa jornada fosse diferente? O importante é manter nossos olhos fixos em Cristo, confiando que Ele nos entende perfeitamente e que Sua aprovação é tudo o que precisamos.

**FRASE DO DIA**

**BEM-AVENTURADO SOU QUANDO PERSEGUIDO POR AMOR A JESUS.**

#umdeusdevocional

# DEUS TE CONHECE

## UM DEUS
**02 FEV**

> *"Ainda que eu ande pelo vale da sombra da morte, não temerei mal nenhum, porque tu estás comigo; o teu bordão e o teu cajado me consolam."*
>
> **Salmos 23:4**

Deus abriu ___/___

Devocional 33/365

Reflexões

_____
_____
_____
_____
_____
_____
_____
_____

### FRASE DO DIA
**SENHOR, EU SEI QUE TU ME SONDAS E SABES QUEM SOU EU.**

#umdeusdevocional

Nos momentos de dor ou dificuldades, lembramo-nos de Deus como solução para nossa vida. Ele é nosso refúgio. Deus não é meio para alcançar nossos desejos, resolver problemas, garantir nossas recompensas. Deus é o objetivo final, quando O colocamos no lugar certo na nossa vida.

Não precisamos barganhar algo para ter Sua atenção nas nossas lutas. Nada podemos fazer para aumentar o Seu amor por nós, pois Ele já nos ama plenamente, assim como somos.

Às vezes pedimos a intercessão de alguém por nós, como se Deus não tivesse a mesma intimidade conosco. Quando passei pelos momentos mais dolorosos da minha vida, uma pessoa que considero muito espiritualizada respondeu assim ao meu pedido por oração por mim:

— Neste momento, você está mais próximo Dele que eu. Quem está sofrendo está mais próximo de Deus.

Por isso, Jesus ensinou que os sãos não precisam de médico, e que Ele veio para os enfermos. A verdade é que Deus conhece cada detalhe da nossa vida e sabe tudo o que passamos: Na palma da minha mão eu gravei o teu nome (Isaías 49:16). Sua misericórdia não é exceção, Seu amor está disponível a todos nós, sem distinção.

Quando estiver em dúvida sobre quem é seu Deus, lembre-se de Jesus chamando-O de Pai. Seu Pai, meu Pai, Pai de Jesus. Ele nos sonda, nos conhece e nos ama. Não importa o quão profundo seja o erro ou a dor, Deus coloca o Seu coração ao lado do nosso.

# LEVAR A CRUZ

> "E obrigaram Simão Cireneu, que passava vindo do campo, pai de Alexandre e Rufo, a que levasse a cruz de Jesus."
>
> Marcos 15:21

**UM DEUS**

**03 FEV**

Simão não planejou carregar a cruz de Jesus naquele dia extraordinário. Nem esperava se envolver em algo tão brutal e intenso. Apenas voltava do campo, talvez cansado, preocupado com suas tarefas. Mas, de repente, foi obrigado a tomar a cruz de Cristo e carregá-la.

Por vezes passamos por igual situação. Carregamos pesadas cruzes que não escolhemos. Enfrentamos dificuldades e responsabilidades por outros. Nessas horas, o peso parece insuportável, e a primeira reação é a resistência.

Não sabemos se Simão cumpriu a tarefa com alegria. Mas, ainda que relutante, teve a oportunidade única de caminhar ao lado do Salvador, compartilhar o peso da cruz, paradoxalmente o símbolo da salvação da humanidade.

Como Simão, as cruzes que nos obrigam a carregar, às quais resistimos com todas as forças, são oportunidades de estarmos próximos a Cristo. Ao encararmos os desafios da vida como chance de nos aproximar mais de Jesus, compartilhar de seu sofrimento e participar de sua missão, o peso se torna privilégio. A perspectiva faz toda a diferença. O que começa como obrigação, pode terminar como experiência transformadora.

Quais cruzes temos carregado? Resistimos a elas, vendo-as como fardos, ou reconhecemos a honra de caminhar com Cristo, ainda que o caminho seja difícil? Que possamos, como Simão, descobrir que o peso da cruz, quando carregado com Jesus, nos aproxima do amor de Deus.

**Deus abriu** ___/___

**Devocional** 34/365

**Reflexões**

---

**FRASE DO DIA**

JESUS, SUPORTAREI TODAS AS CRUZES POR AMOR A SEU NOME.

#umdeusdevocional

# ANSIEDADE

## UM DEUS
**04 FEV**

> *"Não andem ansiosos por coisa alguma, mas em tudo, pela oração e súplicas, e com ação de graças, apresentem seus pedidos a Deus. E a paz de Deus, que excede todo o entendimento, guardará os seus corações e as suas mentes em Cristo Jesus."*
> **Filipenses 4:6-7**

**Deus abriu** ____/____

**Devocional** 35/365

**Reflexões**

_____
_____
_____
_____
_____
_____
_____
_____

### FRASE DO DIA
**ENTREGO MINHA ANSIEDADE A DEUS E ELE ME TRARÁ A PAZ.**

#umdeusdevocional

Há momentos em que a ansiedade nos toma de surpresa, sem que possamos identificar a causa. Parece que uma nuvem sombria se instala em nossa mente e coração, uma inquietação nos toma e não conseguimos explicar. Esse sentimento, por vezes sem razão aparente, pode nos paralisar, deixando-nos desorientados e inseguros.

Por vezes ficamos ansiosos por situações meramente materiais, por medos, traumas e até sintoma de alguma enfermidade que não conseguimos controlar.

Nessas horas, lembremo-nos de que Deus está presente, pronto para ouvir e acalmar nossas inquietações. A recomendação de Paulo aos filipenses é clara: não precisamos ser consumidos pela ansiedade. Em vez disso, devemos entregar nossas preocupações a Deus através da oração, confiando que Ele é capaz de nos conceder uma paz que transcende a compreensão humana.

Essa paz é um presente divino que guarda nossos corações e mentes em Cristo Jesus, mesmo quando não entendemos a origem de nossa ansiedade. Ela nos lembra de que, embora as causas de nossos sentimentos possam estar além do nosso alcance, Deus nos oferece descanso em Sua presença.

Se hoje você sente uma ansiedade justificada ou não, lembre-se de que Deus conhece seu coração e seus pensamentos, e está pronto para trazer a paz que você tanto necessita. Se entregue a Ele e permita que Sua paz o envolva, mesmo sem respostas ou razões claras.

# O PESO DOS PRESSENTIMENTOS

> "Mostra-me, Senhor, os teus caminhos, ensina-me as tuas veredas; guia-me com tua verdade [...] pois tu és Deus, meu Salvador e a minha esperança está em Ti o tempo todo."
>
> Salmos 25: 4-5

**UM DEUS**

**05 FEV**

Pressentimentos são sentimentos sutis, que muitas vezes aparecem como uma voz interna sussurrando sobre algo que está por vir. Eles podem causar inquietação, nos deixando em alerta, mas também podem ser uma ferramenta de proteção divina, nos direcionando a tomar decisões sábias.

No entanto, nem sempre é fácil discernir o que vem de Deus e o que é apenas fruto de nossas ansiedades ou imaginação. Por isso, é essencial levar nossos pressentimentos à presença de Deus, submetendo-os à Sua vontade. A Palavra nos aconselha a não confiarmos cegamente em nosso entendimento, mas a buscarmos direção Nele, pois Ele promete endireitar nossos caminhos, guiando-nos pelo caminho certo.

Ao sentir um pressentimento, não se precipite. Leve essa sensação em oração ao Senhor, pedindo discernimento e sabedoria. Confie que Ele é capaz de guiá-lo, mesmo através das sensações mais sutis. Deus nos dá Sua verdade para iluminar nosso caminho e garantir que não nos percamos. Quando submetemos nossas inquietações ao Seu cuidado, encontramos a segurança de saber que Ele está no controle.

Não ignore as inquietações, mas também não permita que elas o dominem. Deus é o guia perfeito, e Suas orientações sempre conduzem à paz e à segurança.

**Deus abriu** ___/___

**Devocional 36/365**

**Reflexões**

**FRASE DO DIA**

**CONFIO MEUS PRESSENTIMENTOS A DEUS E DECIDO COM FÉ.**

#umdeusdevocional

# INTUIÇÃO, A VOZ DE DEUS

> "Mas, quando o Espírito da verdade vier, ele os guiará a toda a verdade. Não falará de si mesmo; falará apenas o que ouvir, e lhes anunciará o que está por vir."
>
> João 16:13

Deus abriu ____/____

Devocional 37/365

Reflexões

_____
_____
_____
_____
_____
_____
_____
_____

**FRASE DO DIA**

MINHA INTUIÇÃO É A VOZ DE DEUS GUIANDO MEU CORAÇÃO.

#umdeusdevocional

Assim como o pressentimento, a intuição é vista como uma percepção sutil, uma voz interna que nos guia em momentos de decisão. Para os que andam com Deus, essa intuição pode ser mais do que uma simples impressão, pode ser a forma como o Poder Divino nos conduz e nos protege.

Isaías lembra-nos que Deus não nos deixa sozinhos nas encruzilhadas da vida. Quando enfrentamos dúvidas e incertezas, Ele nos fala, muitas vezes de maneira tranquila e sutil, nos mostrando o caminho a seguir. Essa "voz atrás de nós" pode se manifestar como intuição, um sentimento inexplicável de que devemos seguir certo caminho ou evitar outro.

A intuição se diferencia do pressentimento pelo fato de que aquele geralmente tem a ver com algum acontecimento concreto e específico e esta tem a ver mais com inspirações acerca de atitudes e decisões no dia a dia.

É preciso entender a intuição como outro aspecto da proteção divina que nos dá confiança para seguir a direção que sentimos em nosso espírito, sabendo que Deus está nos guiando. Ele se preocupa com nossos passos e nos protege de perigos invisíveis, às vezes, por meio de simples intuições.

Se hoje você está em dúvida sobre uma decisão, ou se sente uma intuição forte em seu coração, ouça atentamente. Pode ser Deus falando com você, protegendo e orientando seus passos, dando a resposta que lhe pediu em suas orações.

# PROTEÇÃO DIVINA

> *"Ele o cobrirá com as suas penas, e sob as suas asas você encontrará refúgio; a fidelidade dele será o seu escudo protetor."*
>
> **Salmos 91:4**

**UM DEUS**
**07 FEV**

Deus abriu ____/____

Devocional 38/365

Reflexões

A Bíblia nos oferece inúmeras promessas sobre a proteção de Deus, mas poucas são tão reconfortantes quanto a imagem de estarmos protegidos sob Suas asas, como descrito no Salmo 91. Essa metáfora poderosa revela o cuidado e a proximidade do Senhor para com aqueles que buscam refúgio Nele.

Imagine um pássaro abrigando seus filhotes sob suas asas, protegendo-os de qualquer perigo que se aproxime. Da mesma forma, Deus nos cobre com Sua proteção, nos guardando do mal e nos oferecendo um lugar de segurança em meio às tempestades da vida.

Viver sob a proteção do Senhor não significa que nunca enfrentaremos dificuldades, mas sim que, em meio a elas, estamos guardados por Sua fidelidade. Não há lugar mais seguro do que sob as asas de Deus. Nele, encontramos paz, segurança e a certeza de que nada poderá nos tocar sem que Ele permita.

Se hoje você se sente ameaçado, inseguro ou vulnerável, lembre-se que você é protegido pelo Senhor. Confie na Sua fidelidade e descanse sob Suas asas, onde encontrará o refúgio que tanto procura.

---

**FRASE DO DIA**

**SOB AS ASAS DO SENHOR, ENCONTRO O REFÚGIO PERFEITO.**

#umdeusdevocional

# QUANDO O CHÃO DESABA

**UM DEUS**

**08 FEV**

> "Na minha aflição clamei ao Senhor; gritei por socorro ao meu Deus. Do seu templo ele ouviu a minha voz; meu grito chegou à sua presença, aos seus ouvidos."
>
> **Salmos 18:6**

Deus abriu ____/____

Devocional 39/365

Reflexões

_____
_____
_____
_____
_____
_____
_____
_____
_____

**FRASE DO DIA**

**SENHOR, CONFIO EM SEU SOCORRO EM MINHAS AFLIÇÕES.**

#umdeusdevocional

Há ocasiões na vida em que o chão parece desabar sob nossos pés. As situações inesperadas, as perdas, as desilusões, tudo isso pode nos fazer sentir que estamos caindo em um abismo sem fundo. Nesses momentos de desespero, a única coisa que resta é clamar ao Senhor.

O salmista Davi sabia bem o que era sentir o chão desabar. Ele passou por muitas situações angustiantes, até perigos de morte. Em sua aflição, ele clamou ao Senhor, e a sua voz foi ouvida. Deus não apenas ouviu seu clamor, mas respondeu com poder, trazendo livramento e socorro.

Quando tudo ao seu redor desmorona, clamar ao Senhor é um ato de fé que atrai o poder de Deus para sua situação. Ele ouve o grito dos aflitos, e seu socorro nunca falha. Não importa quão profundo seja o abismo, a mão de Deus é suficientemente longa para alcançá-lo e trazê-lo de volta para um lugar seguro.

Se o seu mundo parece estar desabando, não perca a esperança. Chame pelo Senhor com fé e abra o coração para sentir Sua presença. Ele está ao seu lado, segurando você, mesmo quando tudo parece perdido. Sua mão poderosa é capaz de restaurar o que foi quebrado, dar força onde há fraqueza e trazer paz onde há tormenta. Confie que, com Deus, você pode encontrar novamente o chão firme para caminhar.

# JESUS SEMPRE RESPONDE

> "Peçam, e será dado; busquem, e encontrarão; batam, e a porta será aberta. Pois todo o que pede, recebe; o que busca, encontra; e àquele que bate, a porta será aberta."
>
> Mateus 7:7-8

**UM DEUS**
**09 FEV**

Deus abriu ____/____

Devocional 40/365

Reflexões

Na caminhada da fé, há momentos em que nos perguntamos se nossas orações estão sendo ouvidas. Pode parecer que o silêncio de Deus é uma resposta em si, uma ausência que gera dúvidas e incertezas. Mas, ao longo de toda a Escritura, vemos uma verdade constante: Jesus sempre responde.

Jesus nos ensinou a pedir, buscar e bater. Ele nos garantiu que aqueles que pedem, recebem; os que buscam, encontram; e os que batem, terão a porta aberta. Esta é uma promessa que devemos lembrar em todos os momentos, especialmente quando as respostas parecem tardar.

No entanto, as respostas de Jesus nem sempre são conforme nossas expectativas. Às vezes, Ele diz "sim", outras vezes "não", e há momentos em que a resposta é "espere". Mas, em cada resposta, há um propósito divino, moldando-nos e nos ensinando a confiar completamente em Sua sabedoria e amor.

Se hoje você está esperando uma resposta de Jesus, confie que Ele já ouviu seu pedido. Continue buscando e batendo, com a certeza de que, no tempo certo, a resposta virá. E será exatamente o que você precisa, de acordo com a perfeita vontade de Deus.

**FRASE DO DIA**

NO TEMPO CERTO, JESUS ME TRARÁ A RESPOSTA PERFEITA.

#umdeusdevocional

# JESUS É SEU AMIGO

**UM DEUS**
**10 FEV**

> *"Já não os chamo servos, porque o servo não sabe o que o seu senhor faz; em vez disso, eu os tenho chamado amigos, porque tudo o que ouvi de meu Pai eu lhes tornei conhecido."*
>
> **João 15:15**

**Deus abriu** ___/___

**Devocional 41/365**

**Reflexões**

_____
_____
_____
_____
_____
_____
_____
_____

**FRASE DO DIA**
JESUS É MEU MELHOR AMIGO.

#umdeusdevocional

A ideia de que Jesus deseja ser nosso amigo pode parecer surpreendente. Afinal, Ele é o Senhor dos senhores, o Rei dos reis, o Criador de todas as coisas. E, ainda assim, Ele nos chama de amigos. Essa verdade revela a profundidade do amor e da intimidade que Jesus deseja ter conosco.

Um amigo verdadeiro é alguém com quem compartilhamos nossos pensamentos mais íntimos, nossas alegrias e tristezas, alguém que nos conhece profundamente e nos aceita como somos. Jesus, sendo perfeito, nos oferece essa amizade. Ele conhece nossos corações, nossas falhas, e ainda assim, nos convida a estar próximos Dele.

Essa amizade com Jesus não é superficial; ela transforma vidas. Ele nos guia, nos consola, e nos fortalece. Ao andarmos com Ele, aprendemos a amar como Ele ama, a perdoar como Ele perdoa, e a viver de acordo com Seus ensinamentos. Sua amizade nos oferece um relacionamento contínuo e dinâmico, que traz significado e propósito a cada dia.

Se você tem sentido falta de uma amizade verdadeira, lembre-se de que Jesus já ofereceu a Si mesmo como o amigo mais fiel que você pode ter. Ele está ao seu lado, pronto para ouvir, ajudar, e guiar você em todas as situações da vida.

# A INTIMIDADE COM DEUS

> "Aproximem-se de Deus, e ele se aproximará de vocês. Pecadores, limpem as mãos, e vocês que têm a mente dividida, purifiquem o coração."
>
> Tiago 4:8

**UM DEUS**

**11 FEV**

Deus abriu ____/____

Devocional 42/365

Reflexões

A intimidade com Deus é uma jornada, um caminho que exige dedicação, tempo e desejo sincero de conhecer o Criador mais profundamente. Não se trata apenas de frequentar igrejas ou realizar rituais religiosos, mas de desenvolver um relacionamento pessoal e vivo com o Pai Celestial.

Tiago nos convida a nos aproximarmos de Deus, com a promessa de que Ele se aproximará de nós. Essa proximidade é alcançada através da oração sincera, da meditação na Palavra e da vivência dos princípios cristãos no nosso dia a dia. É um chamado a purificar nossos corações, deixando de lado tudo aquilo que nos afasta de Deus, para que possamos experimentar a plenitude de Sua presença.

Uma vida de intimidade com Deus traz paz em meio às tempestades, direção em tempos de incerteza, e uma alegria que não depende das circunstâncias. Quando nos aproximamos de Deus começamos a ouvir Sua voz com mais clareza, a sentir Seu amor mais profundamente, e a confiar em Sua vontade para nossas vidas.

Se hoje você sente que seu relacionamento com Deus tem sido superficial ou distante, saiba que Ele está esperando por você, pronto para se aproximar e caminhar ao seu lado. Tudo o que Ele deseja é que você se aproxime Dele com um coração sincero.

**FRASE DO DIA**

BOM É ESTAR JUNTO A DEUS.

#umdeusdevocional

# CLAME A DEUS

**UM DEUS**

**12 FEV**

*"Clame a mim e eu responderei e direi a você coisas grandiosas e insondáveis que você não conhece."*

**Jeremias 33:3**

**Deus abriu** ___/___

**Devocional 43/365**

**Reflexões**

_____
_____
_____
_____
_____
_____
_____
_____

Todos nós passamos por momentos de incerteza, em que nos deparamos com perguntas difíceis, sem saber qual caminho seguir. Nessas horas, a ansiedade pode nos consumir, e as soluções humanas parecem insuficientes. Mas a Palavra de Deus nos oferece uma certeza reconfortante: Deus tem a resposta.

Jeremias nos ensina que, ao clamarmos a Deus, Ele responde. E Sua resposta não é apenas uma solução qualquer, mas uma revelação de coisas grandiosas e insondáveis que estão além da nossa compreensão. Deus vê o quadro completo, enquanto nós enxergamos apenas uma pequena parte da realidade. Por isso, Suas soluções são sempre perfeitas, ainda que não sejam as que esperávamos.

Buscar a resposta de Deus requer fé e paciência. O importante é não perder a confiança de que Ele está ouvindo e de que, no tempo certo, Ele revelará a solução.

Se hoje você está buscando uma resposta de Deus, continue clamando, confiando que Ele ouvirá seu clamor e revelará o que você precisa saber. A resposta pode não ser imediata, mas ela virá e será grandiosa, revelando a bondade e a sabedoria do Senhor.

**FRASE DO DIA**

**DEUS TEM A RESPOSTA PARA TODAS AS PERGUNTAS.**

#umdeusdevocional

# A CURA DIVINA

> "Bendiga o Senhor a minha alma! Não esqueça nenhuma de suas bênçãos! É ele que perdoa todos os seus pecados e cura todas as suas doenças."
>
> Salmos 103:2-3

**UM DEUS** — 13 FEV

A enfermidade é uma das experiências mais desafiadoras que podemos enfrentar. Ela nos lembra de nossa fragilidade humana e pode nos levar a questionar a bondade de Deus. Mas em meio à dor e ao sofrimento, a Bíblia nos oferece uma esperança inabalável: Deus é nosso curador.

O Salmo 103 nos convida a bendizer o Senhor por todas as Suas bênçãos, entre as quais está a cura de nossas enfermidades. A cura divina pode se manifestar de diversas maneiras: pode ser uma recuperação física, um fortalecimento espiritual ou uma paz interior que transcende o entendimento. Deus conhece nossas necessidades e age de acordo com Sua perfeita vontade.

Durante a enfermidade, é natural sentir medo e ansiedade, mas é nesses momentos que devemos nos agarrar à fé, crendo que Deus está conosco, que Ele ouve nossas orações e que Sua mão poderosa pode trazer cura e restauração. Mesmo quando a cura física não acontece da forma como desejamos, podemos confiar que Ele está nos sustentando e que Sua graça é suficiente para nos dar força.

Se você ou alguém que ama está enfrentando uma enfermidade, confie que Deus é o grande médico. Apresente suas dores e preocupações a Ele, e permita que Sua paz e poder curativo permeiem cada parte do seu ser.

**Deus abriu** ____/____

**Devocional** 44/365

**Reflexões**

_____
_____
_____
_____
_____
_____
_____
_____
_____
_____
_____

**FRASE DO DIA**

JESUS É O MÉDICO DAS ALMAS, A ELE ENTREGO MINHA DOR.

#umdeusdevocional

# PERDAS E DERROTAS

**UM DEUS**

**14 FEV**

*"Mas o que para mim era lucro, passei a considerar perda, por causa de Cristo."*
**Filipenses 3:7**

 Deus abriu ____/____

 Devocional 45/365

Reflexões

_____
_____
_____
_____
_____
_____
_____
_____
_____

**FRASE DO DIA**
NEM TODA PERDA É UMA DERROTA.

#umdeusdevocional

A vida está cheia de perdas. Perdemos pessoas, oportunidades, sonhos, e, muitas vezes, isso nos faz questionar o sentido de tudo. É fácil olhar para uma perda e vê-la como uma derrota, mas a Palavra de Deus nos ensina a enxergar além do que é visível: Deus age em todas as coisas para o bem daqueles que o amam (Romanos 8:28). Significa que até aquilo que parece uma perda irreparável pode ser transformado por Ele em algo bom.

Deus tem o poder de transformar a dor em propósito, a derrota em vitória, a perda em ganho. Sua visão abrange o quadro completo que nós não conseguimos alcançar. O que parece ser o fim pode ser o começo de algo novo e maior. Ele usa nossas perdas para moldar nosso caráter, fortalecer nossa fé e nos preparar para o futuro que Ele planejou.

Quando confiamos em Deus, aprendemos a aceitar que Suas maneiras são superiores às nossas, e que Ele está sempre trabalhando para o nosso bem, até nas circunstâncias mais difíceis. Cada perda que entregamos a Ele se torna um tijolo na construção de uma vida mais forte e mais alinhada com o Seu propósito.

Ao enfrentar uma perda, entregue-a a Deus. Confie que Ele sabe o que está fazendo e que Ele transformará essa situação em uma oportunidade de crescimento, aprendizado e, eventualmente, vitória. Lembre-se de que com Deus, nenhuma perda é definitiva; ela sempre pode se tornar parte de algo maior e mais significativo.

# A PROVIDÊNCIA DIVINA

> "E chamou Abraão o nome daquele lugar: O Senhor proverá. Daí dizer-se até ao dia de hoje: No monte do Senhor se proverá."
>
> Gênesis 22:14

**UM DEUS**
**15 FEV**

Deus abriu ___/___

Devocional 46/365

Reflexões

O futuro pode ser assustador. A incerteza sobre o que está por vir, as preocupações com o que pode dar errado e as dúvidas sobre nossa capacidade de enfrentar desafios desconhecidos podem gerar medo e ansiedade. Mas a Bíblia nos oferece um consolo poderoso: a certeza de que Deus proverá.

Abraão, ao ser chamado para sacrificar seu filho Isaque, enfrentou um dos maiores testes de fé. Ele não sabia como Deus proveria uma solução, mas confiou plenamente. No momento crítico, Deus proveu o cordeiro para o sacrifício, e Abraão chamou aquele lugar de "O Senhor proverá". Essa história não é apenas um registro do passado, mas um lembrete vivo de que Deus está sempre presente, atento a cada necessidade e capaz de suprir no tempo certo.

Deus não apenas provê, mas faz isso de maneira perfeita e abundante, mesmo quando as circunstâncias parecem impossíveis. Sua provisão não é apenas material, mas emocional e espiritual. Ele nos fortalece quando estamos fracos, nos guia quando estamos perdidos e nos sustenta quando as cargas parecem pesadas demais.

Se hoje você está preocupado com o futuro, lembre-se de Abraão. Coloque sua confiança em Deus. Ele, que cuida das aves do céu e veste os lírios do campo, certamente cuidará de você. Confie que, assim como Abraão experimentou a fidelidade divina, você também verá a mão de Deus suprindo suas necessidades e trazendo paz ao seu coração.

**FRASE DO DIA**

O FUTURO É INCERTO, MAS DEUS SEMPRE PROVÊ.

#umdeusdevocional

# SOLIDÃO

## UM DEUS
### 16 FEV

*"Estou com você e cuidarei de você, aonde quer que vá, e eu o trarei de volta a esta terra. Não o deixarei enquanto não fizer o que lhe prometi."*

**Gênesis 28:15**

📖 **Deus abriu** ____/____

🙏 **Devocional 47/365**

💭 **Reflexões**

_____
_____
_____
_____
_____
_____
_____
_____
_____
_____

**FRASE DO DIA**
CONFORTA-ME A CERTEZA DE QUE DEUS ESTÁ COMIGO.

#umdeusdevocional

A solidão é uma realidade dolorosa para muitos. Sentir-se sozinho, mesmo cercado por pessoas, pode ser esmagador. Jacó, em sua jornada, experimentou esse sentimento ao fugir de seu irmão Esaú. Ele estava longe de sua família, com um futuro incerto diante de si.

No entanto, em um sonho, Deus se revelou a Jacó, garantindo Sua presença constante: "Estou com você e cuidarei de você", disse o Senhor. Esta promessa transformou o coração de Jacó, lembrando-o de que, até nas situações mais solitárias, ele não estava verdadeiramente só.

Deus nos faz a mesma promessa hoje. Não importa onde estamos ou o que estamos enfrentando, Ele está ao nosso lado. Sua presença é uma companhia constante, um amigo que nunca nos abandona. Deus conhece cada sentimento de vazio e preenche os espaços de nossa alma com Seu amor e cuidado.

Ao se sentir sozinho, lembre-se de que Deus está com você, cuidando de cada detalhe da sua vida. Ele caminha ao seu lado, mesmo quando você não percebe. Confie Nele, abra seu coração e permita que Sua companhia seja o alívio para sua solidão. Deus não apenas promete estar com você, mas também transformar sua dor em força e sua solidão em um encontro profundo com Ele.

# REACENDA A ESPERANÇA

**UM DEUS** 
**17 FEV**

*"Somente em Deus, ó minha alma, espera silenciosa, porque Dele vem a minha esperança."*
**Salmos 62:5**

Deus abriu ____/____

Devocional 48/365

Reflexões

Momentos de desânimo e desesperança são comuns na vida. Elias, um grande profeta de Deus, também enfrentou um momento assim. Após um grande triunfo contra os profetas de Baal, ele fugiu para o deserto, temendo por sua vida e desejando morrer. Sua esperança estava esgotada.

Mas Deus não o deixou no desespero. Ao invés disso, enviou um anjo para alimentar e fortalecer Elias, renovando suas forças para continuar a jornada. Da mesma forma, Deus nos oferece renovação e esperança, mesmo quando estamos no fundo do poço. Ele nos encontra onde estamos, nos levanta e nos dá exatamente o que precisamos para seguir adiante.

Isaías nos lembra de que aqueles que esperam no Senhor renovam suas forças. Deus não nos promete uma vida sem dificuldades, mas Ele garante que, ao confiarmos Nele, nossa força será renovada. Assim como a águia que sobe nas alturas, também nós podemos encontrar novo vigor, mesmo nas situações mais desafiadoras.

Ao sentir-se sem forças e sem esperança, volte-se para Deus. Ele está pronto para renovar sua energia, reacender a chama da esperança em seu coração e guiá-lo em sua jornada. Confie que, com Ele, você encontrará forças para enfrentar qualquer desafio e um caminho cheio de propósito e paz.

**FRASE DO DIA**
**DEUS RENOVA MINHA ESPERANÇA.**

#umdeusdevocional

# DEUS USA OS FRACOS

**UM DEUS**
**18 FEV**

> "Respondeu-lhe o Senhor: Quem deu boca ao homem? Quem o fez surdo ou mudo? Quem lhe concede vista ou o torna cego? Não sou eu, o Senhor?"
>
> **Êxodo 4:11**

**Deus abriu** ___/___

**Devocional 49/365**

**Reflexões**

Todos nós já experimentamos a insegurança sobre nossas capacidades. Moisés, um dos maiores líderes da Bíblia, sentiu isso profundamente. Quando Deus o chamou para libertar os israelitas do Egito, ele imediatamente apontou suas limitações, alegando não ser eloquente o suficiente para tal tarefa.

A resposta de Deus foi clara: Ele é o Criador, aquele que dá habilidades e capacita aqueles a quem chama. Moisés, com todas as suas limitações, foi escolhido por Deus não por suas habilidades, mas por sua disponibilidade.

Isso nos ensina que Deus não escolhe os capacitados; Ele capacita os escolhidos. Nossas fraquezas e inseguranças são oportunidades para que o poder de Deus se manifeste em nós. Ele usa o fraco para confundir o forte, e o humilde para realizar grandes coisas. Mesmo em nossa fragilidade, Ele nos chama para fazer parte de Sua obra, mostrando que o impacto do nosso chamado depende Dele, e não de nossas próprias forças.

Não fique inseguro sobre suas habilidades. Lembre-se de que Deus não está preocupado com o que você pode ou não fazer. Ele quer usar você exatamente como você é, moldando suas fraquezas com Sua força. Confie Nele, pois o que parece impossível para você é mais do que possível para Deus. Disponha-se, e Ele fará grandes coisas através de sua vida.

**FRASE DO DIA**

DEUS ME CAPACITA PARA GRANDES REALIZAÇÕES.

#umdeusdevocional

# O PERDÃO RESTAURADOR

> "Não me expulses da tua presença, nem tires de mim o teu Santo Espírito. Devolve-me a alegria da tua salvação e sustenta-me com um espírito pronto a obedecer."
>
> Salmos 51:11-12

**UM DEUS** — 19 FEV

O sentimento de culpa pode ser esmagador, levando-nos a acreditar que não somos dignos do amor e do perdão de Deus. Davi, um homem segundo o coração de Deus, conheceu bem esse sentimento após seu pecado com Batseba. Em seu arrependimento, ele clamou a Deus por perdão e restauração.

O Salmo 51 é uma oração sincera de alguém que reconhece sua falha, mas que também conhece a misericórdia de Deus. Davi pediu a Deus que criasse nele um coração puro e renovasse o espírito dentro dele. Ele entendeu que, embora o pecado o tenha afastado de Deus, o perdão divino poderia restaurar sua alegria e sua intimidade com o Senhor.

Deus limpa e perdoa todas as nossas iniquidades quando nos aproximamos Dele com um coração arrependido. Não importa o quão grande seja a culpa que carregamos, o perdão de Deus é maior. Ele não apenas perdoa, mas também restaura, devolvendo-nos a alegria da salvação.

Liberte-se do sentimento de culpa. Lembre-se de que Deus está pronto para perdoar e restaurar você. Volte-se para Ele, peça perdão, e permita que Sua graça renove seu espírito.

**Deus abriu** ___/___

**Devocional** 50/365

**Reflexões**

**FRASE DO DIA**

**DEUS PERDOA AS MINHAS FALTAS.**

#umdeusdevocional

# UM CORAÇÃO GIGANTE

## UM DEUS
### 20 FEV

> *O Senhor não vê como o homem: o homem vê a aparência, mas o Senhor vê o coração."*
> **1 Samuel 16:7**

Deus abriu ___/___

Devocional
51/365

Reflexões

Em um mundo que valoriza a grandiosidade exterior – riqueza, poder, influência – é fácil sentir que nosso coração é pequeno demais, insignificante perante a vastidão do Universo e as expectativas da sociedade. Mas a Bíblia nos lembra de que Deus não olha para o exterior; Ele vê o coração. E é exatamente nesse coração em que, muitas vezes, nos sentimos pequenos e apertados, que Ele encontra seu lugar favorito para agir.

Quando nos sentimos diminuídos pelas pressões da vida, devemos lembrar que Deus vê o potencial e a capacidade que nem nós mesmos conseguimos enxergar. Assim como Ele olhou para Davi, o menor entre seus irmãos, e viu um rei, Ele olha para o nosso coração pequeno e vê algo gigante.

Deus tem o poder de pegar o que é limitado e transformá-lo em algo infinito. Ele pega nossos corações sobrecarregados e os expande com Seu amor e propósito. O que parece pequeno na terra, nas mãos de Deus, torna-se grandioso no céu.

Confie que Deus está ampliando seu coração com Sua graça. Ele o vê não como o mundo o vê, mas como um tesouro valioso e amado, pronto para ser usado para Sua glória.

### FRASE DO DIA
**EM DEUS, MEU CORAÇÃO SE TORNA GIGANTE.**

#umdeusdevocional

# CORAÇÃO PARTIDO

*"Ele cura os que têm o coração partido e trata dos seus ferimentos."*

**Salmos 147:3**

**UM DEUS**

**21 FEV**

Quando a angústia aperta o nosso coração, sentimo-nos pequenos e insignificantes. Nessas horas, o peso das preocupações, da culpa ou do desespero pode nos levar a acreditar que Deus não está cuidando de nós, que somos indignos de Sua atenção. Julgamos que Deus pode nos ter esquecido.

Mas a verdade é que Deus está especialmente próximo daqueles que têm o coração partido e apertado, pronto para confortar e salvar. Deus não se afasta quando nos sentimos pequenos; ao contrário, Ele se aproxima, cuidando de cada detalhe de nossas vidas, mesmo quando não percebemos. É nesse momento que Deus trabalha mais intensamente. Ele não despreza um coração aflito, mas o acolhe com ternura. Nossas angústias não são grandes demais para Ele. Pelo contrário, é na nossa fraqueza que Sua força e compaixão se manifestam de forma mais poderosa.

Ao enfrentar os dias difíceis, lembre-se: Deus nunca o deixa sozinho. Sua dor não é ignorada; ela é acolhida e tratada com o amor e a paciência do Criador. Abra seu coração para Ele, permita que Sua graça penetre nas feridas mais profundas e traga cura e renovação. Você é precioso para Deus, e Ele tem o poder de transformar cada lágrima em um testemunho de Sua fidelidade e amor.

Deus abriu ____ / ____

Devocional 52/365

Reflexões

_____
_____
_____
_____
_____
_____
_____
_____
_____
_____

**FRASE DO DIA**

**DEUS RESTAURA MEU CORAÇÃO PARTIDO E ME CONFORTA.**

#umdeusdevocional

# A HEREDITARIEDADE EM DEUS

**UM DEUS**

**22 FEV**

*"Criou Deus o homem à sua imagem, à imagem de Deus o criou; homem e mulher os criou."*

**Gênesis 1:27**

Deus abriu ___/___

Devocional 53/365

Reflexões

_____
_____
_____
_____
_____
_____
_____
_____

**FRASE DO DIA**
SOU REFLEXO DA GLÓRIA DE DEUS NO MUNDO.

#umdeusdevocional

Fomos criados à imagem e semelhança Daquele que é grande. Essa verdade é um lembrete poderoso do valor e da dignidade que cada um de nós carrega. Somos, por natureza, reflexos da grandeza de Deus, criados com um propósito que vai muito além do que podemos imaginar.

O que significa ser feito à imagem de Deus? Significa que somos capazes de refletir os atributos divinos de amor, justiça e bondade no mundo. Isso nos dá não apenas um senso de valor, mas também uma responsabilidade: a de honrar nossa hereditariedade divina, vivendo como Seus instrumentos na Terra.

Paulo nos lembra em Efésios 2:10: "Pois somos criação de Deus realizada em Cristo Jesus para fazermos boas obras, as quais Deus preparou antes para nós as praticarmos". Não fomos criados para nos esconder ou nos diminuir, mas para nos agigantarmos no Senhor, realizando as boas obras que Ele preparou para nós.

Não se sinta incapaz ou insuficiente, lembre-se de quem você é em Deus. Você carrega a imagem do Criador e foi chamado a refletir Sua grandeza. Isso não é algo a ser tomado levianamente, mas um chamado a viver com coragem e propósito, como a extensão do amor e da justiça de Deus no mundo.

Levante-se e honre sua hereditariedade divina. Seja um instrumento poderoso nas mãos de Deus, permitindo que Sua grandeza se manifeste através de você em todas as áreas da sua vida.

# OLHE PARA O QUE IMPORTA

*"Mais do que isso, considero tudo como perda comparado com a suprema grandeza do conhecimento de Cristo Jesus, meu Senhor."*

**Filipenses 3:8**

## UM DEUS
### 23 FEV

Deus abriu ____/____

Devocional 54/365

Reflexões

A luta contra as distrações que nos cercam e nos afastam do verdadeiro propósito para o qual fomos chamados é uma das maiores batalhas que enfrentamos. O mundo oferece diversões que nos puxam para uma vida fútil, sem significado, consumida pelo desejo de satisfazer prazeres momentâneos e obter aprovação alheia. Mas, como cristãos, somos chamados a algo muito maior.

Na carta aos Filipenses, Paulo nos exorta a não nos conformarmos com os padrões deste mundo, mas a renovarmos nossas mentes para discernir a vontade de Deus, que é boa, agradável e perfeita. Devemos escolher uma vida que priorize o que realmente importa – ser uma pessoa melhor, renovada na mente e no espírito, atenta ao propósito divino em todas as coisas.

Paulo é um exemplo notável de alguém que, uma vez confrontado com a verdade de Cristo, deixou para trás a vida de aparências e prestígio para seguir a vida cheia de propósito em Deus.

Essa transformação não é fácil; é uma batalha constante. Mas vemos que é possível escolher uma vida plena e atenta ao que realmente importa. Quando focamos em ser renovados diariamente, nos tornamos mais alinhados com o propósito para o qual fomos criados.

### FRASE DO DIA

**EM DEUS, A MINHA MENTE SE LIBERTA DAS DISTRAÇÕES DO MUNDO.**

#umdeusdevocional

# JESUS LAVA A NOSSA ALMA

**UM DEUS**

24 FEV

*"Portanto, se alguém está em Cristo, é uma nova criação. As coisas antigas já passaram; eis que surgiram coisas novas!"*

**2 Coríntios 5:17**

Deus abriu ___/___

Devocional 55/365

Reflexões

_____
_____
_____
_____
_____
_____
_____
_____

Se eu falar Paulo, você pensa no apóstolo, não no perseguidor. As marcas deixadas pela graça apagam as marcas feitas pelo pecado.

Paulo é um testemunho vivo de como a graça de Deus pode transformar uma vida. Antes de conhecer Cristo, ele era Saulo, um perseguidor implacável dos cristãos. Mas após seu encontro com Jesus no caminho para Damasco, ele foi transformado de perseguidor a apóstolo, um dos maiores defensores da fé que antes combatia.

Essa transformação nos ensina que Deus não se importa com o nosso passado, porque Ele já conhecia o nosso futuro. Ele sabia o que Paulo poderia se tornar e o chamou, não por causa do seu passado, mas por causa do plano que tinha para ele.

Quando Jesus lava nossa alma, Ele não apenas nos perdoa; Ele nos vê pelo que podemos ser em Seu amor e propósito. As marcas do pecado, por mais profundas que sejam, são superadas pelas marcas da graça. Em Cristo, somos feitos novos, e nosso passado perde o poder de nos definir.

Assim como Paulo, somos chamados a uma nova vida em Cristo, onde o que fizemos antes não nos prende, porque Deus já viu quem podemos nos tornar. Sua graça nos dá um futuro brilhante, independente de onde começamos.

**FRASE DO DIA**

**MEU PASSADO NÃO DEFINE QUEM SOU; DEUS CONHECE MEU FUTURO.**

#umdeusdevocional

# JULGAR OS OUTROS

> *"Não julguem, para que vocês não sejam julgados. Pois da mesma forma que julgarem, vocês serão julgados; e a medida que usarem, também será usada para medir vocês."*
>
> Mateus 7:1-2

**UM DEUS**
**25 FEV**

Deus abriu ____/____

Devocional 56/365

Reflexões

Julgar os outros é mais do que um pecado contra a Lei Divina; é também uma fonte de profundo sofrimento para nós mesmos. Quando permitimos que o julgamento ocupe nossa mente, estamos, na verdade, cultivando uma perturbação constante em nosso coração. Cada vez que julgamos, revivemos o mal que criticamos, reforçando padrões negativos e distantes da paz que Deus deseja para nossas vidas.

Jesus nos adverte a não julgarmos os outros, pois o mesmo julgamento que aplicamos será usado contra nós. Isso nos lembra de que, ao condenar o próximo, estamos nos prendendo a um ciclo de negatividade e perturbação. Uma mente julgadora está sempre em conflito, revivendo as imperfeições dos outros e, por consequência, se afastando da serenidade que Deus deseja nos conceder.

Mas há uma saída. Em vez de julgar, somos chamados a asserenar nossas almas e orar por aquilo que criticamos. A oração tem o poder de transformar não apenas os outros, mas também a nós mesmos. Quando oramos por aqueles que normalmente criticaríamos, deixamos de lado o julgamento e nos aproximamos do coração de Deus, que é cheio de graça e misericórdia.

Se hoje você se vê julgando os outros, faça uma pausa. Em vez de alimentar a perturbação, ore. Peça a Deus que traga paz ao seu coração e que transforme a sua mente, afastando-a do julgamento e aproximando-a da compaixão.

**FRASE DO DIA**

SEM JULGAMENTOS, ORO POR QUEM ESTÁ NA MINHA VIDA.

#umdeusdevocional

# O VENENO DA INGRATIDÃO

**UM DEUS**

**26 FEV**

> "Deem graças em todas as circunstâncias, pois esta é a vontade de Deus para vocês em Cristo Jesus."
>
> 1 Tessalonicenses 5:18

Deus abriu ___ / ___

Devocional 57/365

Reflexões

_____
_____
_____
_____
_____
_____
_____
_____

**FRASE DO DIA**

O SENHOR, PREENCHE MINHA VIDA COM PAZ E ALEGRIA.

#umdeusdevocional

A ingratidão é uma das armadilhas mais sutis e perigosas que podemos enfrentar. Quando deixamos de reconhecer as bênçãos que recebemos, nosso coração começa a se fechar, e a amargura toma o lugar da gratidão. A ingratidão nos cega para a bondade de Deus e nos faz focar apenas no que nos falta, alimentando um espírito de insatisfação. É como deliberadamente envenenar a vida com sentimentos negativos.

Paulo nos lembra de que devemos dar graças em todas as circunstâncias, não porque todas as situações sejam boas, mas porque reconhecer as bênçãos de Deus nos mantém conectados à Sua graça. A gratidão nos ajuda a enxergar a provisão divina mesmo nos momentos difíceis, transformando nossa perspectiva e trazendo esperança para o nosso coração.

Não deixe que a ingratidão envenene sua alma. Escolha ser grato em todas as circunstâncias, reconhecendo que, em Cristo, temos tudo o que precisamos. Lembre-se das pequenas e grandes coisas pelas quais você pode ser grato. Faça da gratidão um hábito diário: ao acordar, agradeça pela vida, ao final do dia, reconheça as bênçãos recebidas. A prática da gratidão não apenas honra a Deus, mas também transforma nosso coração, trazendo alegria, contentamento e paz que só Ele pode oferecer.

# DORMIR EM PAZ

*"Em paz me deito e logo adormeço, pois só tu, Senhor, me fazes viver em segurança."*
**Salmos 4:8**

**UM DEUS**
**1** 27 FEV

**Deus abriu** ____/____

**Devocional** 58/365

**Reflexões**

Após um longo dia de trabalho, desafios e preocupações, a noite chega, trazendo consigo a necessidade de descanso. Mas para muitos, o sono não vem facilmente. As preocupações, ansiedades e medos podem manter nossas mentes ocupadas, roubando-nos a paz que tanto precisamos para descansar.

O Salmos 4:8 nos oferece uma promessa confortadora: podemos nos deitar e dormir em paz, porque Deus nos faz habitar em segurança. Essa segurança não depende das circunstâncias externas, mas da confiança que depositamos no Senhor. Quando entregamos a Ele nossas preocupações, encontramos a paz que supera todo entendimento. Deus nos convida a descansar não apenas fisicamente, mas a confiar que Ele está no controle de tudo.

Fazer uma oração antes de dormir é uma forma de entregar a Deus tudo o que aconteceu durante o dia – sucessos, fracassos, preocupações e alegrias. É um ato de fé que nos permite descansar, sabendo que o Deus que cuidou de nós durante o dia vigiará nosso sono à noite.

Se você tem dificuldade para dormir, faça dessa oração um hábito. Ao deitar-se, entregue tudo a Deus, respire fundo e confie que Ele lhe dará um descanso restaurador. Lembre-se de que, ao amanhecer, Suas misericórdias serão renovadas, trazendo um novo dia cheio de possibilidades e de Sua presença.

**FRASE DO DIA**

**DURMO EM PAZ; DEUS VIGIA MEU SONO.**

#umdeusdevocional

# A DÁDIVA DO AMANHECER

**UM DEUS**

**28 FEV**

*"Este é o dia que o Senhor fez; regozijemo-nos e alegremo-nos nele."*
**Salmos 118:24**

 Deus abriu ___/___

 Devocional 59/365

 Reflexões

_____
_____
_____
_____
_____
_____
_____
_____

**FRASE DO DIA**
CADA NOVO DIA É UMA DÁDIVA DE DEUS.

#umdeusdevocional

Acordar é um dos maiores milagres que muitas vezes tomamos como garantido. Cada novo dia é uma dádiva de Deus, uma oportunidade de recomeçar, de viver em plenitude e de experimentar a Sua bondade. No entanto, é fácil cair na rotina e esquecer que simplesmente abrir os olhos pela manhã já é motivo para imensa gratidão.

O Salmos 118:24 nos convida a nos alegrarmos no dia que o Senhor fez. Essa alegria vem de reconhecer que cada dia é um presente, uma nova chance dada por Deus para viver segundo o Seu propósito. Quando nos levantamos com um coração grato, nossa perspectiva muda, e somos capazes de ver as bênçãos ao nosso redor, mesmo nas menores coisas.

Começar o dia com gratidão é um ato de fé. É reconhecer que Deus nos dá forças para enfrentar qualquer desafio e que Sua misericórdia se renova a cada manhã. Agradeça pelo milagre de estar vivo, pelo sol que ilumina sua janela, pelo fôlego que enche seus pulmões. Sinta a presença de Deus em cada detalhe e deixe essa certeza encher seu coração de paz e esperança.

Permita que essa gratidão inunde sua alma e transforme o seu dia. Que ela seja a força que o impulsiona, o conforto que o abraça e a certeza de que você é profundamente amado por Aquele que criou este dia especialmente para você.

MARÇO

@umdeusdevocional

"Sejam misericordiosos, assim como o Pai de vocês é misericordioso."
Lucas 6:36

03

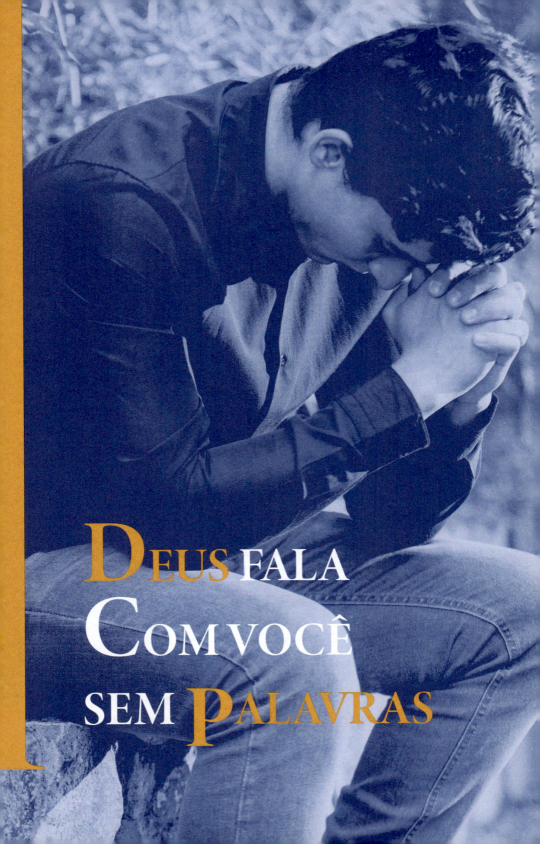

# PLANOS ESTRAGADOS

*"Muitos são os planos no coração do homem, mas o que prevalece é o propósito do Senhor."*
**Provérbios 19:21**

**UM DEUS**
**01 MAR**

Todos nós fazemos planos. Planejamos nossas carreiras, relacionamentos, futuro, imaginando como tudo deve se desenrolar. Mas, muitas vezes, os planos não se realizam como esperávamos. Pode parecer que Deus está estragando nossos planos, nos desviando dos caminhos que havíamos traçado. E isso pode ser frustrante, até doloroso.

No entanto, Provérbios 19:21 nos lembra de que, embora façamos muitos planos, o propósito do Senhor é o que prevalece. Isso não significa que Deus está contra nós ou que Ele quer nos frustrar. Pelo contrário, significa que Ele tem um propósito maior, um plano que é infinitamente melhor do que poderíamos imaginar.

Quando Deus estraga nossos planos, Ele, na verdade, está nos protegendo e nos guiando para algo melhor. Às vezes, isso só se torna claro mais tarde, quando olhamos para trás e percebemos que o caminho que Ele nos conduziu era o certo. Ele conhece o futuro e sabe o que é melhor para nós, mesmo quando não entendemos.

Quando enfrentar a frustração de planos que não deram certo, esteja certo de que Ele não está destruindo seus sonhos; está redirecionando você para o centro do Seu propósito, que é bom, perfeito e agradável.

**Deus abriu** ____/____

**Devocional** 60/365

**Reflexões**

**FRASE DO DIA**

**DEUS SEMPRE ME GUIA A ALGO MELHOR.**

#umdeusdevocional

# A GRANDEZA DE DEUS

**UM DEUS**

**02 MAR**

*"É necessário que ele cresça e que eu diminua."*
**João 3:30**

**Deus abriu** ____/____

**Devocional 61/365**

**Reflexões**

_____
_____
_____
_____
_____
_____
_____
_____
_____
_____

**FRASE DO DIA**

**EXALTO A GRANDEZA DE DEUS EM MINHA VIDA.**

#umdeusdevocional

Esta poderosa declaração de João Batista revela uma verdade essencial para nossa caminhada de fé: a grandeza de Deus é a nossa segurança, e ao nos fazermos pequenos é que permitimos que Ele se manifeste em nossa vida.

Às vezes, acreditamos que nossa própria força e sabedoria são suficientes para controlar e garantir que tudo saia conforme o planejado em nossa vida. No entanto, Jesus nos ensina que ao nos rendermos à grandeza do Pai, permitindo que Ele cresça em nós, experimentamos a verdadeira paz e segurança.

João também nos lembra de que Jesus é o Verbo, a Palavra que estava com Deus desde o princípio e por meio de quem todas as coisas foram feitas (João 1:1-3). Ele não apenas criou todas as coisas, mas sustenta e direciona cada detalhe de nossas vidas. Ao reconhecermos Sua grandeza, podemos confiar que tudo acontecerá como deve acontecer, segundo Sua perfeita vontade.

Fazer-se pequeno diante de Deus não é um ato de fraqueza, mas de sabedoria. É reconhecer que, embora não possamos controlar todas as circunstâncias, podemos confiar na soberania de Deus, que trabalha para o nosso bem ainda que não entendamos o que está acontecendo ao nosso redor.

Sempre que se sinta tentado a lutar por controle, lembre-se das palavras de João Batista. Deixe que Deus cresça em sua vida, fazendo-se pequeno, e confie que Sua grandeza é suficiente para guiar cada passo que você dá.

# RESISTIR ÀS TENTAÇÕES

*"Não sobreveio a vocês tentação que não fosse comum aos homens. Mas Deus é fiel; ele não permitirá que vocês sejam tentados além do que podem suportar."*
1 Coríntios 10:13

**UM DEUS**
**03 MAR**

Todos os dias, enfrentamos tentações que nos desafiam e testam nossa fé. Elas surgem de maneiras sutis ou claras: uma voz que nos convida a ceder a um desejo momentâneo ou a pressão para comprometer nossos valores por recompensa temporária.

Tentações às vezes parecem insuportáveis, mas não estamos sozinhos nessas lutas. As palavras em 1 Coríntios 10:13 oferecem conforto e esperança. As tentações vêm para todos nós, mas Deus conhece nossos limites e nunca permitirá que enfrentemos algo que não possamos vencer sem Sua ajuda.

Jesus também as enfrentou. No deserto, tentado pelo diabo, respondeu com a Palavra do Pai, mostrando-nos que é possível enfrentar e vencer as tentações, não com força física ou vontade humana, mas confiança inabalável em Deus.

As tentações são reais e avassaladoras como agir por impulso em momento de raiva, ceder à pressão social, buscar atalhos que comprometem nossa integridade. Deus, no entanto, não nos deixa desamparados e nos oferece maneiras de resistir e permanecer firmes.

Por mais difíceis que sejam, tentações não têm poder sobre nós além daquele que lhes damos. Temos todas as ferramentas que precisamos para superá-las: a Palavra de Deus que habita em nós, e a comunidade de fé que nos apoia. Voltemos nossos olhos para Ele, confiemos em Sua fidelidade, tomemos a decisão de resistir sabendo que Ele nos dará a força necessária.

Deus abriu ____/____

Devocional 62/365

Reflexões

**FRASE DO DIA**
SENHOR, DAI-ME FORÇAS PARA RESISTIR ÀS TENTAÇÕES.

#umdeusdevocional

# ONDE A LEI ESTÁ ESCRITA

## UM DEUS

**04 MAR**

> "Pois, quando os gentios, que não têm a lei, fazem por natureza as coisas da lei, estes, não tendo a lei, são lei para si mesmos. Mostram que as exigências da lei estão gravadas em seus corações."
> **Romanos 2:14-15**

Deus abriu ___/___

Devocional 63/365

Reflexões

Quando somos injustiçados ou feridos por alguém é natural se perguntar se a pessoa que nos machucou tem consciência do que fez. A resposta, conforme a Palavra de Deus, é que sim, quem erra conosco sabe muito bem o que está fazendo.

Romanos 2:14-15 nos traz que a Lei de Deus está escrita nos corações de todos, indistintamente. Significa que cada pessoa, em seu íntimo, possui a consciência que aponta para o certo e o errado. Até quem finge não saber, no fundo reconhece quando age mal. Deus colocou essa bússola moral dentro de cada um de nós, um reflexo de Sua justiça divina.

Se alguém nos fere e parece agir como se nada tenha acontecido, podemos nos sentir indignados. Mas lembremo-nos de que na quietude de sua consciência, essa pessoa sabe o que fez. Ela pode até tentar silenciar essa voz interna ou justificar suas ações, mas a verdade permanece: a lei divina está inscrita em seu coração. E é essa verdade que trará cada um de nós à confrontação com nossos próprios atos.

A justiça de Deus é perfeita e infalível. Até quando parece que a injustiça prevalece e que aqueles que nos feriram seguem em frente sem qualquer consequência, devemos confiar que Deus não falha. Ele é o justo juiz, e sua justiça se manifestará no tempo certo. Nossa parte é ter paciência, manter nosso coração puro e confiar que Ele cuidará de todas as coisas.

---

**FRASE DO DIA**

A LEI DIVINA ESTÁ ESCRITA EM MIM.

#umdeusdevocional

# ENCONTROS NO DESERTO

*"Voz do que clama no deserto: Preparai o caminho do Senhor; endireitai no ermo, vereda a nosso Deus."*

**Isaías 40:3**

**UM DEUS**
**05 MAR**

Deus abriu ____ / ____

Devocional 64/365

Reflexões

Muitas vezes na vida começamos a jornada com amigos, companheiros e amores ao nosso lado. Caminhamos juntos, compartilhamos sonhos, alegrias e até desafios. De repente, nos encontramos sozinhos. Os que estavam conosco desapareceram, seguiram outros caminhos. Esse é o deserto da vida, um lugar de solidão, mas também de profundo encontro com Deus.

Muitos profetas encontraram a Deus nos desertos e montanhas solitárias. Moisés estava sozinho no deserto quando viu a sarça ardente e ouviu a voz de Deus e Elias, depois de fugir para o deserto, encontrou o Senhor em uma brisa suave, longe dos tumultos da vida.

O deserto, na Bíblia, é um lugar de provação, mas também de revelação. Nele somos confrontados com nossa própria vulnerabilidade; aprendemos a depender de Deus de uma forma que talvez nunca experimentássemos em tempos de abundância ou em companhia de muitos. É um lugar onde Deus se revela de maneiras novas e profundas, e nos mostra que nunca estamos realmente sós.

No deserto, longe do barulho e da agitação, podemos ouvir a Sua voz mais claramente. Ele nos chama para Si, para conhecê-Lo de uma maneira que talvez não conseguíssemos se estivéssemos cercados por outros.

Saiba, portanto que Ele não te levou ao deserto para te abandonar, mas para te atrair para mais perto Dele. Ele quer falar ao seu coração, confortar sua alma e renovar seu espírito. Deus caminha ao seu lado.

**FRASE DO DIA**

**DEUS ESTÁ COMIGO EM MEUS DESERTOS.**

#umdeusdevocional

# COMPANHEIROS DE JORNADA

UM DEUS
06 MAR

*"Há amigos que são mais chegados que um irmão."*

**Provérbios 18:24**

Deus abriu ___/___

Devocional 65/365

Reflexões

_____
_____
_____
_____
_____
_____
_____
_____
_____
_____

**FRASE DO DIA**

GRATIDÃO, DEUS, POR MEUS AMIGOS LEAIS.

#umdeusdevocional

Na jornada da vida, começamos sozinhos, sem saber quem encontraremos pelo caminho. No entanto, Deus em Sua infinita sabedoria e amor envia pessoas para caminharem ao nosso lado, especialmente nos momentos mais difíceis.

A Bíblia está cheia de exemplos de amizade e apoio mútuo. Davi encontrou em Jônatas um amigo leal que o ajudou a enfrentar as perseguições de Saul e até arriscou sua própria vida para proteger Davi.

Em um mundo onde é fácil se afastar quando as coisas ficam difíceis, ter alguém ao nosso lado é bênção inestimável. Essa pessoa nos mostra o amor de Deus de forma tangível. Quando nossas forças falham, ela nos ergue, apoia, fica ao nosso lado. Amigos são anjos enviados por Deus para partilhar momentos felizes ou sombrios.

Tenhamos um coração grato por esses encontros divinos. Agradecer ao Pai por Sua providência e expressar gratidão sincera àqueles que partilham nosso caminho. Não é sempre que encontramos quem esteja disposto a suportar o peso de nossos desafios e dores. Quando tudo vai bem, é fácil atrair amigos, mas quando a vida se torna um campo de batalha, os verdadeiros amigos são revelados.

Se você tem alguém ao seu lado, dividindo suas lutas e carregando sua cruz com você, seja grato. E seja também amigo para alguém. Esteja presente nas batalhas dos outros, ajude a carregar suas cruzes e, assim, você estará sendo um instrumento de Deus em suas vidas.

# ENCONTRO ESSENCIAL

*"O Senhor está perto de todos os que o invocam, de todos os que o invocam com sinceridade."*
**Salmos 145:18**

**UM DEUS**
**D 07 MAR**

Deus abriu ___/___

Devocional 66/365

Reflexões

A oração é o nosso encontro essencial com Deus. Assim como o ato de respirar, ela é parte natural da nossa vida de fé. Oramos a qualquer momento: em alegria, em súplica, e até em silêncio. A oração não precisa ser perfeita; basta ser sincera. Não importa como falamos com Deus, Ele escuta cada palavra e conhece o que está no nosso coração.

Jesus nos ensinou a orar com profundidade, tocando nas questões mais difíceis da vida humana: o vazio de sentido, as lutas diárias, nossas falhas e a presença do mal. Ele sabia que a oração não é apenas pedir ou agradecer, mas um diálogo sincero, onde somos moldados por Sua presença. A oração nos conecta ao coração de Deus e nos dá forças para enfrentar um mundo onde as coisas nem sempre acontecem como deveriam.

Neste Dia da Oração, reserve um tempo para estar com Deus. Ore em sua própria linguagem, seja em gratidão, em busca de paz ou na angústia. Deus ouve todas as nossas orações, e Ele é fiel para caminhar conosco em cada situação. Não subestime o poder de uma oração simples. É por meio dela que nossos corações encontram alívio, nossa mente é renovada e nossa alma se fortalece.

Que possamos fazer da oração um canal constante de entrega e comunhão com nosso Pai. Que cada palavra dita ou silêncio oferecido seja um momento em que nossa fé é renovada e o amor de Deus nos envolve por completo.

**FRASE DO DIA**

DEUS PAI, QUE MINHA ORAÇÃO POSSA SER OUVIDA.

#umdeusdevocional

# MULHERES DE FÉ E CORAGEM

**UM DEUS**
**08 MAR**

*"O Senhor anuncia a palavra, e as mulheres que a proclamam são um grande exército."*

**Salmos 68:11**

 **Deus abriu** ___/___

 **Devocional 67/365**

**Reflexões**

_____
_____
_____
_____
_____
_____
_____
_____
_____
_____

**FRASE DO DIA**

AS MULHERES DE FÉ SÃO MINHA INSPIRAÇÃO CONSTANTE.

#umdeusdevocional

No Dia da Mulher celebramos o valor, a coragem e a sabedoria das mulheres que, em todas as épocas, fizeram a diferença através da fé e da determinação. A Bíblia nos apresenta exemplos de mulheres inspiradoras que, em meio a desafios, confiaram em Deus e impactaram suas famílias, comunidades e até a história do povo de Deus.

Sara, a mãe das nações, confiou na promessa de Deus quando tudo parecia impossível. Débora, a profetisa e juíza, liderou Israel com justiça e coragem em tempos de guerra. Ester, com ousadia, colocou sua vida em risco para salvar seu povo, mostrando que a verdadeira beleza está na coragem que vem do coração. E Maria, a mãe de Jesus, que aceitou seu chamado com humildade, tornou-se o exemplo de fé e obediência.

Essas mulheres nos mostram que a força feminina vai além das aparências. Elas nos inspiram a caminhar com fé, a sermos instrumentos de paz e a não desistirmos diante das adversidades. Que, assim como elas, possamos colocar nossa confiança em Deus, sabendo que Ele nos usa com os dons que possuímos para cumprir Seus propósitos.

Hoje, celebramos todas as mulheres que, com fé e amor, edificam suas famílias, protagonizam mudanças no mundo e refletem o coração de Deus em tudo o que fazem. Que você se inspire nesses exemplos e descubra a força que Deus colocou em sua vida.

# JESUS PRECISA DE VOCÊ

*"Tenho sede."*
João 19:28

**UM DEUS**
**09 MAR**

Deus abriu ___/___

Devocional 68/365

Reflexões

Essas foram as palavras de Jesus na cruz, em hora de profunda dor e sofrimento. Um clamor simples carregado de significado. No encontro com a mulher samaritana junto ao poço Ele pediu: Dá-me de beber (João 4:7). Nas duas situações, Jesus expressa um desejo de algo muito mais profundo do que água, e que satisfaz também ao espírito.

A sede de Jesus não era apenas física, era a sede de amor, compaixão e redenção por toda a humanidade. E quando Ele pediu água à mulher samaritana, também estava pedindo por um coração aberto e uma vida transformada.

Deus escolheu operar no mundo por meio de nós. Ele nos chamou para sermos Seus coadjuvantes, Seus instrumentos de amor e graça. Quando alguém nos pede ajuda para aliviar uma dor ou suprir uma necessidade, é uma oportunidade de atender ao chamado de Cristo. Toda vez que alguém pede nossa ajuda, é Cristo que está ali, estendendo a mão.

Quando estendemos a mão para ajudar alguém estamos dando de beber a Cristo. Estamos dizendo: Sim, Senhor, estou aqui para saciar a Tua sede.

Deus opera no mundo através de nossos recursos, nossas mãos e nossos corações. Atender ao chamado dos necessitados é participar da obra divina. Somos os vasos que carregam a água da vida, e é nosso privilégio e nossa responsabilidade compartilhar isso com aqueles que encontramos todos os dias, em cada ato de bondade, em cada resposta ao sofrimento.

**FRASE DO DIA**

**SIGO A CRISTO AO ATENDER AO PRÓXIMO.**

#umdeusdevocional

# ESCASSEZ ESPIRITUAL

**UM DEUS**

**10 MAR**

> *"O Senhor te guiará continuamente, satisfará os teus desejos em lugares áridos e fortalecerá os teus ossos. Serás como um jardim regado e como um manancial cujas águas nunca faltam."*
>
> **Isaías 58:11**

Deus abriu ___/___

Devocional 69/365

Reflexões

___
___
___
___
___
___
___
___
___
___

**FRASE DO DIA**

DEUS ME TRAZ ABUNDÂNCIA ESPIRITUAL.

#umdeusdevocional

O deserto é um lugar que, muitas vezes, evitamos. Ele representa solidão, dificuldades, escassez de alimento, água, abrigo. No entanto, na Bíblia, o deserto é onde Deus encontra Seu povo de maneira poderosa e íntima. Isaías nos diz que Deus promete guiar-nos e satisfazer nossas necessidades, mesmo em lugares áridos. O deserto pode ser um espaço de profunda transformação, onde somos moldados pela presença de Deus.

Quando você se encontra em um deserto espiritual, saiba que não está sozinho. Deus está ali, guiando seus passos e satisfazendo sua alma com Suas águas vivas. O deserto pode parecer um lugar de escassez, mas é um lugar onde podemos encontrar a abundância de Deus. Na solidão do deserto, estamos em um terreno sagrado, onde a voz de Deus pode ser ouvida claramente. Confie que Ele está guiando cada passo seu, mesmo nos lugares mais secos da vida.

O deserto pode parecer interminável, mas é nesse lugar que Deus revela Sua fidelidade e poder. Ele transforma a aridez em um jardim fértil, renovando nossas forças e preparando-nos para as próximas etapas da jornada. Ao passar por esse tempo, mantenha seu coração aberto para o aprendizado e confie que Deus está usando cada momento para moldá-lo à Sua imagem.

Se hoje você está atravessando algum deserto, lembre-se de que é uma oportunidade de conhecer Deus de uma maneira que só esse lugar permite. Ele está contigo, sustentando sua caminhada e usando esse tempo para fazer algo novo e transformador em sua vida.

# O PALCO DE DEUS

> "Certo dia, Jesus estava orando em determinado lugar. Tendo terminado, um dos seus discípulos lhe disse: Senhor, ensina-nos a orar, como João ensinou aos discípulos dele."
>
> Lucas 11:1

**UM DEUS**
**11 MAR**

Deus abriu ___/___

Devocional 70/365

Reflexões

É curioso como algumas pessoas podem se sentir completamente à vontade para se expressar em tantas situações – contando piadas, cantando, dançando, ou falando em público – mas, quando chega o momento de orar, surge uma vergonha inesperada. Pode haver o receio do julgamento alheio, a sensação de que não são espiritualizadas o suficiente ou surge a timidez que brota da insegurança. No entanto, é importante lembrar que Deus não nos observa como um público julgador; Ele é o próprio palco da nossa vida, onde tudo ocorre sob Seu amoroso olhar. Ele não exige perfeição na nossa oração, nem que seja feita com palavras bonitas ou complexas. Ele anseia pela autenticidade.

Na verdade, Jesus nos ensina que a oração é um momento íntimo com o Pai, uma conversa em que o coração fala mais alto do que as palavras. Orar é voltar o nosso olhar para o espetáculo da criação de Deus e perceber que Ele nos dá, em Sua grandeza, um espaço de segurança para abrirmos nossa alma.

Se hoje você sente vergonha ao orar, lembre-se de Deus não espera grandiosidade, mas apenas que você se entregue e confie. Ele não avalia o seu desempenho, mas ouve sua voz e acolhe seu coração. Deixe o palco para Deus e ore com a simplicidade de quem se apresenta a um amigo que o ama incondicionalmente.

**FRASE DO DIA**

EU NÃO TENHO VERGONHA DE ORAR.

#umdeusdevocional

# A LEALDADE E A GRAÇA DE DEUS

**UM DEUS**

12 MAR

*"Onde quer que fores, irei eu, e onde quer que pousares, ali pousarei eu."*

**Rute 1:16**

Deus abriu ____/____

Devocional 71/365

Reflexões

_____
_____
_____
_____
_____
_____
_____
_____
_____
_____

A história de Rute é uma poderosa demonstração de lealdade e graça. Quando Noemi perdeu seu marido e seus filhos, Rute escolheu permanecer ao seu lado, abandonando sua terra natal e abraçando o Deus de Israel como seu Deus. Essa decisão foi um reflexo do amor fiel e imutável que Deus tem por nós.

Rute nos ensina sobre o valor das relações que Deus coloca em nossa vida, especialmente quando enfrentamos momentos difíceis.

Ao ser leal a Noemi, Rute também demonstrou sua lealdade a Deus. Diante de suas próprias dores, ela escolheu servir e acompanhar sua sogra, confiando no propósito divino para suas vidas.

Deus honrou a fidelidade de Rute de forma grandiosa. Através de seu compromisso, ela encontrou redenção e também trouxe esperança para Noemi. Rute foi abençoada com uma nova família e uma nova vida, tornando-se parte da linhagem de Jesus, nosso Salvador. Sua história nos lembra de que Deus sempre observa nossa lealdade e nos recompensará com Sua graça.

Assim como Rute, somos chamados a demonstrar lealdade e fidelidade. Deus valoriza nossos relacionamentos e espera que sejamos fiéis, mesmo quando o caminho parece incerto. Quando colocamos Deus e os outros em primeiro lugar, Ele nos transforma e nos abençoa de maneiras surpreendentes.

**FRASE DO DIA**

**A MISERICÓRDIA DE DEUS É INFINITA.**

#umdeusdevocional

# SERVIR

> "Pois eu tive fome, e vocês me deram de comer; tive sede, e vocês me deram de beber."
>
> Mateus 25:35

**UM DEUS**

**13 MAR**

Deus abriu ___/___

Devocional 72/365

Reflexões

Jesus nos mostrou que, ao servir ao próximo, servimos a Ele. Na parábola do Bom Samaritano, vemos um exemplo perfeito de amor em ação. Um homem ferido e abandonado à beira do caminho foi ignorado por alguns, mas finalmente ajudado por um estrangeiro que demonstrou compaixão. Jesus nos ensina que o verdadeiro amor não passa ao largo da dor, mas age de forma concreta para trazer alívio.

Quando nos dispomos a ajudar aqueles que estão em necessidade, estamos respondendo ao chamado de Deus para ser instrumentos de cura e esperança. Ele trabalha em nós e através de nós, trazendo luz e graça ao mundo. Cada pequeno gesto de bondade é uma oportunidade de manifestar o amor de Cristo.

Servir ao próximo não exige grandes recursos ou feitos extraordinários. Às vezes, um sorriso, uma palavra de encorajamento ou um ato simples de generosidade pode transformar o dia de alguém e reacender a esperança em seu coração. Deus nos dá oportunidades diárias para demonstrar esse amor, basta que tenhamos olhos para enxergar e um coração disposto a agir.

Seja atento às necessidades ao seu redor. Ao encontrar alguém que precisa de ajuda, veja isso como uma chance de demonstrar o amor de Jesus. Não subestime o poder de um ato de compaixão, por menor que pareça. Ao responder ao clamor dos necessitados, estamos servindo ao próprio Cristo e participando da Sua obra redentora no mundo.

**FRASE DO DIA**

AMO A DEUS AO AMAR MEUS IRMÃOS NA HUMANIDADE.

#umdeusdevocional

# COMPAIXÃO E MISERICÓRDIA

**UM DEUS**

**14 MAR**

*"Sejam misericordiosos, assim como o Pai de vocês é misericordioso."*
**Lucas 6:36**

Deus abriu ___/___

Devocional 73/365

Reflexões

_____
_____
_____
_____
_____
_____
_____
_____
_____

**FRASE DO DIA**

COM JESUS APRENDO COMPAIXÃO E MISERICÓRDIA.

#umdeusdevocional

A compaixão e a misericórdia são pilares para se viver uma vida que reflete o amor de Deus em sua magnitude. Ele nos chama a ser compassivos assim como o Pai é conosco. A compaixão não se limita à pena ou simpatia; ela nos impulsiona a agir, a estender a mão para os que estão em necessidade e a oferecer suporte aos que sofrem. Quando somos misericordiosos, refletimos o coração de Deus para o mundo ao nosso redor.

Pequenos gestos de bondade, muitas vezes imperceptíveis, podem ter um impacto duradouro na vida de alguém. Deus nos convida a ser instrumentos de Seu amor, para que possamos aliviar o sofrimento e trazer esperança. Essa compaixão é uma escolha que devemos fazer a cada dia, demonstrando nossa obediência a Deus e nosso compromisso com o próximo.

Ajudar o próximo nos permite revelar a misericórdia divina em ação. Quando estendemos a compaixão, estamos espelhando o amor de Cristo, que se manifestou de forma suprema na cruz. Jesus viveu essa compaixão em cada encontro, e Ele nos convida a segui-Lo nesse caminho. Somos chamados a viver uma vida de misericórdia, imitando o exemplo de Jesus e permitindo que Seu amor transforme aqueles ao nosso redor.

# A ARMADURA DE DEUS

> *"Revesti-vos de toda a armadura de Deus, para que possais estar firmes contra as ciladas do diabo."*
>
> **Efésios 6:11**

**UM DEUS**

**D 15 MAR**

Todos os dias, enfrentamos desafios que testam nossa fé e determinação. No entanto, Deus, em Sua infinita sabedoria, nos proveu com ferramentas para vencer essas batalhas. Paulo nos instrui a nos revestir de toda a armadura de Deus para resistir ao mal. Ele fala de uma armadura composta por verdade, justiça, fé, salvação e a Palavra de Deus — cada peça essencial para nos capacitar nas batalhas espirituais.

A armadura de Deus é nossa proteção contra os ataques do inimigo. Com o cinto da verdade, nos firmamos no que é verdadeiro e rejeitamos as mentiras do mundo. Com a couraça da justiça, permanecemos protegidos pela retidão de Cristo, que cobre nossas falhas. O escudo da fé nos permite extinguir as setas inflamadas do inimigo, lembrando que Deus é sempre fiel. O capacete da salvação protege nossa mente e nos lembra de que fomos resgatados. E a espada do Espírito, que é a Palavra de Deus, é nossa arma poderosa contra as trevas.

Deus não nos deixa desprotegidos. Ele nos equipa com tudo que precisamos para vencer. Ao enfrentar provações, lembre-se de que Deus é sua força e proteção. Se vista da armadura de Deus todos os dias. Não permita que as dificuldades e tentações desviem você do caminho que Ele preparou. Ao se revestir dessa armadura, você está colocando sua confiança Nele e se preparando para enfrentar as adversidades com coragem e fé.

**Deus abriu** ____/____

**Devocional** 74/365

**Reflexões**

_____
_____
_____
_____
_____
_____
_____
_____
_____
_____

**FRASE DO DIA**

A FÉ EM DEUS ME PROTEGE NAS LUTAS DA VIDA.

#umdeusdevocional

# ESPERANÇA

## UM DEUS

**16 MAR**

> "Os que me ouviam esperavam o meu conselho e guardavam silêncio para ouvi-lo."
> Jó 29:21

**Deus abriu** ____/____

**Devocional** 75/365

**Reflexões**

_____
_____
_____
_____
_____
_____
_____
_____
_____

### FRASE DO DIA
**ESPERO EM DEUS ATÉ EM MEIO À DOR INSUPORTÁVEL.**

#umdeusdevocional

Jó é um exemplo sempre lembrado de esperança em meio à dor e ao sofrimento. Ele enfrentou perdas devastadoras e provações extremas, porém, mesmo sem entender as razões, manteve sua confiança em Deus. Ele acreditava que, apesar de tudo, Deus o estava refinando como o ouro, permitindo que ele emergisse mais forte e com uma fé mais profunda. Essa história nos ensina que, em tempos de tribulação, podemos lembrar-nos do exemplo de Jó e confiar que Deus está conosco, trabalhando para o nosso bem.

O sofrimento é inevitável, mas Deus nunca nos deixa sozinhos. Ele caminha ao nosso lado e usa cada experiência para nos fortalecer e purificar. Em vez de nos afastarmos de Deus nos momentos de dor, devemos nos aproximar ainda mais, sabendo que Ele é o único que pode transformar nossas lutas em crescimento espiritual. Deus conhece nossos caminhos, entende nossos corações e está presente, mesmo quando não O percebemos.

Jó nos mostra que há esperança, mesmo em tempos difíceis. Ele revela que Deus conhece cada detalhe de nossas vidas e usa cada situação para moldar nosso caráter. Assim como ele, somos chamados a confiar que Deus trabalha em todas as coisas para o nosso bem. Mantenha sua esperança em Deus, mesmo quando a dor parecer insuportável. Ele é fiel e transformará cada desafio em uma oportunidade de crescimento e renovação.

# INCERTEZAS

> *"Mesmo que a figueira não floresça, nem haja fruto nas videiras [...] eu me alegrarei no Senhor, exultarei no Deus da minha salvação."*
>
> Habacuque 3:17-18

**UM DEUS**
**17 MAR**

Deus abriu ___/___

Devocional 76/365

Reflexões

Habacuque viveu em tempos de grande incerteza e testemunhou desolação e destruição ao seu redor. No entanto, em meio ao caos, ele escolheu confiar e se alegrar no Senhor. Essa confiança inabalável é um exemplo poderoso para nós. Quando tudo parece instável e incerto, Deus continua sendo nosso refúgio e fortaleza. Independentemente das circunstâncias ao nosso redor, encontramos paz e alegria em Deus, que é imutável e fiel.

Habacuque nos ensina que Deus é a rocha sobre a qual podemos firmar nossa confiança. Ao longo da vida, enfrentamos momentos de incerteza e dificuldades que nos desafiam a entender os caminhos de Deus. Nessas horas, a fé pode ser difícil de manter, mas é justamente nesses momentos que somos chamados a confiar que Deus nos sustenta. Nossa alegria não deve depender do que vemos ou sentimos, mas estar enraizada na certeza de que Ele está conosco.

Se hoje você enfrenta um momento de incerteza, não permita que o medo o domine. Volte seu coração para Deus e confie que Ele está cuidando de cada detalhe da sua vida. Ele é sua força, sua paz e a certeza de que, mesmo em meio às dificuldades, você pode encontrar alegria e segurança em Sua presença.

**FRASE DO DIA**

**EM MEIO AO CAOS, FIRMO A CONFIANÇA EM DEUS.**

#umdeusdevocional

# SEGUE-ME

**UM DEUS**

**18 MAR**

*"E Jesus, olhando para ele, o amou e lhe disse: Falta-te uma coisa; vai, vende tudo quanto tens, e dá-o aos pobres, e terás um tesouro no céu; e vem, toma a cruz, e segue-me."*

**Marcos 10:21**

**Deus abriu** ____/____

**Devocional** 77/365

**Reflexões**

_____
_____
_____
_____
_____
_____
_____
_____
_____

**FRASE DO DIA**
TUDO NA MINHA VIDA É DEDICADO A JESUS.

#umdeusdevocional

O chamado de Jesus ao jovem rico é um convite a uma transformação radical. Ele o amou profundamente e pediu que deixasse para trás o que ocupava o lugar central em sua vida: suas riquezas. Essa passagem nos desafia a refletir sobre o que tem segurado nosso coração. Será que estamos dispostos a renunciar às nossas próprias seguranças para seguir Cristo plenamente?

Tomar a cruz não é carregar um peso sem propósito, mas um ato de confiança que nos liberta para viver com sentido. Jesus não nos chama para perdas, mas para uma troca divina: aquilo que parece essencial aos nossos olhos é transformado em uma vida abundante de propósito e plenitude n'Ele.

Ao aceitar o chamado de Cristo, começamos a enxergar o mundo com novos olhos. As prioridades mudam, e o que antes parecia valioso agora se torna secundário diante da riqueza de caminhar com Ele. A cada passo, percebemos que a verdadeira liberdade está em confiar plenamente em Sua direção.

Hoje, Cristo o convida a entregar tudo aquilo que o impede de avançar. Seu chamado é repleto de amor e nos direciona a uma vida sustentada pela paz e alegria. Olhe para Ele, aceite o convite, tome sua cruz e caminhe com o coração leve. Descubra a liberdade que existe em segui-Lo e a riqueza de viver em comunhão com Aquele que preenche todas as áreas do seu ser.

# O ESPAÇO DE DEUS

*"Filhinhos, guardem-se dos ídolos."*
1 João 5:21

**UM DEUS**
**19 MAR**

Quantas vezes deixamos que coisas menores ocupem um espaço maior em nossos corações do que deveriam? Na busca desenfreada por mais – mais dinheiro, mais sucesso, mais reconhecimento – Deus vai se reduzindo em nossa vida até se tornar uma lembrança distante. Começamos a adorar falsos deuses sem perceber, colocando nossa confiança em coisas que nunca foram destinadas a nos satisfazer plenamente.

Os ídolos modernos são sutis. Eles prometem felicidade, realização e segurança, mas nos deixam vazios e desiludidos. O dinheiro pode nos dar conforto temporário, o poder, uma falsa sensação de controle, e o amor humano uma sensação de pertencimento, mas nenhum deles pode ocupar o vazio que só Deus pode preencher. Quando deixamos esses falsos deuses assumirem o controle, Deus diminui em nossas vidas, não porque Ele seja pequeno, mas porque nossa percepção Dele encolhe.

Devemos substituir os ídolos que construímos em nossos corações pelo legítimo Deus. Precisamos refletir sobre o espaço que Deus ocupa em nossas vidas. Ele é o centro ou está na periferia de nossas prioridades?

Convoque seu coração a voltar para Deus, o único que pode realmente satisfazer e dar sentido à sua existência. Reajuste suas prioridades e deixe que Ele amplie Sua presença em sua vida, removendo qualquer coisa que ocupe o lugar que pertence somente a Ele.

**Deus abriu** ____ / ____

**Devocional** 78/365

**Reflexões**

_____
_____
_____
_____
_____
_____
_____
_____
_____
_____
_____

**FRASE DO DIA**
NÃO HÁ LUGAR PARA ÍDOLOS EM MEU CORAÇÃO.

#umdeusdevocional

# O QUE MAIS IMPORTA

## UM DEUS

20 MAR

*"Pois onde estiver o seu tesouro, aí também estará o seu coração."*
**Mateus 6:21**

📖 **Deus abriu** ___/___

🙏 **Devocional 79/365**

💭 **Reflexões**

_____
_____
_____
_____
_____
_____
_____
_____
_____

**FRASE DO DIA**
**SEGUIR CRISTO É O QUE MAIS IMPORTA NA VIDA.**

#umdeusdevocional

Há momentos em que nada parece importar mais do que aquilo que estamos perseguindo fervorosamente. Talvez seja uma carreira de sucesso, uma relação que sonhamos ou um status que acreditamos que vai nos fazer sentir completos. No entanto, quando esses objetivos se tornam o centro de nossas vidas, Deus pode ser empurrado para fora, reduzido a um mito ou uma lembrança vaga em tempos de crise.

Quando nada parece importar mais do que nossos próprios desejos e ambições, perdemos a verdadeira alegria e a paz que vêm de colocar Deus em primeiro lugar.

Paulo escreve em Filipenses 3:7-8 que considera tudo como perda em comparação com o valor supremo de conhecer Cristo Jesus, seu Senhor. Precisamos fazer o mesmo. Precisamos perguntar a nós mesmos: "O que importa mais na minha vida?" Quando nada importa mais do que Deus, encontramos a verdadeira liberdade e realização.

Volte seu coração para Deus. Deixe que Ele seja o centro e a prioridade máxima de sua vida. Quando você fizer isso, todas as outras coisas encontrarão o seu devido lugar. Confie que Deus sabe o que é melhor para você e que somente Ele pode satisfazer os desejos mais profundos do seu coração.

# DEUS EM PRIMEIRO LUGAR

> *"Pela fé, Abraão, quando chamado, obedeceu e dirigiu-se a um lugar que mais tarde receberia como herança, embora não soubesse para onde estava indo."*
>
> **Hebreus 11:8.**

**UM DEUS**
**21 MAR**

Abraão e Noé são exemplos poderosos de pessoas que colocaram Deus em primeiro lugar em suas vidas, mesmo quando não faziam ideia do que o futuro reservava. Abraão foi chamado a deixar tudo o que conhecia – sua terra, sua família e sua segurança – para seguir a promessa de Deus. Ele não sabia para onde estava indo, mas confiou que Deus estava conduzindo cada um de seus passos.

Noé, por outro lado, foi chamado a construir uma arca, um ato que parecia absurdo para aqueles ao seu redor. Ele obedeceu a Deus sem questionar, mesmo sem ver evidências da chuva que inundaria a terra. Tanto Abraão quanto Noé poderiam ter colocado sua própria compreensão, segurança e desejos antes de Deus. Mas, pela fé, eles escolheram obedecer.

Esses exemplos nos desafiam a refletir sobre onde temos colocado Deus em nossas vidas. Estamos dispostos a confiar e obedecer, ainda que não entendamos completamente o plano Dele? Ou estamos permitindo que nossos desejos e medos nos afastem da fidelidade que Ele merece?

Deus deve ocupar o primeiro lugar em nosso coração, acima de todos os deuses falsos que o mundo nos oferece. Ele nos chama a confiar, a seguir Sua voz que nos guia a lugares seguros. Abraão e Noé não eram perfeitos, mas suas histórias nos mostram que ao colocarmos Deus no centro, Ele é fiel para nos guiar e cumprir Suas promessas.

**Deus abriu** ___/___

**Devocional 80/365**

**Reflexões**

_____
_____
_____
_____
_____
_____
_____
_____
_____
_____

**FRASE DO DIA**

**OS PLANOS DE DEUS SÃO PERFEITOS.**

#umdeusdevocional

# SEM RECLAMAÇÕES

## UM DEUS
**22 MAR**

*"Fazei tudo sem murmurações nem contendas."*
**Filipenses 2:14**

 **Deus abriu** ____/____

 **Devocional 81/365**

**Reflexões**

_____
_____
_____
_____
_____
_____
_____
_____
_____

### FRASE DO DIA
**AFASTO DA MINHA VIDA A NEGATIVIDADE DA RECLAMAÇÃO.**

#umdeusdevocional

Reclamar é fácil. Em meio aos desafios do dia a dia, é tentador cair na armadilha da murmuração, focando nas dificuldades e nas frustrações. No entanto, a reclamação rouba nossa paz e nos afasta da gratidão que devemos ter a Deus. A Bíblia nos orienta a fazer tudo sem murmurações, porque a reclamação é como uma corrente que nos prende, impedindo-nos de ver as bênçãos e a bondade de Deus em nossas vidas.

Quando convivemos com pessoas que reclamam constantemente, somos influenciados por essa negatividade. A reclamação se torna contagiosa, afetando nosso espírito e nossa perspectiva. Cercar-se de queixas cria um ambiente de desânimo, que nos impede de avançar e de enxergar as oportunidades de crescimento e de mudança que Deus nos oferece.

É hora de excluir a reclamação da sua vida. Em vez de murmurar, escolha agradecer. Em vez de se cercar de quem reclama, busque a companhia daqueles que encorajam e edificam. Substitua a queixa pela oração e pela gratidão. Foque nas coisas que Deus já fez e no que Ele está fazendo agora. Mude sua perspectiva e veja como sua vida se transforma.

Deus nos chama para sermos pessoas de fé e esperança, e não de queixa e desânimo. Ao decidir parar de reclamar e afastar-se da negatividade, você abre espaço para que a alegria e a paz de Deus encham o seu coração.

# NA ALEGRIA E NA DOR

*"Os discípulos, porém, transbordavam de alegria e do Espírito Santo."*
**Atos 13:52**

**UM DEUS**
**23 MAR**

É fácil lembrar-nos de Deus nos momentos de dificuldade, quando tudo parece perdido e a dor nos faz clamar por socorro. Mas e nos momentos de alegria? Quantas vezes nos esquecemos de agradecer a Deus quando a vida está boa e nos sentimos abençoados? Lembrar-nos de Deus na alegria é tão importante quanto buscá-Lo na dor. Cada vitória, cada momento de felicidade é uma dádiva de Deus, um presente do Pai que nunca nos abandona.

No entanto, não devemos nos alegrar apenas com o que parece ser um ganho. Muitas vezes, o que consideramos uma perda é, na verdade, uma vitória divina. Deus, em Sua infinita sabedoria, sabe o que é melhor para nós. Ele vê além do presente e sabe como transformar até mesmo as nossas maiores dores em crescimento e bênçãos futuras. As perdas que enfrentamos podem ser instrumentos Dele para nos afastar de algo que nos faria mal ou nos preparar para algo maior que Ele tem reservado para nós.

Portanto, ao vivenciar alegrias ou enfrentar perdas, agradeça a Deus, lembre-se de que Deus sempre age para o nosso bem, transformando cada situação para o nosso crescimento e Sua glória.

**Deus abriu ___/___**

**Devocional 82/365**

**Reflexões**

**FRASE DO DIA**
**DEUS SEMPRE AGE PARA O NOSSO BEM.**

#umdeusdevocional

# A VONTADE DE DEUS

**UM DEUS**

**24 MAR**

*"Pai, se queres, afasta de mim este cálice. Contudo, que seja feita a tua vontade, e não a minha."*

Lucas 22:42

Deus abriu ___/___

Devocional 83/365

Reflexões

_____
_____
_____
_____
_____
_____
_____
_____
_____

**FRASE DO DIA**

COM TODO O MEU CORAÇÃO, CONFIO OS MEUS CAMINHOS AO SENHOR.

#umdeusdevocional

Ao pedirmos a Deus que faça a Sua vontade em nossas vidas, por vezes esquecemo-nos que isso significa abrir mão de nossos próprios planos e desejos. Ao pronunciar que seja feita a tua vontade na oração do Pai Nosso, estamos entregando nossas vidas nas mãos de Deus e confiando que Ele sabe o que é melhor para nós. Essa é uma entrega de fé, um ato de submissão ao Seu plano perfeito.

Deus não precisa da nossa permissão para agir em nossas vidas, mas quando Lhe damos autorização pela fé, estamos dizendo que nossos corações e nossas vidas pertencem a Ele. Essa entrega permite que Deus nos guie, nos proteja e nos desvie do mal. Ele sabe onde os perigos espreitam e nos afasta de situações que poderiam nos afastar de Seu amor e de Seu propósito.

Quando Deus intervém em nossa vida, desviando-nos do mal e executando Sua vontade, é um sinal de Seu amor e cuidado constantes.

Permita que Deus guie cada passo da sua vida. Quando você entrega seus planos a Ele, descobre uma paz verdadeira e duradoura, sabendo que está seguro em Suas mãos amorosas. Confie na vontade Dele, pois ela é sempre boa, perfeita e capaz de transformar sua jornada em algo que reflete o Seu cuidado e propósito eterno.

# LIVRAMENTO DO MAL

*"E não nos deixes cair em tentação, mas livra-nos do mal."*

**Mateus 6:13**

**UM DEUS**

**25 MAR**

Deus abriu ___/___

Devocional 84/365

Reflexões

Na oração do Pai Nosso, pedimos a Deus que nos livre do mal. Essa é uma súplica profunda, um pedido por proteção e intervenção divina em nossas vidas. Mas, quando Deus responde como reagimos? Muitas vezes, a resposta de Deus ao nosso pedido para nos livrar do mal pode não ser do jeito que esperamos ou queremos. Às vezes, Ele remove pessoas, oportunidades ou circunstâncias de nossas vidas que achamos serem boas para nós. Outras vezes, Ele permite que enfrentemos dificuldades para nos proteger de um mal maior.

Nos momentos em que Deus nos livra do mal, é fácil sentir frustração ou até reclamar. Podemos não entender o que Ele está fazendo e, no calor do momento, ver Suas ações como uma perda ou uma negação. No entanto, é nesses momentos que precisamos confiar que Deus sabe mais do que nós.

Quando você orar livrai-me de todo mal, lembre-se de que Deus responde conforme Sua sabedoria perfeita. Ele age para nos proteger, até se não conseguimos ver o perigo. Em vez de reclamar, agradeçamos. Deus nos guia para longe de situações que poderiam nos causar dano, espiritual ou físico.

Então, quando você perceber que Deus está removendo algo ou alguém de sua vida, ou está fechando uma porta que você queria aberta, agradeça. Ele está cuidando de você e cumprindo Sua promessa de livrá-lo do mal. Confie que Ele sabe que Sua vontade é sempre a melhor para nós.

**FRASE DO DIA**

DEUS GUARDA MINHA VIDA E A PROTEGE DE TODO MAL.

#umdeusdevocional

# ENXERGUE DEUS NA DOR

**UM DEUS**

**26 MAR**

*"Então, ele lhe disse: Filha, a sua fé a curou! Vá em paz e fique livre do seu sofrimento."*

**Marcos 5:34**

Deus abriu ____/____

Devocional 85/365

Reflexões

_____
_____
_____
_____
_____
_____
_____
_____
_____

**FRASE DO DIA**

**NOS MOMENTOS DE DOR, DEUS ME AMPARA.**

#umdeusdevocional

A dor é uma experiência que todos nós enfrentamos em algum momento da vida. Quando o sofrimento bate à nossa porta, é natural questionar: Por que eu? É fácil cair na armadilha de acreditar que nosso sofrimento é um castigo ou que Deus, de alguma forma, nos abandonou. No entanto, essa perspectiva pode nos levar à revolta e ao afastamento de Deus, quando, na verdade, o sofrimento pode ser uma oportunidade para uma compreensão mais profunda de Sua presença e amor.

Em razão de uma experiência pessoal o rabino norte-americano Harold Kushner escreveu o livro Quando Coisas Ruins Acontecem Com Pessoas Boas que nos desafia a repensar o papel de Deus em nossa dor. É uma boa forma de compreender que Deus não é o autor do sofrimento, mas está presente conosco em cada momento de nossa dor. Ele é o Deus compassivo que chora conosco, que sente nossas perdas e que nos sustenta, e no momento certo, nos alivia de nosso sofrimento. Ao invés de nos voltarmos contra Ele, somos convidados a encontrar Nele um aliado.

Deus é o nosso consolo e a nossa força. Ele não apenas vê sua dor, mas caminha com você através dela. No momento certo, Ele transforma seu sofrimento em aprendizado, em renovação e, acima de tudo, em uma oportunidade de aprofundar sua relação com Ele. Ao se sentir sobrecarregado, lembre-se de que não está sozinho. Deus conhece suas lágrimas e o sustenta com amor. Confie Nele, pois mesmo na dor, Ele é capaz de trazer paz e propósito ao seu coração. Permita que Sua presença seja o refúgio em sua jornada.

# OUÇA DEUS EM SEU CORAÇÃO

*"A seguir Jesus acrescentou: Aquele que tem ouvidos para ouvir, ouça!"*
Marcos 4:9

**UM DEUS**

**27 MAR**

Deus abriu ____/____

Devocional 86/365

Reflexões

Há momentos na vida em que nos sentimos perdidos, sem saber para onde ir. As dúvidas nos cercam e os medos se tornam companheiros constantes. Buscamos desesperadamente respostas que possam trazer segurança ou clareza. Mas é justamente nesses momentos de maior incerteza que Deus sussurra ao nosso coração: "Ouça-me, confie em mim".

Deus nos conhece em uma profundidade que nem nós mesmos alcançamos. Ele vê os desejos escondidos, as angústias silenciosas e todas as incertezas que nos afligem. Quando Ele nos pede para confiar Nele de todo o coração, não está pedindo algo leve ou trivial e sim que entreguemos a Ele todas as nossas preocupações, que soltemos o controle que pensamos ter e reconheçamos que nossa visão é limitada e a visão Dele é perfeita, abrangente e eterna.

Ao abrir nosso coração para Deus, permitimos que Sua paz, que excede todo entendimento, inunde nossa vida. Confiar no Senhor significa acreditar que, até quando o caminho à nossa frente é incerto, Ele está ali, guiando nossos passos com amor e propósito. Ele nunca nos abandona; está sempre presente, trazendo conforto e direção do céu diretamente para o nosso coração.

Permita que essa mensagem toque profundamente o seu ser. Se entregue completamente ao Senhor e confie Nele com tudo o que você é. Ele cuidará de cada detalhe da sua jornada.

**FRASE DO DIA**

DEUS FALA AO MEU CORAÇÃO A TODO MOMENTO.

#umdeusdevocional

# MÁGOA E RESSENTIMENTO

**UM DEUS**

**28 MAR**

*"Pois se perdoarem as ofensas uns dos outros, o Pai celestial também lhes perdoará. Mas se não perdoarem uns aos outros, o Pai Celestial não lhes perdoará."*

Mateus 6:14-15

Deus abriu ___/___

Devocional 87/365

Reflexões

_____
_____
_____
_____
_____
_____
_____
_____
_____

**FRASE DO DIA**

**EU PERDOO E LIBERO MEU CORAÇÃO DA MÁGOA.**

#umdeusdevocional

Mágoa e ressentimento são fardos pesados que nós carregamos quando somos feridos. Esses sentimentos corrosivos afetam nossa paz interior e criam uma barreira que nos afasta de Deus e das pessoas ao nosso redor. O ressentimento é como um veneno lento, que deteriora nossa alma e impede o fluir do amor e da graça que Deus deseja para nossas vidas. Ao nos agarrarmos a esse sentimento perdemos a chance de experimentar a verdadeira liberdade que o perdão traz.

Deus nos chama a perdoar, não porque seja algo fácil, mas porque é essencial para a cura e o crescimento espiritual. Ele nos dá o exemplo perfeito ao nos perdoar abundantemente, mesmo quando não merecemos. Assim como Ele nos perdoa, somos chamados a perdoar os outros, liberando nosso coração da carga da mágoa. Perdoar não é esquecer o que foi feito, mas é escolher deixar o passado para trás e permitir que Deus transforme nossa dor em força.

Se você está lutando com mágoa ou ressentimento, entregue essa dor a Deus. Permita que Ele trabalhe em seu coração e o ajude a liberar o perdão. Este é um presente que damos a nós mesmos, pois nos liberta para viver plenamente. Quando escolhemos perdoar, damos a Deus a oportunidade de curar nossas feridas e trazer paz ao nosso ser.

# LÁGRIMAS INEXPLICÁVEIS

*"O Senhor está perto dos que têm o coração quebrantado e salva os de espírito abatido."*
**Salmos 34:18**

UM DEUS
29 MAR

Deus abriu ___ / ___

Devocional 88/365

Reflexões

Há dias em que as lágrimas caem sem motivo aparente, e nossos corações parecem carregados de uma tristeza inexplicável. Esses momentos podem nos fazer sentir solitários, como se estivéssemos carregando um fardo invisível que ninguém mais pode ver. No entanto, é precisamente nesses momentos de tristeza silenciosa que Deus se faz presente de maneira especial. Ele conhece cada dor, entende cada lágrima e sabe o que se passa em nossos corações.

Deus nos promete Sua proximidade, especialmente quando nos sentimos quebrantados e abatidos. Ele não espera que tenhamos todas as respostas ou que sempre entendamos o que estamos sentindo. Em vez disso, Ele nos convida a trazer nossos sentimentos, até os mais confusos, diante Dele. Como um Pai amoroso, Deus nos acolhe em nossos momentos mais vulneráveis, oferecendo um espaço seguro para que possamos chorar e ser consolados. É nesse lugar de encontro com Deus que encontramos o verdadeiro alívio.

Se hoje você se sente sobrecarregado e não sabe ao certo o motivo, lembre-se de que Deus está ao seu lado, pronto para confortar seu coração. Permita-se sentir e chorar, sabendo que Ele está presente para ouvir cada palavra e enxugar cada lágrima. O choro pode ser um meio de liberar as tensões internas e abrir espaço para a cura e renovação. E até nas lágrimas, podemos encontrar a certeza de que Deus nunca nos abandona.

**FRASE DO DIA**

DEUS SABE COMO SECAR MINHAS LÁGRIMAS.

#umdeusdevocional

# ESQUECIDOS POR DEUS

**UM DEUS**

**30 MAR**

*"Não se vendem cinco pardais por duas moedinhas? Contudo, nenhum deles é esquecido por Deus."*

**Lucas 12:6**

Deus abriu ___/___

Devocional 89/365

Reflexões

_____
_____
_____
_____
_____
_____
_____
_____

**FRASE DO DIA**

**DEUS NUNCA SE ESQUECE DE MIM.**

#umdeusdevocional

Nos momentos de espera prolongada e sofrimento intenso, é natural sentir que Deus pode ter se esquecido de nós. Olhamos ao redor e vemos outras pessoas recebendo bênçãos, sonhos e vivendo alegrias e sonhos, e inevitavelmente nos perguntamos: "E eu, Deus? Será que fui esquecido?". Esse sentimento de abandono pode ser doloroso e paralisante, criando uma sensação de solidão que corrói a alma.

A verdade é que Deus nunca se esquece de Seus filhos. Ele é um Pai amoroso que está atento a cada detalhe de nossas vidas. Sua promessa é clara: Ele nunca nos deixará nem nos abandonará. Sua presença constante não depende do que sentimos ou vemos; é uma certeza que ultrapassa nossas emoções e circunstâncias. Mesmo quando Deus parece estar em silêncio, Ele está ativamente trabalhando nos bastidores da nossa vida, preparando algo maior e melhor para nós. Nossa espera não é em vão; é um tempo destinado ao nosso crescimento e fortalecimento da nossa confiança no amor imutável de Deus.

Ao sentir-se esquecido por Deus, lembre-se de que Ele está mais perto do que você imagina. Confie em Sua fidelidade e nas promessas que Ele fez de nunca nos abandonar. Deus está com você em cada passo, até quando você não consegue senti-Lo ou vê-Lo. Ele conhece o início e o fim de todas as coisas, e sabe exatamente o que você precisa. Ele tem um plano perfeito, e no momento certo, tudo será revelado para o seu bem.

# LEALDADE

> *"Seja fiel até a morte, e eu lhe darei a coroa da vida."*
>
> **Apocalipse 2:10**

**UM DEUS**
**31 MAR**

Deus abriu ____/____

Devocional 90/365

Reflexões

Lealdade é uma virtude preciosa que parece estar cada vez mais escassa em nossos dias. Vivemos em um mundo onde promessas são facilmente quebradas e compromissos são abandonados. Em meio a essa cultura de inconstância, Deus nos chama a uma lealdade inabalável. Ser leal a Ele significa permanecer firme em nossa fé, mantendo o compromisso de seguir Seus caminhos, independentemente das circunstâncias que enfrentamos. Significa escolher ser fiel a Ele acima de todas as coisas, ainda que isso exija sacrifícios.

A lealdade a Deus vai além de um mero sentimento; é uma decisão consciente que fazemos todos os dias. É uma escolha de obedecer e confiar Nele, ainda que não compreendamos os caminhos pelos quais Ele nos conduz. Por mais que seja desafiadora, não passa despercebida aos olhos de Deus.

É essencial que nossas ações reflitam nossa lealdade e fé em todas as áreas da nossa vida. Não podemos permitir que as dificuldades, os desafios ou as tentações desviem nossos olhos de Deus ou nos façam abandonar Seu caminho.

Seja leal a Deus em todas as circunstâncias. Quando as provações surgirem, lembre-se de que Ele vê seu esforço e sua dedicação. Ele conhece os desafios que você enfrenta e valoriza cada passo de fidelidade que você dá. Mantenha-se firme, confiando que sua lealdade será recompensada, não apenas com bênçãos temporais, mas com a promessa eterna da coroa da vida.

**FRASE DO DIA**

**MANTENHO CONTÍNUA LEALDADE A DEUS.**

#umdeusdevocional

# Meus Aprendizados

# Meus Planos futuros

A
B
R
I
L

@umdeusdevocional

"A alegria do coração transparece no rosto, mas o coração amargurado abate o espírito."
Provérbios 15:13

04

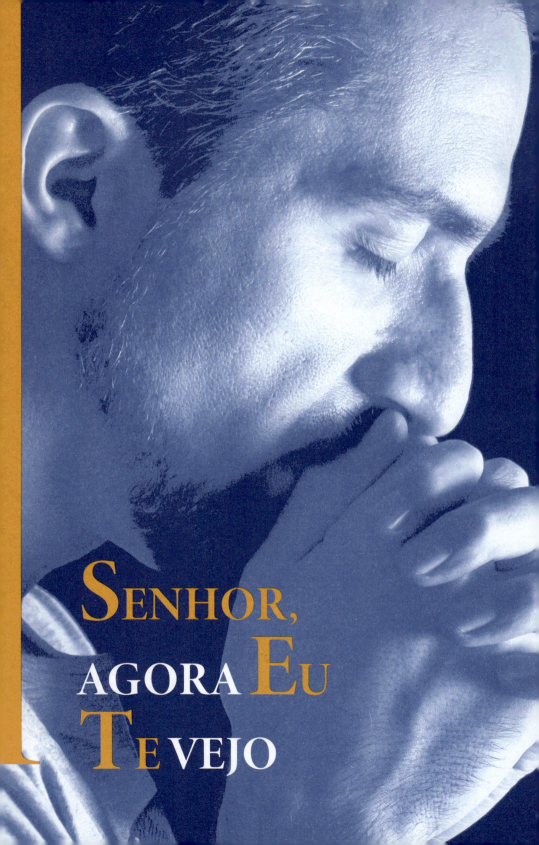

# DEUS NUNCA FALHA

**UM DEUS**

**01 ABR**

*"Pois o Senhor é justo, e ama a justiça; os retos verão a sua face."*
**Salmos 11:7**

Deus abriu ___/___

Devocional 91/365

Reflexões

O dia de hoje é oportuno para refletirmos no valor da verdade e no que a falta dela produz. Ao enfrentarmos injustiças, mentiras e calúnias, é natural questionar onde está Deus e por que Ele permite que essas coisas aconteçam. Em momentos de dor e frustração, podemos nos sentir desamparados e pensar que Deus está distante ou indiferente ao que estamos passando. No entanto, a Bíblia nos lembra de que Deus é um juiz justo e que Sua justiça nunca falha. Ele vê cada ato e conhece profundamente cada coração. Nada escapa ao Seu olhar justo e amoroso, e Ele se importa com cada detalhe das nossas vidas.

Sua justiça pode não ser imediata aos nossos olhos humanos, mas é sempre certa e perfeita no Seu tempo. Sua promessa é que, no tempo certo, a Sua justiça prevalecerá. Enquanto esperamos, somos chamados a confiar Nele e a viver de acordo com Seus princípios de justiça e retidão.

Em uma situação de injustiça, pode ser tentador tomar as rédeas e buscar justiça com as próprias mãos. No entanto, a Bíblia nos encoraja a entregar todas as nossas preocupações a Deus, o justo juiz que vê tudo. Ele entende o que é melhor e, no momento certo, trará a verdadeira justiça. Devemos lembrar que a justiça de Deus não apenas corrige o que está errado, mas também restaura e cura os corações feridos. E, embora às vezes pareça tardia aos nossos olhos, nunca falha.

**FRASE DO DIA**

**A JUSTIÇA DE DEUS VEM NO SEU TEMPO PERFEITO.**

#umdeusdevocional

# VENCER COM CRISTO

**UM DEUS**

**02 ABR**

*"Em todas estas coisas somos mais que vencedores, por meio daquele que nos amou."*
**Romanos 8:37**

Deus abriu ___/___

Devocional 92/365

Reflexões

_____
_____
_____
_____
_____
_____
_____
_____
_____

**FRASE DO DIA**
CRISTO ME FORTALECE EM TODAS AS LUTAS.

#umdeusdevocional

Todos nós enfrentamos batalhas em nossas vidas. Alguns dias, essas lutas parecem intermináveis e a esperança começa a desaparecer. Podemos nos sentir sobrecarregados pelos desafios, acreditando que não há saída ou que não temos forças para continuar. No entanto, Deus nos lembra de algo poderoso: já vencemos muitas batalhas antes e venceremos novamente. Ele está conosco, oferecendo força e coragem para enfrentar qualquer desafio que se apresente no caminho.

Deus nunca prometeu que a vida seria isenta de dificuldades, mas Ele prometeu estar ao nosso lado em cada batalha. Com Cristo, não apenas vencemos, mas somos mais que vencedores. Isso significa que, por meio Dele, não apenas superamos os obstáculos, mas também crescemos e somos fortalecidos em cada experiência. As vitórias que alcançamos no passado são testemunhos vivos de que Deus está ao nosso lado, capacitando-nos a seguir em frente.

Levante-se com confiança e fé renovada, sabendo que, em Cristo, a vitória já é sua. Continue lutando com a certeza de que Deus está com você. Não importa quão grandes sejam os desafios, com Deus ao seu lado, você é mais que vencedor. Sua força não vem de suas próprias habilidades, mas do poder de Cristo que habita em você. E esse poder garante que, independentemente das circunstâncias, você vencerá de novo.

# ESTÁ CHORANDO POR QUÊ?

*"Os que com lágrimas semeiam, com júbilo ceifarão."*

**Salmos 126:5**

**UM DEUS**

**03 ABR**

A dor e as lágrimas são partes inevitáveis da vida. Há momentos em que o choro parece ser nossa única companhia, e a tristeza parece não ter fim. Sentimos o peso de nossas circunstâncias e nos perguntamos se algum dia veremos o alívio. No entanto, Deus nos lembra de que o choro é temporário. Sua promessa é clara: a alegria virá pela manhã. Ele vê suas lágrimas e conhece cada dor que você carrega. O que parece insuportável agora é passageiro, e Deus está ao seu lado em cada momento.

Ele não ignora sua dor; ao contrário, a usa como um instrumento de crescimento e transformação. Deus entende o que está em nosso coração e promete que, apesar da dor que pode durar por uma noite, Sua alegria é eterna e renovadora. Ele é o consolo em meio ao caos, a luz em meio à escuridão.

Se você está chorando hoje, entregue suas lágrimas a Deus. Ele é o único que pode verdadeiramente transformar a tristeza em alegria duradoura. Confie que Ele está com você, ainda que não consiga sentir Sua presença. A alegria que Deus promete não é uma simples emoção passageira, mas uma profunda paz e contentamento que vem da confiança em Sua fidelidade.

E enquanto você espera pela manhã, saiba que cada lágrima que cai é vista por Deus e que Ele está preparando algo belo para você. Confie Nele, pois a alegria está a caminho.

Deus abriu ____ / ____

Devocional 93/365

Reflexões

**FRASE DO DIA**

DEUS É FIEL PARA TRANSFORMAR MINHA TRISTEZA EM CELEBRAÇÃO.

#umdeusdevocional

# A VOLTA AO PAI

## UM DEUS
**04 ABR**

> "E o pó volte à terra, de onde veio, e o espírito volte a Deus, que o deu."
> **Eclesiastes 12:7**

 Deus abriu ___/___

 Devocional 94/365

 Reflexões

_____
_____
_____
_____
_____
_____
_____
_____
_____

**FRASE DO DIA**

HÁ UM LUGAR NA CASA DO PAI PARA CADA UM DE NÓS.

#umdeusdevocional

A partida deste mundo é uma realidade inevitável para todos nós. No entanto, para aqueles que confiam em Deus, há uma esperança que vai além da despedida final. Nossa vida aqui na Terra é breve e passageira, mas o que Deus tem preparado para nós é eterno. No momento certo, Ele nos recebe de braços abertos, com amor e compaixão, garantindo que a morte não é o fim, mas o início de uma nova vida com Ele, uma vida sem dor, tristeza ou separação.

Ao enfrentar a perda de alguém querido, saiba que Deus está presente em cada momento dessa jornada. Ele é o consolo na dor, a força na fraqueza e a esperança na despedida. Sua Palavra nos assegura que nada pode nos separar do Seu amor, nem mesmo a morte. Em Cristo a morte perde seu poder devastador, deixa de ser um fim e se transforma em uma porta para a eternidade, uma passagem para uma existência plena e gloriosa ao lado do Pai.

Ele nos espera, pronto para receber-nos em Seu amor eterno. Não há razão para temer a morte, Jesus, em Sua infinita bondade, já preparou um lugar, onde a alegria é completa e a comunhão com Deus é perfeita, para você e para aqueles a quem ama.

Diante da dor da perda, há conforto na certeza de que nossos entes queridos que confiam em Cristo estão agora na presença de Deus, onde não há mais sofrimento. Essa confiança nos dá paz para seguir em frente, sabendo que um dia também nos reuniremos com eles na casa do Pai.

# LUZ NO CORAÇÃO

> *"Creiam na luz enquanto vocês a têm, para que se tornem filhos da luz. Terminando de falar, Jesus saiu e ocultou-se deles."*
>
> João 12:36

**UM DEUS**
**05 ABR**

Deus abriu ___/___

Devocional 95/365

Reflexões

Na vida quando tudo parece escuro e confuso não sabemos como seguir em frente. As dores e dúvidas nos envolvem, e a escuridão parece nos cercar por todos os lados. Nessas horas, é fácil sentir-se sozinho e desamparado, mas é precisamente nesses momentos que a presença de Deus se faz poderosa. Ele é a nossa luz e a nossa salvação, aquele que dissipa toda a escuridão e nos mostra o caminho a seguir.

Às vezes, as dificuldades que enfrentamos são, na verdade, formas de proteção que Deus está nos oferecendo. Ele conhece o que está além do nosso entendimento e, em Seu amor perfeito, nos desvia de caminhos que poderiam nos levar à ruína. Quando parece que tudo está perdido Ele acende uma luz em nossos corações e revela que sempre esteve presente, guiando-nos e protegendo-nos até quando não percebíamos.

É essencial não se desconectar de Deus, ainda que tudo ao nosso redor pareça sombrio. Mantenha-se perto do Senhor, alimente-se da Sua Palavra e busque Sua presença em oração. Ele é o único que te ama incondicionalmente e está sempre pronto para te guiar. Confie que, no momento certo, Ele iluminará seu caminho e você verá o propósito de cada desafio que enfrentou, encontrando paz e segurança em Seu amor inabalável.

**FRASE DO DIA**

A LUZ DE DEUS DISSIPA AS TREVAS EM MEU CORAÇÃO.

#umdeusdevocional

# VALOR DA EMPATIA

## UM DEUS
### 06 ABR

> *"Assim, em tudo, façam aos outros o que vocês querem que eles lhes façam; pois esta é a Lei e os Profetas."*
>
> **Mateus 7:12**

**Deus abriu** ___/___

**Devocional 96/365**

**Reflexões**

Jesus nos ensinou que o amor é o mandamento supremo. No entanto, Ele também reconheceu que amar o próximo como a nós mesmos nem sempre é uma tarefa fácil. A complexidade das relações humanas, as mágoas acumuladas e as diferenças individuais muitas vezes tornam desafiador o ato de expressar o amor verdadeiro. Sabendo dessas dificuldades, Jesus nos ofereceu um caminho para crescermos no amor: a prática da empatia.

Quando Jesus disse: Façam aos outros o que vocês querem que eles lhes façam, Ele estava nos ensinando a praticar a empatia que, na verdade, é o treinamento do amor. Ela nos convida a nos colocarmos no lugar do outro, a tentar entender suas dores, suas alegrias, suas lutas e vitórias. É o exercício de olhar além de nossas próprias perspectivas e de nossas próprias necessidades. Através desse sentimento começamos a desenvolver um amor mais profundo, que vai além de nossas limitações e preconceitos humanos.

Jesus nos chama a viver a empatia como um meio de moldar nossos corações para o amor divino. Cada ato de empatia é uma abertura do coração para que Deus nos molde para amar como Ele ama. O amor divino não começa com grandes feitos, mas sim com pequenos gestos de bondade, compreensão e gentileza. Ao praticarmos a empatia, como Jesus nos ensinou, nosso amor cresce paulatinamente e se aprofunda, refletindo cada vez mais o amor de Deus.

---

**FRASE DO DIA**

A EMPATIA VAI MUDAR O MUNDO.

#umdeusdevocional

# ORAR A SÓS

> "Mas quando você orar, vá para seu quarto, feche a porta e ore a seu Pai, que está em secreto. Então seu Pai, que vê em secreto, o recompensará."
>
> Mateus 6:6

**UM DEUS**

**07 ABR**

Deus abriu ____/____

Devocional 97/365

Reflexões

Orar a sós é uma prática poderosa e transformadora. É na solidão de nossas orações particulares que encontramos a intimidade mais profunda com Deus. Ao nos ensinar a orar em secreto, Jesus nos convida ao encontro pessoal com o Pai, o momento sagrado em que não há distrações, apenas a presença de Deus e nosso coração aberto diante Dele. Buscamos o relacionamento íntimo e sincero com Deus, longe dos olhares e julgamentos humanos.

Quantas noites meu travesseiro conheceu minhas lágrimas e ouviu meus sussurros de "Senhor, Senhor". Sei que Jesus está ali comigo, ouvindo cada palavra, acolhendo cada silêncio e interpretando cada suspiro do meu coração.

Orar sozinho é mais do que falar com Deus; é abrir o coração de forma plena, sem reservas ou máscaras; é permitir que Ele entre nos recantos de nossa alma, aqueles que nem nós ousamos explorar. Na quietude da oração solitária, Deus traz cura para nossas feridas, conforto para nossas dores e direção para nossos passos. Ao nos entregarmos em oração, sentimos a paz que excede todo entendimento, confiando que nosso Pai celestial está ouvindo cada palavra e pensamento. Encontre tempo para estar a sós com Deus, para derramar seu coração diante Dele e para ouvir a Sua voz suave que fala na quietude. Até quando ninguém mais ouve, saiba que Deus está sempre atento, pronto para responder e abençoar aqueles que O buscam de todo o coração.

**FRASE DO DIA**

DERRAMO MEU CORAÇÃO DIANTE DO SENHOR E ELE ME ABENÇOA.

#umdeusdevocional

# SOMOS DEUSES

## UM DEUS

**08 ABR**

> "Eu disse: Vocês são deuses, todos vocês são filhos do Altíssimo."
>
> **Salmos 82:6**

Deus abriu ___/___

Devocional 98/365

Reflexões

_____
_____
_____
_____
_____
_____
_____
_____
_____

**FRASE DO DIA**

TRAGO EM MIM A CENTELHA DA FILIAÇÃO A DEUS.

#umdeusdevocional

Você já enfrentou derrotas, ausências, mentiras, maldade, traições e saudades. Cada uma dessas experiências trouxe sua própria tempestade, e em meio a todas elas, você sobreviveu. Deus colocou em nós uma força interior que nos capacita a superar qualquer desafio ou dificuldade que a vida nos apresenta.

Quando o salmista diz: Vocês são deuses, ele está nos lembrando de que somos criados à imagem de Deus. Não significa que somos divinos em essência, mas carregamos uma centelha do divino dentro de nós. Temos uma dignidade e uma capacidade especial, conferida por Deus, para enfrentar e vencer as adversidades da vida.

Essa força não nos isenta de sentir medo, tristeza ou dúvida, mas nos lembra de que sempre há algo maior agindo em nosso favor. Somos fortalecidos por essa ligação espiritual que nos conecta ao Pai, e essa conexão nos transforma em instrumentos de superação e luz.

Não duvide de sua capacidade de vencer. Dentro de você há uma expressão da força e da graça de Deus – uma centelha divina que lhe dá resiliência e coragem. É essa presença que nos faz fortes diante das dificuldades, que nos ajuda a levantar quando caímos e que nos impulsiona a seguir em frente, ainda que o caminho seja árduo. Quando você se sentir fraco ou derrotado, lembre-se de sua filiação divina. O Pai está com você, sustentando-o e fortalecendo-o a cada passo.

# PROFETIZE PARA SUA FAMÍLIA

*"Eu e minha casa serviremos ao Senhor."*
Josué 24:15

**UM DEUS**

**09 ABR**

Deus abriu ____/____

Devocional 99/365

Reflexões

Em tempos de incertezas, nossas famílias são o primeiro lugar onde sentimos os impactos das dificuldades e preocupações. As adversidades podem nos desanimar, fazendo-nos questionar o futuro e a segurança daqueles que amamos. No entanto, Deus nos dá a autoridade para profetizar bênçãos, proteção e paz sobre nossa família. Profetizar é mais do que simplesmente falar; é declarar com fé o amor e os planos de Deus antes de qualquer sinal visível de mudança.

A Palavra de Deus é viva e poderosa para transformar situações e corações. Ao profetizar para sua família você está usando a autoridade que Deus lhe deu para falar de vida, esperança e renovação em seu lar. Declare que Deus está no controle e que a Sua bondade e misericórdia acompanharão sua família todos os dias. Essa declaração tem o poder de trazer paz e confiança, até em meio aos desafios mais difíceis.

Não importa quão sombrias as circunstâncias possam parecer, continue a profetizar a paz, a cura e a provisão de Deus sobre sua família. Acredite que Deus ouve suas orações e está agindo em cada situação. Sua família é um presente precioso de Deus, e Ele se alegra quando você escolhe abençoá-la com palavras de fé, esperança e amor, sementes plantadas que, no tempo certo, darão frutos abundantes. Ele transforma o impossível em possível. Profetize, ore e creia continuamente, certo de que Deus é por você e por sua família.

**FRASE DO DIA**
**PROFETIZO BÊNÇÃOS SOBRE MINHA CASA.**

#umdeusdevocional

# ESPERAR NO SENHOR

**UM DEUS**

**10 ABR**

"*Espere no Senhor. Seja forte! Coragem! Espere no Senhor.*"
**Salmos 27:14**

- Deus abriu ____/____
- Devocional 100/365
- Reflexões

_____
_____
_____
_____
_____
_____
_____
_____

Esperar não é fácil. Em um mundo que valoriza a rapidez e a eficiência, muitas vezes desejamos respostas imediatas e soluções rápidas para nossas necessidades e problemas. A espera pode ser desconfortável, cheia de incertezas e ansiedades. Mas é exatamente nesse espaço de espera que Deus nos chama a confiar Nele e no Seu tempo perfeito. Quando parece que nada está acontecendo, Deus está silenciosamente trabalhando nos bastidores.

Esperar no Senhor é um exercício de fé e paciência. É um convite para depositar nossa confiança em Deus quando a vida parece estagnada ou sem direção. Ele vê o quadro completo e sabe o que é melhor para cada um de nós.

Se hoje você espera por algo — uma resposta, uma mudança, um milagre — lembre-se de que Deus nunca chega tarde e nunca falha em Suas promessas. Continue firme e corajoso, sabendo que a sua espera não é em vão. Ele está agindo em sua vida, ainda que você não consiga ver os resultados imediatos. Ele está moldando o seu caráter, fortalecendo a sua fé e preparando algo maravilhoso para você.

Sua espera é um terreno fértil onde Deus está cultivando paciência, fé e esperança. E no momento certo, você verá que valeu a pena esperar, pois os planos de Deus são sempre maiores e melhores do que os nossos.

**FRASE DO DIA**
A ESPERA EM DEUS SEMPRE TRAZ RENOVAÇÃO E VITÓRIA.

#umdeusdevocional

# A ESCOLHA PERFEITA

*"Este homem é meu instrumento escolhido para levar o meu nome perante os gentios e seus reis e perante o povo de Israel."*
**Atos 9:15**

**UM DEUS**
**11 ABR**

Sabemos que Paulo, antes conhecido como Saulo, foi um dos maiores perseguidores dos cristãos, com zelo implacável, certo de que cumpria sagrado dever. Mas tudo mudou no encontro poderoso com Jesus no caminho para Damasco. Sua vida foi transformada para sempre e ele se tornou um dos maiores apóstolos do evangelho.

Se Jesus pode transformar a vida de alguém como Paulo, Ele pode escolher você também, independentemente de seu passado ou de suas falhas. Deus enxerga o potencial que colocou em cada um de nós, instrumentos preciosos em Suas mãos. Assim como Paulo, você pode ser chamado a realizar algo grande para o reino de Deus. Não subestime o que Deus pode fazer através de sua vida. Ele conhece o seu potencial, os dons que Ele mesmo lhe deu e os planos extraordinários que tem para você.

Se hoje você sente que não é digno ou capaz de ser usado por Deus, lembre-se de Paulo. Jesus não só o perdoou, como o escolheu para uma missão especial. Se ele, que começou como inimigo da fé, pôde se converter e ser usado poderosamente por Deus imagine o que Ele pode fazer com você, que já crê em Jesus!

Abra seu coração para Deus e permita que Ele use sua vida como um testemunho de Sua graça, misericórdia e poder. Deus pode escolher você para fazer a diferença no mundo. Sua conversão e compromisso com Cristo podem ser o começo de uma jornada incrível de fé e impacto para muitas vidas.

**Deus abriu** ____/____

**Devocional 101/365**

**Reflexões**

**FRASE DO DIA**
SENHOR, QUE EU SEJA INSTRUMENTO EM SUAS MÃOS.

#umdeusdevocional

# PROTEÇÃO DIVINA

## UM DEUS

**12 ABR**

*"O Senhor é a minha luz e a minha salvação; de quem terei temor?"*
**Salmos 27:1**

📖 Deus abriu ___/___

🙏 Devocional 102/365

💭 Reflexões

_____
_____
_____
_____
_____
_____
_____
_____

### FRASE DO DIA
**NAS ASAS DE DEUS ENCONTRO REFÚGIO E SEGURANÇA.**

#umdeusdevocional

Em nossa jornada pela vida, é inevitável que encontremos pessoas que nos machucam, seja de forma intencional ou não. Essas feridas podem ser dolorosas e deixar cicatrizes que parecem nunca desaparecer. No entanto, mesmo em meio à dor e ao sofrimento, é crucial lembrar que aqueles que nos ferem nunca serão maiores do que Aquele que nos protege. Deus é maior do que qualquer ferida que alguém possa nos infligir.

Não importa o quão grande ou profunda seja a ferida, nenhuma dor é grande demais para que Ele cure. Quando confiamos em Deus, Ele transforma nossas dores em força e resiliência, e nos dá coragem para seguir em frente, mesmo nas circunstâncias mais difíceis. Sabemos que estamos sempre sob Sua proteção e que Ele nunca nos abandona.

Não permita que as ações dos outros determinem sua paz, sua alegria ou sua identidade. Lembre-se de que Deus é maior do que qualquer problema, qualquer dor ou qualquer pessoa que possa feri-lo. Ele é seu refúgio, sua fortaleza e seu defensor em todas as situações.

# O SAL DA TERRA

*"Vocês são o sal da terra. Mas se o sal perder o seu sabor, como restaurá-lo?"*
**Mateus 5:13**

**UM DEUS**
**13 ABR**

Jesus nos chama de sal da terra, título que carrega significado profundo e poderoso. O sal é conhecido por seu poder de dar sabor, preservar e curar. Como seguidores de Cristo, somos chamados a trazer esses elementos ao mundo ao nosso redor. Nossa presença deve acrescentar sabor à vida das pessoas, preservar o que é bom e verdadeiro, e curar onde há dor e sofrimento. Assim como o sal é um agente de transformação, somos chamados a ser agentes de mudança em nossas comunidades e viver de uma forma que glorifique a Deus.

Ser o sal da terra significa viver de maneira que promova justiça, misericórdia e verdade. Nossas ações, escolhas e palavras devem refletir Deus, exemplificando a moralidade e a integridade onde quer que estejamos. Em um mundo muitas vezes marcado pela injustiça e pela corrupção, nossa vida deve ser um reflexo da pureza e da verdade do evangelho, mostrando ao mundo a beleza da fé cristã vivida de maneira autêntica e amorosa.

Lembre-se de que o sal só é eficaz quando mantém seu sabor e sua pureza. Da mesma forma, sua vida será um testemunho eficaz do amor de Deus quando você permanecer firme em sua fé e compromisso com Cristo. Seja corajoso e determinado em seu chamado para ser o sal da terra, trazendo o sabor do amor e da verdade de Deus para aqueles ao seu redor.

Deus abriu ____/____

Devocional 103/365

Reflexões

**FRASE DO DIA**
SOU SAL DA TERRA, PRESERVO E CURO A VIDA AO MEU REDOR.

#umdeusdevocional

# A LUZ DO MUNDO

## UM DEUS

**14 ABR**

*"Vocês são a luz do mundo: Não se pode esconder uma cidade construída sobre um monte."*
**Mateus 5:14**

**Deus abriu** ____/____

**Devocional 104/365**

**Reflexões**

_____
_____
_____
_____
_____
_____
_____
_____
_____
_____

### FRASE DO DIA
SOU A LUZ DO MUNDO REFLETINDO A GLÓRIA DE DEUS.

#umdeusdevocional

Jesus nos chama a ser a luz do mundo, uma luz que brilha em meio à escuridão, refletindo a verdade, a graça e o amor de Deus em um mundo muitas vezes perdido e confuso. Ser luz significa viver de maneira que honre a Deus, mostrando às pessoas o caminho para a esperança e a salvação. Sua vida é como um farol que pode iluminar o caminho para aqueles que estão ao seu redor, guiando-os para a paz e o propósito em Cristo.

Ser luz não é sobre alcançar perfeição ou nunca cometer erros; é sobre permitir que a luz de Cristo brilhe através de você, mesmo em suas imperfeições. É viver de tal maneira que as pessoas possam ver em você um reflexo da bondade, da compaixão e da verdade de Deus. Nas suas palavras, nas suas ações e atitudes, você tem a oportunidade de ser uma influência positiva, uma chama que aponta os outros para o amor incondicional de Deus.

Não subestime o impacto que sua luz pode ter. Às vezes, os menores atos de bondade ou os momentos mais simples de compaixão podem ter os efeitos mais profundos. Jesus nos lembra de que, assim como uma cidade construída sobre um monte não pode ser escondida, nossa luz também deve ser visível. Deixe sua vida brilhar diante dos outros de tal maneira que, ao verem suas boas obras, eles glorifiquem a Deus. Seja a luz que o mundo precisa: aquela que dissipa as trevas e traz esperança onde há desespero.

# DEUS CHAMA SEU NOME

> *"Não temas, porque eu o resgatei; eu o chamei pelo nome; você é meu."*
>
> Isaías 43:1

**UM DEUS**

**15 ABR**

Deus abriu ___/___

Devocional 105/365

Reflexões

Há um conforto profundo e imensurável em saber que Deus nos chama pelo nome. Este simples gesto revela que Ele nos conhece de maneira íntima e pessoal. Não somos apenas mais um entre muitos; somos únicos e preciosos aos Seus olhos. Ele conhece cada detalhe sobre nós: nossos corações, medos, alegrias e dores. Ao nos chamar pelo nome, Deus afirma que somos vistos, ouvidos e amados por Ele.

Quando Deus chama você pelo nome, Ele está fazendo mais do que apenas reconhecer sua existência, está proclamando que você pertence a Ele.

Isso significa que, independentemente das circunstâncias que você enfrente você tem um lugar seguro no amor de Deus. Ele te vê de maneira especial e única em suas lutas, te ouve em suas orações e te entende melhor do que ninguém jamais poderia. Seu amor é constante, imutável e está sempre presente, guiando você em cada passo de sua jornada.

Em momentos de insegurança, lembre-se de que o Criador do universo conhece você pessoalmente e te chama pelo nome. Confie na verdade de que Ele te resgatou e te chamou pelo nome, e que você é para sempre Dele.

**FRASE DO DIA**

**DEUS CUIDA DE MIM.**

#umdeusdevocional

# DEUS DO IMPOSSÍVEL

**UM DEUS**

**16 ABR**

*"Pois nada é impossível para Deus."*
Lucas 1:37

**Deus abriu** ___/___

**Devocional** 106/365

**Reflexões**

_____
_____
_____
_____
_____
_____
_____
_____
_____
_____
_____

**FRASE DO DIA**
**CONFIO NO DEUS DO IMPOSSÍVEL.**

#umdeusdevocional

Em meio às dificuldades, é comum nos sentirmos desencorajados e sem esperança. As circunstâncias ao nosso redor podem parecer intransponíveis, e as soluções, completamente fora do nosso alcance. Quando tudo parece desmoronar, quando o peso das nossas preocupações se torna esmagador, é natural questionarmos o que fazer ou para onde ir. Em momentos de incerteza e desespero, precisamos nos agarrar à verdade de que Deus não tem limites. Ele é Deus do impossível, capaz de fazer infinitamente mais do que pedimos, pensamos ou imaginamos.

Lembre-se de como Deus transformou a esterilidade de Sara em uma promessa cumprida, dando-lhe um filho na velhice, algo que parecia biologicamente impossível. Ele abriu o Mar Vermelho, criando um caminho onde não havia, permitindo que os israelitas escapassem do Egito em segurança. Quando todos achavam que era tarde demais, Ele ressuscitou Lázaro dos mortos, mostrando que nem mesmo a morte é um obstáculo para Ele, deu vista aos cegos, curou os enfermos e libertou os cativos com apenas um toque ou uma palavra.

Não permita que o desânimo o afaste da verdade de que Deus é maior que qualquer problema ou obstáculo. Ele é capaz de fazer muito mais do que podemos entender, e é nisso que devemos nos apegar. Confie que Ele tem o poder de mudar qualquer circunstância, de fazer o inimaginável, não importa quão difícil ou impossível pareça.

# DIAS DIFÍCEIS

> *"Ali esteve quarenta dias, sendo tentado por Satanás. Estava com os animais selvagens, e os anjos o serviam."*
> **Marcos 1:13**

**UM DEUS**
**17 ABR**

Deus abriu ____ / ____

Devocional 107/365

Reflexões

Jesus nos lembra de que cada dia traz seus próprios desafios e que não devemos nos preocupar excessivamente com o amanhã. Em vez disso, cuidemos do dia a dia, confiando que Deus nos sustentará em cada momento, independentemente das dificuldades que possam surgir.

Nos dias difíceis é essencial lembrar que Deus é nossa força e refúgio. Ele está sempre ao nosso lado, pronto para ajudar-nos a carregar qualquer carga. Nenhum desafio é grande demais para Ele, que conhece nossas limitações e oferece Sua presença constante e Sua paz que excede todo entendimento. Deus é aquele que nos dá a força para continuar, mesmo quando nos sentimos fracos e desanimados. Ele nos encoraja a não desistir, mas a confiar em Seu poder e em Sua graça para enfrentar cada situação.

Quando você tiver um dia difícil, faça uma pausa e entregue seus problemas a Deus. Confie Nele para renovar suas forças e guiá-lo através de cada desafio. Não importa quão pesada a carga possa parecer, lembre-se de que Deus é capaz de carregar o peso junto com você. Ele nunca deixa os Seus sozinhos; Ele é a âncora firme que nos mantém estáveis em meio às tempestades da vida.

**FRASE DO DIA**

LANÇO MINHAS PREOCUPAÇÕES SOBRE DEUS QUE ME SUSTENTA.

#umdeusdevocional

# O AMOR EXPULSA O MEDO

**UM DEUS**

**18 ABR**

> "No amor não há medo; pelo contrário, o perfeito amor expulsa o medo, porque o medo implica castigo. Aquele que tem medo não está aperfeiçoado no amor."
>
> 1 João 4:18

**Deus abriu** ___/___

**Devocional 108/365**

**Reflexões**

_____
_____
_____
_____
_____
_____
_____
_____
_____

**FRASE DO DIA**

JESUS EXPULSA TODO MEDO DO MEU CORAÇÃO.

#umdeusdevocional

O medo é uma emoção poderosa que muitas vezes pode nos paralisar e impedir que experimentemos a plenitude do amor de Deus. Surge quando nos sentimos vulneráveis, inseguros ou incapazes de enfrentar uma situação. Ele nos afasta da confiança em Deus e nos prende em uma prisão de dúvidas e incertezas. No entanto, a Bíblia nos lembra de que o perfeito amor de Deus é capaz de expulsar todo medo. Este amor é incondicional e continuamente presente para nos acolher e fortalecer em todas as circunstâncias que enfrentamos.

Sentir medo nos chama para aproximarmos ainda mais de Deus e depositarmos toda a nossa confiança Nele. O salmista expressa isso de maneira poderosa quando declara: "Quando eu estiver com medo, confiarei em ti" (Salmos 56:3). Esta confiança é baseada na certeza de que Deus é infinitamente maior do que qualquer temor que possamos enfrentar. Sua presença e Seu amor nos envolvem, assegurando-nos de que não estamos sozinhos.

Entregue seus temores a Ele e permita que Seu amor inunde cada canto do seu ser, trazendo paz, segurança e confiança ao seu coração. Confie no Amor de Deus e encontrará o refúgio e o consolo necessários para atravessar qualquer desafio. Nele, você está seguro, pois Seu amor é um escudo que protege e fortalece.

# EXCESSO DE FUTURO

*"Portanto, não se preocupem com o amanhã, pois o amanhã trará as suas próprias preocupações. Bastam a cada dia os seus próprios problemas."*

Mateus 6:34

**UM DEUS**

**19 ABR**

A ansiedade com o futuro nos faz pensar nos problemas que poderão surgir e nas dificuldades que ainda nem conhecemos. Nossa mente se enche de cenários hipotéticos e preocupações sobre o que virá. A psicologia até nomeia esse quadro de excesso de futuro. No entanto, Jesus nos ensina que cada dia tem seus próprios desafios e que devemos confiar que Deus cuidará de nós em cada um deles.

Quando nos preocupamos excessivamente com o amanhã, perdemos de vista a presença e a provisão de Deus no hoje. Cada dia é uma oportunidade única para experimentar a graça e o cuidado de Deus, que são suficientes para nos sustentar em qualquer circunstância. Deus quer que entreguemos nossas preocupações a Ele, confiando que Ele é capaz de suprir todas as nossas necessidades, um dia de cada vez. Viver desta maneira é um exercício de fé, um lembrete constante de que Sua graça é suficiente para cada situação que enfrentamos.

Lembre-se das palavras de Jesus. Ele nos chama a focar no hoje, a buscar Sua presença e confiar que Ele cuidará do amanhã. Deus está com você agora, concedendo-lhe força para enfrentar os desafios de hoje. E quando o amanhã chegar, Ele estará lá, com Sua graça renovada, pronto para ajudá-lo a enfrentar tudo o que vier. Sua graça e misericórdia se renovam a cada manhã, dando-lhe a esperança e a coragem necessárias para cada novo dia.

Deus abriu ____/____

Devocional 109/365

Reflexões

**FRASE DO DIA**

O FUTURO PERTENCE A DEUS, A ELE CONFIO MEUS DIAS.

#umdeusdevocional

# ESCUDO CONTRA INVEJA

**UM DEUS**
**20 ABR**

*"Pois, onde há inveja e ambição egoísta, há confusão e toda espécie de males."*
**Tiago 3:16**

**Deus abriu** ____/____

**Devocional 110/365**

**Reflexões**

_____
_____
_____
_____
_____
_____
_____
_____
_____
_____

**FRASE DO DIA**
*"DEUS É MEU ESCUDO CONTRA OS MALES DA INVEJA."*

#umdeusdevocional

Ninguém escapa da inveja de outros, mas é preciso aprender a se proteger. Quando somos alvo de inveja, podemos sentir dor, frustração e confusão. A inveja pode nos machucar profundamente e, muitas vezes, nos perguntar por que estamos sendo atacados. Mas saiba que, mesmo nessas situações, Deus está ao nosso lado, pronto para nos proteger e nos dar forças. Ele nos ensina que, onde há inveja, há também confusão e todo tipo de mal. No entanto, Ele nos convida a confiar Nele como nosso protetor e defensor.

Ao enfrentar situações de inveja, saiba que Deus está ao seu lado, fortalecendo-o e protegendo-o contra qualquer mal. Não permita que a inveja dos outros roube sua paz ou defina o seu valor. Lembre-se de que Deus conhece o seu coração e as suas intenções. Ele vê o esforço que você faz para viver de acordo com Sua vontade. Em vez de se deixar abater, entregue essas situações a Deus, confiando que Ele é capaz de transformar o mal em bem.

Continue a viver com integridade e amor, e deixe que Deus cuide do resto. Mantenha seu coração puro e sua confiança em Deus, sabendo que Ele é seu escudo contra todas as formas de maldade. A inveja de alguém não pode prevalecer contra a proteção e o cuidado do Senhor sobre sua vida.

# ALEGRIA NAS PROVAÇÕES

> *"Meus irmãos, considerem motivo de grande alegria o fato de passarem por diversas provações."*
>
> **Tiago 1:2**

**UM DEUS**

# 21 ABR

Deus abriu ____/____

Devocional 111/365

Reflexões

Pode parecer estranho, ou até impossível, encontrar alegria em meio ao sofrimento. Quando as dificuldades surgem, nossa reação natural é sentir tristeza, medo ou frustração. No entanto, Tiago nos desafia a ver as provações sob uma nova perspectiva: como oportunidades de crescimento e fortalecimento da nossa fé.

Essas dificuldades têm o potencial de desenvolver uma fé mais robusta e um caráter mais firme. Quando passamos por adversidades, aprendemos a confiar em Deus plenamente. Ele as usa para nos purificar, assim como o ouro é refinado pelo fogo. Portanto, em vez de nos desesperarmos ou nos revoltarmos, podemos escolher ver essas situações como uma forma de nos tornarmos mais parecidos com Cristo.

Cada prova, por mais dolorosa que seja, pode ser uma ponte para nos aproximarmos mais de Deus. Ele não desperdiça nenhuma situação; tudo coopera para moldar nosso coração e nos fortalecer para desafios maiores.

Ao passar por uma provação, lembre-se de que Deus está com você. Ele está usando essa situação para desenvolver em você uma fé mais forte e um caráter mais alinhado ao de Cristo. Em vez de se desesperar, escolha confiar em Deus e encontrar alegria na certeza de que Ele está trabalhando para o seu bem, ainda que tudo pareça contrário.

Se permita enxergar além das circunstâncias e confie que, ao final, você sairá mais forte, preparado e cheio de paz.

**FRASE DO DIA**

NAS PROVAÇÕES, ENCONTRA A ALEGRIA QUE FORTALECE MINHA FÉ E MEU CARÁTER.

#umdeusdevocional

# VIVER COM ALEGRIA

**UM DEUS**

**22 ABR**

> "A alegria do coração transparece no rosto, mas o coração amargurado abate o espírito."
>
> **Provérbios 15:13**

 Deus abriu ___/___

 Devocional 112/365

 Reflexões

Deus criou você para viver uma vida de alegria. Não uma alegria passageira, baseada em circunstâncias temporárias, mas profunda e duradoura e que vem de um coração cheio da presença de Deus. Esta alegria é um reflexo de um coração que conhece e confia no Senhor, que escolhe celebrar Suas bênçãos a cada dia, mesmo em meio às dificuldades. Não é sobre uma vida sem desafios, mas sobre encontrar em Deus a fonte inesgotável da verdadeira alegria, dom divino que transcende todas as situações.

Um coração cheio da alegria de Deus a deixa transparecer no rosto e ilumina a vida daqueles ao seu redor, trazendo luz e esperança até nos dias mais sombrios. Por outro lado, um coração amargurado e cheio de preocupações rouba nossa energia, abate o nosso espírito e nos impede de experimentar a plenitude da vida que Deus deseja para nós.

Lembre-se de que você nasceu para a alegria que vem do relacionamento íntimo com Deus. Ele deseja que você experimente a plenitude dessa alegria inabalável todos os dias, até diante das tempestades. Escolha cultivar essa alegria em seu coração. Mantenha seu olhar fixo em Deus, agradeça constantemente por Suas bênçãos. A alegria é sua herança em Cristo, um presente divino que ninguém pode tirar de você, e que permanece firme através de todas as circunstâncias da vida como lembrete de que Deus trabalha constantemente para o seu bem.

**FRASE DO DIA**

O SENHOR É A MINHA ALEGRIA.

#umdeusdevocional

# ELE CUIDA DE VOCÊ

> *"Lancem sobre ele toda a sua ansiedade, porque ele cuida de vocês."*
> **1 Pedro 5:7**

**UM DEUS**
**23 ABR**

Em momentos de preocupação e ansiedade, é fácil sentir que estamos sozinhos. A vida nos traz desafios e incertezas que podem encher nosso coração de medo e insegurança. Sentimo-nos perdidos, como se cada problema fosse uma montanha impossível de escalar. No entanto, Deus nos convida a lançar todas as nossas ansiedades sobre Ele, lembrando-nos de que Ele cuida de nós com amor e compaixão. Ele não apenas vê nossas lutas, mas também está pronto para intervir com Seu cuidado perfeito.

Deus se importa profundamente com tudo o que você está enfrentando. Ele vê suas preocupações, suas lágrimas e seus medos, e deseja que você confie Nele completamente. Quando entregamos nossas ansiedades a Deus, estamos reconhecendo que Ele é capaz de lidar com qualquer situação melhor do que nós. Lançar nossas ansiedades sobre Ele é um ato de fé que nos liberta do peso que carregamos sozinhos.

Confie no cuidado amoroso do Pai e descanse na certeza de que Ele está cuidando de você a cada momento. A cada preocupação entregue a Deus, você abrirá espaço para Sua paz que excede todo entendimento. Permita que essa paz inunde seu coração e mente, sabendo que o cuidado de Deus é constante e seguro.

**Deus abriu** ___/___

**Devocional** 113/365

**Reflexões**

---

**FRASE DO DIA**

**O CUIDADO DE DEUS É CONSTANTE E INUNDA-ME DE PAZ.**

#umdeusdevocional

# SIGA EM FRENTE

## UM DEUS

**24 ABR**

> *"Não fui eu que ordenei a você? Seja forte e corajoso! Não se apavore nem desanime, pois o Senhor, o seu Deus, estará com você por onde você andar."*
>
> **Josué 1:9**

📖 **Deus abriu** _____ / _____

🙏 **Devocional 114/365**

💡 **Reflexões**

_____
_____
_____
_____
_____
_____
_____
_____
_____

### FRASE DO DIA

**DEUS É MEU GUIA COM SEU AMOR INFALÍVEL EM MEIO ÀS SOMBRAS.**

#umdeusdevocional

A vida frequentemente nos apresenta desafios que parecem grandes demais para enfrentar. É natural sentir medo, insegurança ou até o desejo de desistir diante de obstáculos que parecem intransponíveis. O desconhecido nos intimida, mas Deus nos chama a confiar n'Ele e seguir em frente com coragem.

Deus ordenou a Josué que fosse forte e corajoso ao liderar o povo de Israel rumo à Terra Prometida. Essa ordem era um lembrete de que Josué não enfrentaria a jornada sozinho; a presença constante de Deus seria sua fonte de força e confiança. Essa mesma promessa é estendida a nós hoje.

Siga em frente, mesmo que o caminho seja difícil e os desafios pareçam insuperáveis. Deus não pede que enfrentemos nossas batalhas com nossas próprias forças. Ele caminha ao nosso lado, nos capacitando e renovando nossa esperança. Confie n'Ele como seu guia e protetor, e permita que Sua presença transforme o medo em força e a incerteza em determinação.

Seja qual for o desafio que você enfrenta hoje – seja uma mudança difícil, uma perda ou um sonho que parece distante – lembre-se de que Deus está ao seu lado. Ele não exige que enfrentemos sozinhos; Ele promete Sua presença constante, nos capacitando a superar os desafios.

# NÃO PERCA TEMPO

*"Quem de vocês, por mais que se preocupe, pode acrescentar uma hora que seja à sua vida?"*

Mateus 6:27

**UM DEUS**

**25 ABR**

A vida é curta, e nosso tempo é um dos maiores tesouros que Deus nos deu. No entanto, muitas vezes desperdiçamos esse precioso recurso com preocupações, mágoas e situações que não merecem nossa atenção ou lágrimas. Jesus nos lembra de que, por mais que nos preocupemos, não podemos adicionar nem uma hora à nossa vida. A preocupação só nos rouba a paz e nos distrai do que realmente importa, impedindo-nos de viver plenamente o presente.

Em vez de gastar seu tempo com pessoas que não te valorizam, ou com problemas que não podem ser mudados, concentre-se no que realmente tem valor: sua relação com Deus, sua fé, suas relações de amor, e o propósito que Ele colocou em sua vida. Essas são as coisas que realmente importam e que têm um impacto eterno.

Não desperdice seu tempo com coisas que não acrescentam valor à sua vida. Use cada momento para crescer em fé, para amar mais profundamente e para fazer a diferença onde Deus te colocou. O tempo é um presente precioso, invista-o nas coisas que trazem paz, alegria e propósito. Lembre-se de que cada dia é uma oportunidade de estar mais perto de Deus e de cumprir o propósito que Ele tem para sua vida.

---

Deus abriu ____ / ____

Devocional 115/365

Reflexões

_____
_____
_____
_____
_____
_____
_____
_____
_____
_____

**FRASE DO DIA**

MEU TEMPO É DOM PRECIOSO PARA VIVER SEGUNDO DEUS.

#umdeusdevocional

# INCERTEZAS

## UM DEUS

**26 ABR**

*"Alegrem-se na esperança, sejam pacientes na tribulação, perseverem na oração."*
**Romanos 12:12**

- Deus abriu ___/___
- Devocional 116/365
- Reflexões

___
___
___
___
___
___
___
___

### FRASE DO DIA
**NOS MOMENTOS INCERTOS, DEUS É MINHA SEGURANÇA.**

#umdeusdevocional

Em meio às incertezas da vida, é fácil sentir-se perdido ou sem esperança. Às vezes, parece que estamos navegando sem rumo, sem saber o que o futuro reserva ou se as nossas escolhas estão nos levando na direção certa. As dúvidas e os temores podem nublar nossa visão, nos fazendo questionar nossos caminhos e até nossa fé. Mas Deus nos assegura que Ele conhece os planos que tem para nós – planos de prosperidade e esperança, não de dano.

Confiar em Deus durante tempos incertos exige coragem, mas é também uma oportunidade para fortalecer nosso relacionamento com Ele. Ele vê além do que podemos enxergar e conhece o caminho que devemos trilhar. Mesmo quando as circunstâncias parecem desfavoráveis ou sem solução, podemos descansar na certeza de que Deus está no controle, moldando nosso caráter e renovando nossa esperança.

Nos momentos de incerteza, lembre-se de que Deus tem planos para te dar esperança e um futuro venturoso. Ele é fiel para cumprir Suas promessas e está sempre trabalhando por você, preparando o caminho para que você prospere. A incerteza pode ser desconfortável, mas é também um convite para confiar mais plenamente em Deus e permitir que Sua paz guarde seu coração e mente enquanto você avança com fé.

# NUNCA SOZINHOS

> *"Volta-te para mim e tem misericórdia, pois estou só e aflito."*
> **Salmos 25:16**

**UM DEUS**
**27 ABR**

Muitas vezes, buscamos amor e segurança em coisas que são temporárias, como os sorrisos que desaparecem com o tempo ou os carinhos que a vida inevitavelmente desgasta. Nessas buscas, acabamos enfrentando a dor e a desilusão, pois o que é terreno e passageiro não pode satisfazer as necessidades mais profundas do nosso coração. Sentimos a dor do vazio e da perda, mas é justamente nesses momentos que precisamos lembrar que nunca estamos sozinhos.

Deus nos promete Sua presença constante. Ele é o único que permanece inabalável, o amor que nunca se desgasta e o conforto que nunca desaparece. Quando confiamos Nele, encontramos uma esperança que não é destruída pelo tempo, uma paz que não é corroída pelas circunstâncias.

Se você sente que o amor que buscou se desfez ou que as promessas de felicidade foram quebradas, lembre-se de que Deus nunca falha. Ele conhece a dor que você carrega e está pronto para amparar seu coração. Não importa quão grande seja a sua tristeza, Deus está perto, oferecendo consolo, força e uma mão amiga. Caminhe com esperança, sabendo que um dia seu coração estará em paz. Confie que Deus que lhe traz restauração e uma alegria que nunca se desvanece.

- Deus abriu ____/____
- Devocional 117/365
- Reflexões

_____
_____
_____
_____
_____
_____
_____
_____
_____
_____

**FRASE DO DIA**

NÃO HÁ COMPLETA SOLIDÃO EM DEUS.

#umdeusdevocional

# LUZ NA ESCURIDÃO

## UM DEUS
### 28 ABR

*"Porque contigo está o manancial da vida; na tua luz veremos a luz."*
**Salmos 36:9**

Deus abriu ____/____

Devocional 118/365

Reflexões

_____
_____
_____
_____
_____
_____
_____
_____

**FRASE DO DIA**
DEUS É A LUZ DA MINHA VIDA.

#umdeusdevocional

Muitas vezes, buscamos luz e conforto em lugares que não podem nos satisfazer verdadeiramente. Procuramos consolo nos olhos de alguém que não está mais conosco ou em abraços que só nos trazem dor. Essa busca pode nos deixar com uma sensação profunda de solidão e vazio, como se estivéssemos perdendo o brilho que uma vez encheu nosso coração. É fácil sentir-se abandonado nesses momentos, acreditando que nunca encontraremos novamente a luz que buscamos.

Na mais profunda escuridão, Deus é a nossa luz. Ele nos promete que nunca nos deixará, mesmo quando os outros nos abandonam ou quando a dor parece insuportável. Sua luz brilha intensamente, guiando-nos em meio às trevas e dando-nos esperança para o futuro.

Se hoje você sente a solidão e a tristeza pesando em seu coração, lembre-se de que Deus está ao seu lado. Ele está pronto para amparar seu coração ferido e acalmar sua alma. Confie Nele para trazer de volta o brilho aos seus olhos, para que você não só ilumine o mundo ao seu redor, mas também seja iluminado por aqueles que refletem a luz de Cristo. Um dia, essa luz será mais brilhante do que qualquer escuridão que você tenha enfrentado.

# TESTEMUNHOS

> *"Pedro e João responderam: Julguem os senhores mesmos se é justo aos olhos de Deus obedecer a vocês e não a Deus. Pois não podemos deixar de falar do que vimos e ouvimos."*
>
> **Atos 4:19-20**

**UM DEUS**

**29 ABR**

Pedro e João, diante de autoridades que tentavam silenciá-los, mostraram coragem ao afirmar que não podiam deixar de falar do que haviam visto e ouvido. Eles tinham testemunhado a obra poderosa de Jesus, Sua morte e ressurreição, e o impacto transformador que isso trouxe às suas vidas. Para eles, calar-se não era uma opção.

Como seguidores de Cristo, nós também podemos compartilhar o que temos experimentado em nossa jornada de fé. As histórias bíblicas e as nossas, cheias de momentos de transformação, graça e milagres, não são para serem guardadas em segredo. Elas são testemunhos vivos do poder e da bondade de Deus. Em um mundo onde a voz da verdade pode ser facilmente abafada, Deus nos chama a ser ousados, a falar com coragem sobre as maravilhas que Ele tem realizado em nossas vidas.

Se você já experimentou a bondade de Deus, o Seu amor incondicional e o Seu perdão, então você tem uma história para contar. Não permita que o medo ou a pressão da sociedade o silencie. Fale com ousadia sobre o que Deus fez por você. Sua história pode transformar a vida de alguém que a ouça. Lembre-se de que Deus é fiel para nos dar as palavras e a força para compartilhar Sua mensagem de amor e salvação.

**Deus abriu** ____/____

**Devocional** 119/365

**Reflexões**

_____
_____
_____
_____
_____
_____
_____
_____
_____
_____
_____

**FRASE DO DIA**

**EU TENHO HISTÓRIAS PARA CONTAR SOBRE DEUS EM MIM.**

#umdeusdevocional

# ZONA DE CONFORTO

**UM DEUS**

**1** 30 ABR **D**

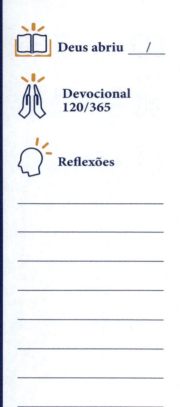

📖 Deus abriu ___/___

🙏 Devocional 120/365

💡 Reflexões

_____
_____
_____
_____
_____
_____
_____
_____
_____

**FRASE DO DIA**

**DEUS ME APONTA A SAÍDA DA MINHA ZONA DE CONFORTO.**

#umdeusdevocional

> "Então o Senhor disse a Abrão: Sai da tua terra, do meio dos teus parentes e da casa de teu pai e vá para a terra que eu lhe mostrarei."
>
> Gênesis 12:1

Deus chamou Abrão para deixar tudo o que ele conhecia e partir rumo ao desconhecido. Não foi apenas um convite para uma mudança geográfica, e sim para uma transformação profunda e um novo começo. Sair da zona de conforto é sempre um desafio. Requer fé para abandonar o que é familiar e seguro e confiar na promessa de Deus para algo maior, algo que ainda não podemos ver.

Assim como Abrão, Deus também nos chama a sair de nossas zonas de conforto. Pode ser um novo passo na fé, uma mudança de carreira, um relacionamento que precisa ser deixado para trás ou um novo propósito que Ele deseja que sigamos. Esses momentos exigem coragem e confiança na direção de Deus. É um chamado para confiar mais plenamente em Seu plano e em Suas promessas, sabendo que Ele está nos levando para uma terra de bênçãos e crescimento.

Ainda que a jornada pareça difícil ou assustadora, podemos ter certeza de que Deus vai à nossa frente, preparando o caminho.

M A I O

@umdeusdevocional

"Eu sou o caminho, a verdade e a vida. Ninguém vem ao Pai, a não ser por mim."
João 14:6

05

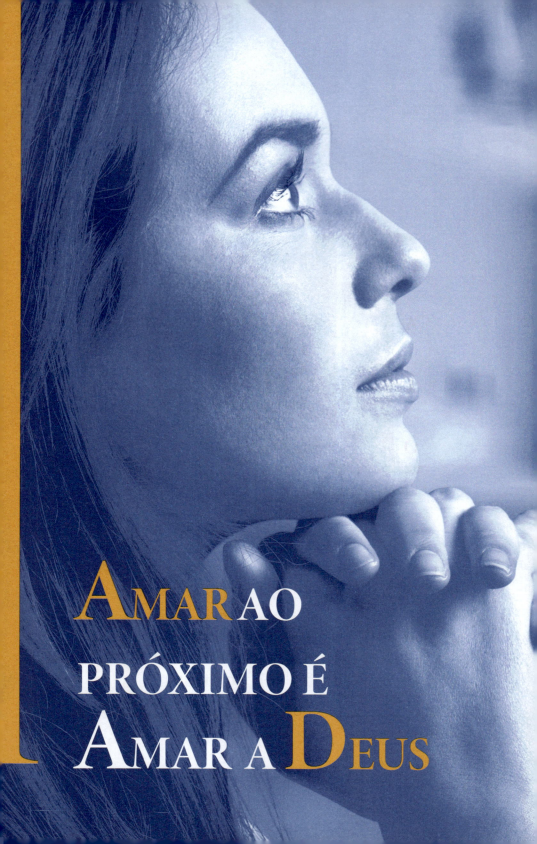

# O VALOR DO TRABALHO

> "Tudo o que fizerem, façam de todo o coração, como para o Senhor, e não para os homens."
>
> **Colossenses 3:23**

**UM DEUS**

**01 MAI**

O trabalho é uma parte importante da vida humana. Desde o início, Deus nos criou para sermos produtivos e responsáveis por cuidar da criação. Mas muitas vezes, o trabalho pode parecer apenas uma tarefa rotineira ou um fardo. Como podemos dar sentido ao que fazemos, seja em casa, no escritório, ou em qualquer outro ambiente?

A resposta está em Colossenses 3:23: "Tudo o que fizerem, façam de todo o coração, como para o Senhor, e não para os homens". Isso significa que o trabalho, seja ele qual for, é uma oportunidade de adorar a Deus. Quando trabalhamos com o coração voltado para o Senhor, cada pequena tarefa ganha um significado maior. Não estamos apenas cumprindo obrigações ou buscando o reconhecimento dos outros, mas servindo ao próprio Deus.

Além disso, nosso trabalho é uma oportunidade de refletir o caráter de Cristo em nossas atitudes. Ao trabalhar com honestidade, integridade e excelência, damos testemunho da nossa fé. Podemos influenciar as pessoas ao nosso redor através da forma como conduzimos nossas responsabilidades.

Neste Dia do Trabalho, reflita sobre como você pode transformar suas atividades diárias em atos de adoração. Lembre-se de que Deus se importa com seu esforço, e Ele está presente em cada detalhe. Quando entregamos nosso trabalho a Ele, o Senhor nos dá forças para continuar e nos recompensa de acordo com Sua vontade.

**Deus abriu** ____/____

**Devocional** 121/365

**Reflexões**

_____
_____
_____
_____
_____
_____
_____
_____
_____

**FRASE DO DIA**

TRABALHAR COM INTEGRIDADE É LOUVAR A DEUS.

#umdeusdevocional

# ERROS E ACERTOS

**UM DEUS**

# 02 MAI

> *"Ensina-nos a contar os nossos dias para que o nosso coração alcance sabedoria."*
> **Salmos 90:12**

Deus abriu ___/___

Devocional 122/365

Reflexões

_____
_____
_____
_____
_____
_____
_____
_____
_____

### FRASE DO DIA
**USO AS EXPERIÊNCIAS DO PASSADO PARA APERFEIÇOAR O PRESENTE.**
#umdeusdevocional

Quantas vezes você já pensou: "Se eu soubesse antes o que sei agora?". Todos nós carregamos arrependimentos sobre decisões passadas. Talvez tenham sido escolhas feitas sem pensar ou momentos em que não percebemos o que estava diante de nós. Olhar para trás pode ser doloroso, mas também é uma oportunidade para crescer. Deus permite que aprendamos com nossos erros e acertos, usando cada experiência para nos moldar à imagem de Cristo.

A Bíblia nos ensina a contar nossos dias com sabedoria. Isso não significa apenas evitar erros, mas também aprender a viver plenamente no presente, confiando que Deus está guiando nosso caminho. Nossas falhas passadas não precisam nos definir; pelo contrário, podem ser uma oportunidade de redenção. Ao invés de nos prendermos ao que poderia ter sido, devemos focar no que Deus está fazendo agora e no que Ele fará no futuro.

Hoje, olhe para o passado com olhos de gratidão. Peça a Deus sabedoria para as decisões que virão e coragem para seguir em frente, sabendo que Ele está sempre com você. Cada dia é uma nova chance de viver na plenitude de Sua graça e amor, aproveitando cada oportunidade para crescer em fé e confiança.

# UMA SOMA DE AMORES

> "E conhecereis o amor de Cristo, que excede todo entendimento, para que sejais cheios de toda a plenitude de Deus."
>
> Efésios 3:19

**UM DEUS**

**03 MAI**

Deus abriu ____/____

Devocional 123/365

Reflexões

Ao refletir sobre nossa vida, é possível perceber que somos o resultado de muitos amores. Desde o amor de nossos pais e familiares até o amor de amigos e mentores, cada ato de bondade molda quem somos e como enxergamos o mundo, mas, acima de tudo, é o amor de Deus que nos define e transforma. Esse amor incondicional é a base de nossa existência e a razão pela qual somos capazes de amar. O amor de Cristo excede todo entendimento humano. É um amor que se dá completamente, sem esperar nada em troca. É esse amor que nos chama a viver uma vida plena, a estender a mesma graça aos outros e a nos tornar reflexos da bondade de Deus em um mundo que tanto precisa de luz. Cada ato de amor que recebemos e oferecemos é um reflexo do amor divino.

Lembre-se de que você é amado profundamente e incondicionalmente por Deus. Deixe que esse amor encha seu coração e transborde em todas as suas interações. Permita que ele seja o alicerce sobre o qual você constrói sua vida e o motivo pelo qual você ama os outros. Quanto mais conhecemos esse amor, mais somos transformados por ele e mais refletimos a imagem de Cristo para o mundo.

**FRASE DO DIA**

NÃO ESQUEÇO QUE SOU AMADO POR DEUS.

#umdeusdevocional

# A GRAÇA DE DEUS

**UM DEUS**

04 MAI

> *"Porque pela graça sois salvos, por meio da fé; e isso não vem de vocês, é dom de Deus."*
>
> **Efésios 2:8**

**Deus abriu** ___/___

**Devocional 124/365**

**Reflexões**

_____
_____
_____
_____
_____
_____
_____
_____
_____

**FRASE DO DIA**

**DEUS ME AMPARA NAS SITUAÇÕES IMPREVISÍVEIS.**

#umdeusdevocional

Talvez você tenha enfrentado situações que pareciam impossíveis ou sentiu que, de alguma forma, escapou de um fim certo. Esses momentos são lembretes da graça e da proteção de Deus. É por essa força divina que estamos aqui hoje, vivos e capazes de experimentar Seu amor e Sua misericórdia.

Na vida adulta, experimentamos altos e baixos que desafiam a certeza da nossa percepção sobre o quanto somos abençoados e como o amor de Deus chega até nossas feridas e atende aos nossos gritos silenciosos. Esse sentimento é fruto da limitação humana diante da compreensão de uma realidade ilimitada que existe na harmonia divina.

Se hoje você sente que não deveria estar aqui, ou que as circunstâncias deveriam tê-lo vencido, lembre-se de que Deus tem um propósito para sua vida. Ele o trouxe até aqui, e Sua força continuará a sustentá-lo. Confie na providência divina e renove sua fé a cada dia.

A graça de Deus não é apenas uma força que nos salva, mas uma ferramenta poderosa para transformar nossa visão de mundo. Ela nos desafia a viver além das circunstâncias, com um coração agradecido e uma mente renovada, sempre enxergando as novas possibilidades que o Senhor coloca diante de nós. Cada momento de sua vida é uma oportunidade de experimentar o amor de Deus, crescer em fé e reconhecer que você é prova viva de que a graça d'Ele é maior do que qualquer desafio que possa enfrentar.

# SEM FORÇAS PARA ORAR

> "Da mesma forma, o Espírito nos ajuda em nossa fraqueza pois não sabemos como orar, mas o próprio Espírito intercede por nós com gemidos inexprimíveis."
>
> Romanos 8:26

**UM DEUS**
**05 MAI**

Deus abriu ___/___

Devocional 125/365

Reflexões

Por vezes, nos sentimos tão abatidos que parece impossível orar. As palavras não vêm, e o peso das circunstâncias nos deixa sem forças. Ainda assim, Deus conhece nossas dores mais profundas e ouve o clamor silencioso do nosso coração. Ele entende nossos silêncios e nos acolhe em nossa fragilidade, carregando-nos quando não conseguimos seguir adiante.

Deus é compassivo e não espera que sejamos sempre fortes ou que tenhamos todas as respostas. Ele quer que venhamos a Ele como somos, sem reservas, confiando que Sua graça é suficiente. Quando não conseguimos orar, podemos simplesmente descansar em Sua presença, confiando que Ele está atento aos nossos sentimentos e necessidades mais íntimas.

Se hoje você sente que não tem forças para orar, lembre-se de que você não está desamparado. O Senhor está agindo em sua vida, trazendo esperança, renovação e a certeza de que Ele nunca o abandona. Não é preciso usar palavras elaboradas ou orações perfeitas, apenas abra o coração e permita-se ser envolvido por Seu amor.

A oração não é apenas falar, mas também entregar o coração a Deus. Mesmo no silêncio, Ele está trabalhando. Quando descansamos Nele, descobrimos que, ainda em meio às lutas, Sua presença é o suficiente para nos restaurar e renovar a nossa potência para orar.

**FRASE DO DIA**

O SENHOR ME OUVE ATÉ QUANDO NÃO CONSIGO ORAR.

#umdeusdevocional

# VIDA SEM DEUS

## UM DEUS

**06 MAI**

> "Se alguém confessa publicamente que Jesus é o Filho de Deus, Deus permanece nele, e ele em Deus!"
>
> João 4:15

📖 **Deus abriu** ____/____

🙏 **Devocional 126/365**

💡 **Reflexões**

_____
_____
_____
_____
_____
_____
_____
_____

Há um vazio no coração humano que só Deus pode preencher. Muitas pessoas tentam preencher esse vazio com coisas temporárias: sucesso, riqueza, relacionamentos, prazeres momentâneos. Mas, sem Deus, tudo isso acaba se tornando insatisfatório. Uma vida sem Deus é como um deserto árido, sem água, sem vida, sem direção.

Deus é a fonte de toda vida e luz. Quando abrimos nosso coração para Ele, experimentamos uma plenitude que nada mais pode proporcionar. Sua presença traz significado, propósito e uma alegria que não depende das circunstâncias externas. Somente em Deus encontramos o sentido verdadeiro da vida e a paz que tanto procuramos.

Se você sente um vazio dentro de si, lembre-se de que Deus é a resposta que você procura. Ele está esperando para encher seu coração com Sua presença e amor. Não importa onde você esteja ou o que tenha passado, Deus quer lhe dar uma vida abundante e plena. Venha a Ele e permita que Sua luz ilumine todas as áreas da sua vida, preenchendo cada vazio e dando-lhe a verdadeira satisfação.

### FRASE DO DIA

**DEUS PREENCHE MINHA VIDA COM ALEGRIA E REALIZAÇÃO.**

#umdeusdevocional

# HORA DE DESISTIR

> *"Há um tempo para tudo e um tempo para todo propósito debaixo do céu."*
> **Eclesiastes 3:1**

**UM DEUS**

**07 MAI**

Saber a hora de desistir é uma sabedoria que nem todos possuem. Muitas vezes, a coragem não está em seguir em frente, mas em reconhecer que é hora de parar, mudar de direção ou esperar o tempo de Deus. Desistir não significa fracassar; pelo contrário, pode ser um ato de obediência e de escuta atenta à voz de Deus, que nos orienta a um novo caminho ou a uma nova maneira de ver as coisas. Pode ser um sinal de fé, de que confiamos que Deus tem um plano melhor para nós.

Deus nos dá discernimento para entender quando é hora de seguir em frente e quando é hora de desistir. Ele conhece o caminho perfeito e os planos que tem para cada um de nós. Às vezes, insistimos em seguir por uma rota que não é a melhor, mas Deus, em Sua infinita sabedoria, nos chama a parar e reconsiderar. Confiar que Seus caminhos são melhores e Seus pensamentos mais profundos do que os nossos é um ato de humildade e fé.

Para saber se deve desistir de algo, busque a Deus em oração. Peça a Ele sabedoria e clareza. Desistir nas mãos de Deus pode ser o início de um novo e melhor propósito, uma nova direção que traz bênçãos e crescimento ainda que o caminho pareça incerto.

**Deus abriu** ____/____

**Devocional 127/365**

**Reflexões**

---

**FRASE DO DIA**

**OS CAMINHOS DE DEUS SÃO SEMPRE SEGUROS.**

#umdeusdevocional

# OBSTÁCULOS AOS SONHOS

**UM DEUS**

**08 MAI**

*"Consagre ao Senhor tudo o que você faz, e os seus planos serão bem-sucedidos."*
**Provérbios 16:3**

Deus abriu ___/___

Devocional 128/365

Reflexões

Por vezes temos sonhos e planos que demoram a acontecer. Mil obstáculos surgem e vamos adiando, por vezes até desistimos. O desafio parece maior do que nós ou a luta para realizá-los é interminável. Ao lidarmos com situações assim é natural querermos lutar com nossas próprias forças, resolver as coisas rapidamente, encontrar soluções, e, por vezes, nos tornamos ansiosos e aflitos. Mas Deus nos lembra de que algumas batalhas não são nossas para lutar. Ele nos chama a confiar Nele, a descansar em Sua promessa e a permitir que Ele lute por nós. Sua palavra nos assegura que Ele é o guerreiro que luta nossas batalhas e nos dá vitória.

Quando o povo de Israel estava diante do Mar Vermelho, sem saída aparente e com o exército do Egito se aproximando, viu seu sonho de liberdade e de chegar à Terra Prometida na iminência de ir, literalmente, água abaixo. Então, Deus, através de Moisés disse ao povo para se acalmar, pois Ele lutaria por eles. E Ele abriu um caminho onde não havia, o inimigo foi derrotado sem que Israel precisasse levantar uma espada. Essa é a promessa de Deus para nós também: Ele é aquele que vai à frente, lutando nossas batalhas e nos assegurando a vitória, a realização de nossos sonhos e planos.

Confie, você também, como Israel. Creia que tudo acontecerá no momento certo. O Senhor está lutando por você. Ele é sua força, sua defesa e sua segurança sempre.

**FRASE DO DIA**

**ENTREGO NAS MÃOS DE DEUS OS MEUS SONHOS E PLANOS.**

#umdeusdevocional

# LÁGRIMAS E RISOS

> *"O choro pode durar uma noite, mas a alegria vem pela manhã."*
> **Salmos 30:5**

**UM DEUS**
**09 MAI**

📖 Deus abriu ___/___

🙏 Devocional 129/365

💭 Reflexões

Em situações de perda, dor ou decepção que nos deixam com o coração pesado as lágrimas parecem ser nossas únicas companheiras. Nessas horas, é difícil imaginar que a alegria possa voltar a encher nossos corações. Mas a promessa de Deus nos lembra de que, mesmo nos tempos mais sombrios, Ele está trabalhando para transformar nossas lágrimas em riso. Ele não é indiferente às nossas lutas; pelo contrário, Ele é o Deus que se aproxima, que se importa e que nos segura quando sentimos que não podemos mais suportar. Em Jesus, encontramos um amigo que chorou com aqueles a quem amava, que se compadece de nós em nossas fraquezas e que promete restaurar nossa alegria.

Deus tem o poder de transformar nossos momentos de tristeza e em testemunhos de Sua fidelidade e amor. O processo pode não ser imediato, e pode não ser fácil, mas a promessa é certa: a alegria vem pela manhã. Ele é aquele que transforma o lamento em dança, a tristeza em alegria. Entregue sua dor a Ele, confie em Seu amor e creia que o riso virá novamente. Sua fidelidade é grande, e Ele tem um propósito para cada lágrima que você derrama.

**FRASE DO DIA**

**LÁGRIMAS E RISOS TESTEMUNHAM A GRAÇA DE DEUS.**

#umdeusdevocional

# CAMINHO PARA A ESPERANÇA

**UM DEUS**

**D 10 MAI**

*"Eu sou o caminho, a verdade e a vida. Ninguém vem ao Pai, a não ser por mim."*

**João 14:6**

**Deus abriu** ___/___

**Devocional 130/365**

**Reflexões**

_____
_____
_____
_____
_____
_____
_____
_____

**FRASE DO DIA**

**SIGO JESUS – O CAMINHO, A VERDADE E A VIDA.**

**#umdeusdevocional**

Jesus não é apenas um guia; Ele é o próprio caminho. Sua vida, seus ensinamentos e sua presença são uma estrada segura que nos conduz ao Pai. Quando Ele nos convida a segui-Lo, Ele nos chama para uma jornada de entrega e confiança, onde o medo e a dúvida são substituídos pelo amor e pela paz. É uma jornada onde a solidão não tem espaço, pois Ele caminha ao nosso lado em cada passo, fortalecendo-nos e renovando nossas forças.

Nos momentos em que nos sentimos perdidos, em que as escolhas parecem confusas ou pesadas demais para carregarmos sozinhos, Ele nos lembra de que não estamos sozinhos. Ele é a direção segura para aqueles que o buscam de coração. Em Jesus, encontramos descanso quando estamos cansados, consolo quando estamos aflitos e esperança quando o futuro parece incerto.

Seu amor nos abraça e nos orienta mesmo quando tudo ao nosso redor está em desordem. Ele nos leva de volta para casa, nos reconecta com o propósito divino e nos assegura que, através Dele, o caminho ao Pai está sempre acessível. Para cada dúvida, Ele é a resposta. Para cada medo, Ele é a coragem que nos falta. Quando tudo parece sem sentido, Jesus nos lembra de que Ele é a vida que nunca se esgota e a esperança que nunca se apaga.

Quando você estiver enfrentando algum momento de escuridão, permita que Ele ilumine sua jornada. Jesus é o caminho, a verdade e a vida que todos precisamos seguir.

# CÂNTICO DE MARIA

> *"Então, Maria disse: A minha alma engrandece ao Senhor, e o meu espírito se alegra em Deus, o meu Salvador."*
>
> Lucas 1:46-47

**UM DEUS** — 11 MAI

As palavras de Maria, conhecidas como o Cântico de Maria, ou Magnificat, expressam sua humildade e reconhecimento do poder e bondade de Deus. Mesmo diante de um chamado tão grandioso — ser a mãe do Salvador — Maria permaneceu humilde e cheia de gratidão. Ela não se envaideceu com sua escolha, mas glorificou a Deus, reconhecendo que tudo o que acontecia era por Sua misericórdia e graça.

Como Maria, somos chamados a engrandecer o Senhor em tudo, reconhecendo que Ele está ao nosso lado em todos os momentos.

A humildade é fundamental para a nossa caminhada com Cristo. Quando nos humilhamos diante de Deus, reconhecendo que toda boa dádiva vem Dele, estamos abrindo espaço para que Ele nos conduza em meio às adversidades. O mundo pode não entender a beleza da humildade, mas Deus exalta aqueles que se curvam diante Dele, confiando em Sua direção e provisão.

Assim como Maria, que possamos exercer a humildade e engrandecer o nome do Senhor em tudo, reconhecendo Sua presença constante em nossas vidas.

Deus abriu ___/___

Devocional 131/365

Reflexões

**FRASE DO DIA**

SEMPRE ENGRANDECEREI O NOME DO SENHOR.

#umdeusdevocional

# FORÇA EM DEUS

**UM DEUS**

**12 MAI**

*"Tu, porém, Senhor, não fiques distante! Ó minha força, vem logo em meu socorro."*
**Salmos 22:19**

Deus abriu ___/___

Devocional
132/365

Reflexões

_____
_____
_____
_____
_____
_____
_____
_____
_____

Em momentos de dor e cansaço, a sensação de estar à deriva pode ser esmagadora. Nossas forças parecem insuficientes, e os fardos se tornam pesados demais para carregar. É nesse terreno árido que Deus nos convida a descansar e confiar, a esperar por Sua intervenção. Ele não nos pede que sustentemos tudo sozinhos, mas que entreguemos nossas lutas em Suas mãos.

Esperar no Senhor é um ato de fé que transcende o tempo. Não é uma espera passiva, mas uma entrega silenciosa e constante, uma confiança de que Ele está sempre agindo, mesmo quando tudo parece imóvel. Deus promete renovar nossa força, dar-nos asas como a águia, para que possamos voar acima das tempestades. Sua força não é limitada e, ao nos voltarmos para Ele, encontramos um vigor que supera nosso próprio entendimento.

Se hoje você se sente à beira do esgotamento, saiba que Deus é o refúgio infalível. Sua graça sustenta os que Nele confiam, renovando o que está exausto e preenchendo o vazio com paz. Coloque suas fraquezas diante Dele e permita que o poder de Deus se manifeste em sua vida.

## FRASE DO DIA

**DEUS RENOVA MINHAS FORÇAS FÍSICAS E ESPIRITUAIS SEMPRE.**

#umdeusdevocional

# QUANDO DEUS SUSSURRA

*"O que eu lhes digo na escuridão, falem à luz do dia; o que é sussurrado em seus ouvidos, proclamem dos telhados."*

Mateus 10:27

**UM DEUS**

**13 MAI**

Jesus nos convida a proclamar seus ensinamentos, até aqueles que nos são ditos como sussurros em nossos ouvidos espirituais.

Principalmente em momentos caóticos em que nos sentimos perdidos, Deus sussurra paz ao nosso coração e nos mostra o caminho da salvação por meio dos ensinamentos de Jesus Cristo que fala em Seu Nome. Ao ouvirmos e vivenciarmos a Palavra que Ele nos traz, alegramo-nos. E essa alegria deve ser replicada dos telhados de nossa vida exatamente como fazemos quando algo muito bom nos acontece. Logo compartilhamos com todos ao nosso redor.

Ao enfrentar momentos difíceis ou confusos, não se deixe abater, nem fique procurando soluções vazias. Reserve um momento em seu dia a dia para ouvir a voz de Deus. Deixe que Ele sussurre paz em seus ouvidos e inspire soluções aos seus problemas.

Lembre-se de que Ele está no controle e que, em Suas mãos, você está seguro. E atenda à sua orientação para compartilhar sua bondade e sabedoria com todos em seu círculo de convivência.

Deus abriu ___/___

Devocional 133/365

Reflexões

**FRASE DO DIA**

PROCLAMO, FELIZ, O QUE JESUS SUSSURRA AOS MEUS OUVIDOS.

#umdeusdevocional

# PERSEVERANÇA

**UM DEUS**
**14 MAI**

> *"Mas as que caíram em boa terra são os que, com coração bom e generoso, ouvem a palavra, a retém e dão fruto, com perseverança."*
>
> Lucas 8:15

**Deus abriu** ____/____

**Devocional 134/365**

**Reflexões**

_____
_____
_____
_____
_____
_____
_____
_____
_____

**FRASE DO DIA**

**PERSEVERO NO CAMINHO DO BEM, POIS JESUS ESTÁ COMIGO.**

#umdeusdevocional

A jornada da vida é repleta de desafios e momentos em que a persistência é testada. Há dias em que o caminho parece longo e as forças parecem falhar, mas é nesses momentos que Deus nos chama a perseverar. Ele nunca desiste de nós, e nos convida a confiar em Sua presença constante, que nos fortalece a cada passo.

Deus conhece cada luta e cada obstáculo que enfrentamos. Ele vê além de nossas limitações e se torna nossa fonte de força, especialmente quando sentimos que não temos mais recursos para seguir em frente. Sua presença é silenciosa, mas profunda, um lembrete de que não estamos sozinhos, mesmo quando o caminho é árduo.

Persistir é um ato de fé, uma demonstração de que confiamos em Deus e no propósito que Ele tem para nossas vidas. Ele nos chamou para viver com propósito, enfrentando os desafios com coragem e determinação, sabendo que a vitória vem da Sua mão. Quando focamos na fidelidade de Deus e no Seu poder para nos sustentar, descobrimos uma força que não vem de nós mesmos. Se hoje você sente o peso do caminho, lembre-se de que Deus está ao seu lado, encorajando-o a avançar. Ele é a fonte de uma perseverança que ultrapassa o cansaço e transforma cada luta em um passo a mais na jornada. Com Ele, você pode persistir e vencer.

# O PODER DA FAMÍLIA

*"Ouvi a palavra do Senhor, ó casa de Jacó e todas as famílias da casa de Israel."*
Jeremias 2:4

**UM DEUS**
**15 MAI**
**D**

**Deus abriu** ____/____

**Devocional 135/365**

**Reflexões**

A família é um presente de Deus, uma base sólida onde aprendemos sobre amor, fé e apoio mútuo. Desde o início, Deus planejou a família como um lugar de proteção, crescimento e unidade. Ele nos chamou para viver em comunidade e experimentar o poder de uma família que ora, ama e caminha junto, firmada em Seu amor.

As escrituras sagradas estão repletas de histórias de famílias que enfrentaram desafios e vitórias, sempre fortalecidas pela presença de Deus. Abraão foi um exemplo de fé para sua casa; Noé guiou sua família pela obediência; e Maria e José foram escolhidos para cuidar de Jesus, revelando a importância de uma família unida no propósito divino. Em cada exemplo, vemos que quando uma família coloca Deus no centro, ela se torna um canal de bênçãos.

Neste Dia Internacional da Família, celebre esse dom de Deus. Agradeça pelos laços que os unem e pela oportunidade de crescer e amar juntos. Se houver dificuldades, lembre-se de que Deus deseja ser a rocha que sustenta sua casa. Que possamos buscar Nele a sabedoria para edificar nossos lares com amor, paciência e fé, sabendo que uma família unida em Deus é forte para enfrentar qualquer desafio.

**FRASE DO DIA**

**SENHOR, FORTALECEI-ME NA EDIFICAÇÃO DA MINHA FAMÍLIA.**

#umdeusdevocional

# LIBERTAÇÃO

**UM DEUS**

**16 MAI**

*"Portanto, se o Filho os libertar, vocês de fato serão livres."*
**João 8:36**

 Deus abriu ____/____

 Devocional 136/365

 Reflexões

_____
_____
_____
_____
_____
_____
_____
_____
_____

**FRASE DO DIA**
O AMOR DE DEUS QUEBRA TODAS AS CORRENTES.

#umdeusdevocional

Muitas vezes, nos encontramos presos a hábitos, pensamentos e situações que parecem impossíveis de escapar. Essas correntes invisíveis limitam nossa liberdade e impedem que vivamos a plenitude que Deus deseja para nós. A boa notícia é que a graça de Deus é poderosa para quebrar todas as correntes que nos aprisionam. Em Jesus, encontramos a verdadeira liberdade, uma libertação que vai além do físico e alcança as profundezas do nosso ser.

Jesus veio ao mundo para libertar os cativos e dar vista aos cegos, para quebrar as correntes do pecado e da opressão. Ele oferece uma graça que não apenas perdoa, mas também restaura e renova. Essa graça é um presente que Deus nos oferece por meio de Cristo. Quando a aceitamos somos verdadeiramente livres para viver como Deus sempre quis – livres do medo, da culpa e da vergonha que nos atormentam.

A verdadeira liberdade que Jesus nos dá é uma transformação completa, não apenas exterior, mas interior. Essa liberdade é um dom que nos capacita a viver de acordo com o propósito de Deus, livres do peso do pecado. Em Cristo, somos libertos para caminhar na luz e experimentar a alegria da vida em abundância que Ele prometeu.

# PAZ EM MEIO AO CAOS

> "E a paz de Deus, que excede todo o entendimento, guardará os seus corações e as suas mentes em Cristo Jesus."
>
> **Filipenses 4:7**

**UM DEUS**

**17 MAI**

**Deus abriu** ____/____

**Devocional 137/365**

**Reflexões**

Em meio às tempestades da vida a paz pode parecer um conceito distante. Enfrentamos pressões e inquietações que, muitas vezes, ameaçam abalar nossa estabilidade. Porém, é precisamente nesse cenário de incertezas que Deus oferece uma paz que desafia a lógica humana, algo que vai além de qualquer entendimento.

Essa paz que Deus nos dá não depende das condições ao nosso redor. Ela nasce de uma conexão profunda com Ele, um relacionamento que nos faz enxergar além do caos aparente. Quando entregamos nossas preocupações a Deus, Ele nos envolve com uma serenidade capaz de acalmar até os momentos mais tumultuados. Sua paz é um dom precioso, que não se baseia em respostas rápidas, mas em uma confiança silenciosa de que Ele está cuidando de tudo.

Quando você se encontrar em um cenário de agitação, permita que Deus renove sua paz. Reserve um instante para aquietar sua mente e deixar que Ele traga calma para o seu interior. Lembre-se de que, nas mãos do Senhor, você está em segurança. Deus oferece uma paz duradoura e verdadeira, que nos capacita a enfrentar cada desafio com serenidade.

**FRASE DO DIA**

**EM MEIO AO CAOS, DEUS RENOVA MINHA PAZ.**

#umdeusdevocional

# RENDIÇÃO

## UM DEUS
**18 MAI**

> "E este é o amor: que andemos em obediência aos seus mandamentos. Como vocês já têm ouvido desde o princípio, o mandamento é este: que vocês andem em amor."
>
> 2 João 1:6

📖 Deus abriu ___/___

🙏 Devocional 138/365

💡 Reflexões

_____
_____
_____
_____
_____
_____
_____
_____
_____
_____

Rendição é uma palavra que muitas vezes associamos a fraqueza, mas, na verdade, é um ato poderoso de confiança, obediência e fé. Quando nos rendemos ao amor de Jesus, não estamos desistindo, mas entregando nossos fardos e nossos próprios desejos para receber algo infinitamente maior: paz e propósito. Jesus nos chama a negar a nós mesmos e tomar a nossa cruz, um chamado que é, ao mesmo tempo, um convite para uma vida de plenitude em Seu amor.

Seguir Jesus significa confiar Nele em todas as circunstâncias, mesmo quando não entendemos o que Ele está fazendo. A verdadeira paz não vem da ausência de problemas, mas da presença de Jesus em meio a eles. Ele nos dá propósito, mesmo nas situações mais difíceis.

Se hoje você sente que está lutando para encontrar direção ou sentido, considere se render completamente ao amor de Jesus. Deixe que Ele tome o controle e guie seus passos. Lhe entregue seus medos, suas dúvidas e seus sonhos. Ao fazer isso, você encontrará a verdadeira paz e propósito. Com Jesus, a rendição é o caminho para a liberdade.

### FRASE DO DIA
**RENDO-ME A CRISTO QUE ME FORTALECE E ORIENTA.**

#umdeusdevocional

# PASSOS DE CONFIANÇA

*"Pois vivemos por fé, e não pelo que vemos."*
2 Coríntios 5:7

**UM DEUS**
**19 MAI**

A caminhada com Deus é um convite a trilhar caminhos desconhecidos, confiando em algo maior do que nossa compreensão. A fé nos chama a confiar na presença divina, mesmo quando a lógica humana nos impede de ver o que está por vir. Viver pela fé não é uma busca por certezas visíveis, mas um exercício de entrega ao propósito de Deus.

Seguir por uma estrada que não enxergamos claramente exige coragem e dependência total. A cada passo dado, aprendemos a reconhecer que a orientação de Deus não depende das circunstâncias. Ele nos conduz com amor, guiando nossos pés mesmo nas trilhas mais incertas. Com Ele, a jornada se torna mais do que uma sequência de passos; é uma trajetória de transformação, onde crescemos na confiança em Seu plano.

Nos momentos de incertezas, lembre-se de que a fé não elimina os desafios, mas transforma nossa perspectiva. Em vez de focar no que não pode ver, olhe para a fidelidade de Deus ao longo do caminho. Ele caminha ao seu lado, e Sua presença traz sentido a cada desafio. Confie Nele e prossiga com coragem, sabendo que os caminhos de Deus nos levam além do que podemos imaginar.

**Deus abriu** ____/____

**Devocional** 139/365

**Reflexões**

**FRASE DO DIA**

ANDO SEM TEMOR NOS CAMINHOS DE DEUS.

#umdeusdevocional

# MÉDICO DAS ALMAS

*"Jesus lhe disse: Eu irei curá-lo."*
Mateus 8:7

Deus abriu ___/___

Devocional 140/365

Reflexões

**FRASE DO DIA**
JESUS, CURE MINHA ALMA E MINHAS DORES.

#umdeusdevocional

Todos nós carregamos feridas em nossas almas. Algumas são causadas por perdas e decepções, enquanto outras resultam de erros e falhas que cometemos ao longo da vida. Essas feridas podem nos deixar quebrantados, roubando nossa alegria e paz interior. No entanto, em Jesus, encontramos o médico das nossas almas. Ele é aquele que vê nossas dores mais profundas e nos oferece cura e restauração. Seu amor é um bálsamo que alivia e cura as feridas que carregamos.

O amor de Jesus não é apenas uma emoção passageira, mas um compromisso profundo com a nossa cura e bem-estar. Ele não apenas vê nossa dor, mas entra em nossa dor conosco, oferecendo-nos Sua paz e conforto. Ele nos convida a levar todas as nossas preocupações e fardos a Ele, prometendo nos aliviar e nos dar descanso. Sua cura é tanto física quanto espiritual, restaurando-nos completamente e nos trazendo de volta à vida plena que Ele deseja para nós. Ele nos ajuda a liberar o passado e a caminhar em liberdade e cura.

Lembre-se de que Jesus é o médico que pode curar todas as suas feridas, não importa quão profundas sejam, e restaurar sua alma. Entregue sua dor a Ele e permita que Seu amor inunde seu coração, trazendo cura e renovação. Ele é o restaurador das nossas almas e o único que pode trazer verdadeira paz e alegria.

# QUANDO TUDO FALHA

UM DEUS
21 MAI

*"Se somos infiéis, ele permanece fiel, pois não pode negar-se a si mesmo."*
2 Timóteo 2:13

Deus abriu ____/____

Devocional 141/365

Reflexões

_____
_____
_____
_____
_____
_____
_____
_____
_____
_____
_____
_____

A vida é cheia de incertezas, e as pessoas ao nosso redor podem falhar, inclusive nós mesmos. Podemos enfrentar desapontamentos, traições e circunstâncias que nos deixam sentindo perdidos e sozinhos. No entanto, em meio a todas as falhas humanas, há uma certeza inabalável: Deus permanece fiel. Sua fidelidade não depende das nossas ações, mas da Sua natureza imutável e amorosa. Ele é constante e confiável, mesmo quando o mundo ao nosso redor é incerto e mutável.

Deus nos ama com um amor que nunca falha e que não depende de nossa perfeição. Quando erramos, Ele está lá para nos levantar e nos ajudar a recomeçar. Ele nos lembra constantemente de Suas promessas e de Seu compromisso conosco. Sua fidelidade é um alicerce firme em um mundo instável.

Além disso, a fidelidade de Deus nos dá coragem para enfrentar os desafios da vida. Saber que temos um Pai que jamais nos abandona nos inspira a caminhar com confiança, mesmo quando tudo parece desmoronar. Quando tudo ao nosso redor parece falhar, Deus nos sustenta e nos renova, mostrando que Sua presença é a nossa verdadeira segurança.

Quando você se sentir perdido ou desanimado, lembre-se de que a fidelidade de Deus é a âncora que mantém sua vida firme. Ele não muda, não desiste de você e está sempre disposto a caminhar ao seu lado, mesmo nos momentos mais difíceis. Quando tudo falha, a fidelidade de Deus é suficiente para nos levantar e nos dar forças para continuar.

**FRASE DO DIA**

**VEJO QUE AS MISERICÓRDIAS DO SENHOR SÃO INESGOTÁVEIS.**

#umdeusdevocional

# APARÊNCIAS

## UM DEUS

**22 MAI**

> *"Eu sou o Senhor que sonda o coração e examina a mente, para recompensar a cada um de acordo com a sua conduta, de acordo com o fruto das suas ações."*
>
> Jeremias 17:10

**Deus abriu** ___/___

**Devocional 142/365**

**Reflexões**

___
___
___
___
___
___
___
___
___

**FRASE DO DIA**

**O SENHOR ME AMA COMO SOU.**

#umdeusdevocional

Em um mundo onde as aparências muitas vezes determinam como somos tratados e o valor que nos é dado, é fácil sentir-se invisível ou incompreendido. Podemos nos sentir pressionados a atender expectativas superficiais ou a esconder quem realmente somos. No entanto, Deus não olha para o exterior como o mundo faz; Ele vê além da aparência e sonda profundamente o nosso coração. Ele vê nosso verdadeiro eu, o que está dentro de nós, nossos medos, esperanças, e o que realmente nos motiva.

Deus conhece nossas lutas, nossos medos e nossos desejos mais íntimos. Ele vê o potencial que ninguém mais vê, e entende nossas intenções e motivações. Quando Samuel foi ungir o próximo rei de Israel, Deus o instruiu a não olhar para a aparência, mas a olhar para o coração, pois Ele já havia escolhido Davi, um simples pastor, para ser rei. Deus sabia o que estava no coração de Davi — um coração segundo o Seu. Ele viu além da juventude e da humildade de Davi e reconheceu sua fidelidade e amor pelo Senhor.

Caso ninguém entenda ou valorize quem você realmente é, lembre-se de que Deus te vê completamente. Ele conhece cada detalhe de sua vida e te ama exatamente como é. Não importa o que o mundo diga, seu valor é inestimável aos olhos de Deus. Ele tem um plano para você e o chama para viver autenticamente, ser quem realmente é em Cristo. Viva de acordo com a visão que Deus tem de você.

# RECOMECE COM JESUS

*"As misericórdias do Senhor são a causa de não sermos consumidos, porque não têm fim; novas são cada manhã; grande é a tua fidelidade."*

Lamentações 3:22-23

**UM DEUS**
**23 MAI**

Deus abriu ____/____

Devocional 143/365

Reflexões

Todos nós precisamos de recomeço em algum momento da vida. Pode ser após um erro, uma perda ou um momento de fraqueza. O peso do passado pode nos puxar para baixo, fazendo-nos sentir presos e incapazes de avançar. No entanto, Jesus nos oferece um novo começo, uma oportunidade de deixar o passado para trás e abraçar um futuro cheio de esperança e possibilidades. Ele nos dá a chance de começar de novo, renovados e restaurados por Seu amor e graça.

Em Cristo, somos feitos novos. As coisas antigas – nossas falhas, nossos arrependimentos, nossos erros – já passaram. Jesus nos convida a uma nova vida, onde Sua graça e misericórdia nos renovam diariamente. Ele nos chama a viver na liberdade e na nova identidade que encontramos Nele. Cada dia é uma nova chance de viver para Ele, crescer em fé e experimentar Seu amor de maneira mais profunda. Não importa o quão difícil o passado tenha sido, com Jesus, o futuro é sempre brilhante.

Deixe que Ele renove seu coração e sua mente, permitindo que o passado fique para trás e que você avance em Sua direção. Não importa o que tenha acontecido, com Jesus, cada dia é uma nova oportunidade.

**FRASE DO DIA**

**TODOS OS DIAS, RECOMEÇO SOB AS BÊNÇÃOS DE JESUS.**

#umdeusdevocional

# ALÉM DOS ERROS

**UM DEUS**

**D 24 MAI**

*"Portanto, agora já não há condenação para os que estão em Cristo Jesus."*
**Romanos 8:1**

📖 Deus abriu ____/____

🙏 Devocional 144/365

💡 Reflexões

_____
_____
_____
_____
_____
_____
_____
_____
_____
_____

**FRASE DO DIA**
**EU ME PERDOO PORQUÊ CRISTO JÁ ME PERDOOU.**

#umdeusdevocional

O hábito de carregar o peso dos nossos erros passados como uma âncora nos impede de avançar e viver plenamente o amor e a graça de Deus. Esses erros podem nos fazer sentir indignos e inadequados para amar e servir a Jesus. No entanto, o Mestre não julga nossa capacidade de amá-Lo e servi-Lo com base no nosso passado. Ele olha para o nosso coração e vê quem realmente somos e o que podemos nos tornar por meio de Seu amor transformador. Não é como o mundo, que muitas vezes nos define pelos nossos fracassos. Ele nos vê através dos olhos da graça e conhece nossas intenções, desejos e o potencial dentro de nós. Enxerga além do que foi feito e se concentra em quem podemos ser através do Seu poder redentor.

Não deixe que seus erros passados o paralisem ou o façam sentir-se menos aos olhos de Deus. Jesus morreu para que você pudesse ser livre dessas correntes. Ele oferece uma nova chance de viver em Sua luz e de ser transformado por Seu amor. Não olhe para o seu passado, mas para o seu futuro. Ele está sempre pronto para guiar seus passos para a plenitude de vida.

Portanto, esqueça o passado. Lembre-se de que em Cristo não há condenação. Abra seu coração e permita que Ele mostre o quanto você é amado e capaz. Em Jesus, você encontra não apenas perdão, mas também um convite para crescer e florescer em Seu amor.

# VOCÊ É SINGULAR

*"Porque somos criação de Deus realizada em Cristo Jesus para fazermos boas obras, as quais Deus preparou antes para nós as praticarmos."*

**Efésios 2:10**

**UM DEUS**

**25 MAI**

Vivemos em um mundo que constantemente nos pressiona a nos conformarmos, a sermos como os outros e a seguir o caminho que parece mais popular ou seguro. Muitas vezes, isso pode nos levar a esconder quem realmente somos, a apagar a luz única que Deus colocou em nós. No entanto, fomos criados à imagem e semelhança de Deus, cada um com singularidade que ninguém mais possui, Essa singularidade é um reflexo direto do amor e da criatividade de Deus.

Deus te fez único, com talentos, dons e características que são exclusivamente seus. Não há ninguém no mundo como você, e isso é intencional. Ele deseja que você brilhe com a luz que Ele colocou dentro de você, para que outros possam ver Sua grandeza através da sua vida. Quando tentamos copiar outros ou viver à sombra de alguém, apagamos a luz que Deus nos deu para irradiar ao mundo.

Não tenha medo de ser quem é. Use sua singularidade para ser uma luz que brilha intensamente na escuridão. Quando você abraça quem você é em Deus e deixa sua luz brilhar, não só vive uma vida mais autêntica e plena, mas também inspira outros a fazer o mesmo. Sua vida pode ser uma poderosa testemunha do amor de Deus, portanto, não esconda o que Deus fez em você; pelo contrário, ouse mostrar ao mundo a beleza de ser exatamente quem é.

Deus abriu ___/___

Devocional 145/365

Reflexões

_____
_____
_____
_____
_____
_____
_____
_____
_____
_____

**FRASE DO DIA**

DEUS ME FEZ ÚNICO, E É ASSIM QUE ME EXPRESSO NO MUNDO.

#umdeusdevocional

# SEJA UM MILAGRE

**UM DEUS**

**26 MAI**

*"Assim brilhe a luz de vocês diante dos homens, para que vejam as suas boas obras e glorifiquem ao Pai de vocês, que está nos céus."*

**Mateus 5:16**

Deus abriu ____/____

Devocional 146/365

Reflexões

Cada um de nós carrega dentro de si o potencial para fazer milagres todos os dias. Não são apenas grandes feitos ou eventos extraordinários que contam como milagres, mas os pequenos gestos de bondade, empatia e amor que podemos oferecer a quem nos rodeia. Todos os dias, há pessoas que saem de casa desanimadas, sem esperança, sentindo-se insignificantes e presas em uma rotina medíocre. Essas pessoas carregam um peso que muitas vezes não vemos, mas Deus nos chama a ser a luz que brilha nas trevas.

Talvez hoje você encontre alguém assim, alguém que precisa de um milagre. E talvez você seja exatamente o milagre que essa pessoa está esperando. Um simples sorriso, um olhar gentil ou uma palavra de encorajamento pode ser a faísca que reacenderá a chama da esperança no coração dessa pessoa. Como diz aquela canção que tantos interpretam "Fica sempre um pouco de perfume nas mãos que oferecem rosas".

Não subestime o poder que Deus depositou em você. Seu brilho nos olhos, sua presença e suas ações são ferramentas poderosas nas mãos de Deus para trazer cura, renovação e alegria para os que cruzam seu caminho. A sua bondade, a sua atenção e o seu amor podem ser a resposta à oração de alguém por um milagre.

Seja esse milagre, seja a luz, e permita que o amor de Deus flua através de você para impactar o mundo ao seu redor.

**FRASE DO DIA**

O AMOR DIVINO FLUI ATRAVÉS DE MIM PARA O MUNDO.

#umdeusdevocional

# DEUS TE CONHECE

*"Ainda a palavra não me chegou à língua, e tu, Senhor, já a conheces toda."*

**Salmos 139:4**

**UM DEUS**
**1**
**27 MAI**

Quando as palavras nos faltam, sentimos um peso em nosso coração, uma angústia profunda que parece impossível de expressar. Mas há um consolo profundo em saber que Deus nos sonda e nos conhece completamente. Até quando não conseguimos encontrar as palavras certas, Ele conhece cada pensamento e cada sentimento que carregamos. Ele sabe das nossas forças e fraquezas. Ele conhece o que somos capazes de suportar e as habilidades que Ele nos deu para superar cada adversidade. Nada escapa ao Seu olhar atento e amoroso. Ele está conosco em cada passo, sabendo exatamente o que precisamos antes mesmo de pedirmos.

Se hoje você sente que suas palavras não são suficientes para expressar o que está dentro do seu coração, confie que Deus já conhece. Ele sonda seu coração e sabe tudo sobre você — suas dores, seus medos, suas esperanças e seus sonhos. E, acima de tudo, Ele está com você, sondando seu coração e fortalecendo-o para a jornada.

Então, não há necessidade de palavras elaboradas para se aproximar de Deus. Às vezes, um simples suspiro ou um coração quebrantado é o suficiente para tocar o coração do Pai. Confie Nele, entregue a Ele suas preocupações e saiba que Ele está sempre presente, ouvindo e agindo por você.

**Deus abriu** ____/____

**Devocional** 147/365

**Reflexões**

_____
_____
_____
_____
_____
_____
_____
_____
_____
_____
_____
_____

**FRASE DO DIA**

**QUANDO ME FALTAM PALAVRAS, DEIXO DEUS FALAR POR MIM.**

#umdeusdevocional

# AMIZADE QUE NUNCA ABANDONA

**UM DEUS**

**28 MAI**

*"O amigo ama em todos os momentos; é um irmão na adversidade."*
**Provérbios 17:17**

📖 Deus abriu ____/____

🙏 Devocional 148/365

💡 Reflexões

_____
_____
_____
_____
_____
_____
_____
_____

**FRASE DO DIA**
**BOAS AMIZADES SÃO PRESENTES DE DEUS.**

#umdeusdevocional

Sempre oportuno refletir sobre a amizade verdadeira, preciosidade que vai além de aparências, bens materiais ou status. Ela é construída sobre alicerces de sinceridade e lealdade, valores que perduram mesmo nos tempos difíceis. O amigo verdadeiro se mantém ao nosso lado nas horas de escassez e dor, fortalecendo-nos com sua presença e amor genuíno que não exige condições. Está conosco nos momentos de celebração e, especialmente, quando enfrentamos provações, oferecendo apoio e conforto.

O amigo fiel conhece nossas fraquezas, vê nossas imperfeições e, ainda assim, permanece ao nosso lado e lembra-nos de que somos amados apesar de nossas falhas. Ele não nos abandona em nossos piores momentos, mas nos acolhe e nos ajuda a crescer.

Jesus, nosso maior exemplo de amizade, demonstrou esse amor ao entregar Sua própria vida por nós. Ele declarou: "Ninguém tem maior amor do que aquele que dá a vida por seus amigos" (João 15:13). Esse exemplo nos chama a sermos amigos leais, que permanecem presentes e são dignos de confiança. Assim como Cristo nos oferece Seu amor incondicional, somos convidados a ser fontes de apoio e luz para os que caminham ao nosso lado.

Cultive as amizades que Deus colocou em sua vida, e permita que seus gestos e palavras reflitam a lealdade e o amor que Jesus nos mostrou. Que sejamos irmãos na adversidade, trazendo esperança e apoio, assim como Cristo é para nós.

# O ESSENCIAL À VIDA

> *"Então Abraão respondeu: Filho, lembre-se de que durante a sua vida você recebeu suas boas coisas, enquanto Lázaro recebeu coisas más. Agora, porém, ele está sendo consolado aqui e você está em sofrimento."*
> Lucas 16:25

**UM DEUS**
**29 MAI**

Na parábola, o homem rico tinha tudo o que o mundo poderia oferecer — riquezas, conforto e uma vida de prazeres. No entanto, em sua abundância, ele ignorou as necessidades espirituais e a presença de Deus em sua vida. Lázaro, por outro lado, experimentou sofrimento e pobreza, mas sua fé e esperança estavam firmemente enraizadas em Deus.

Ter uma vida plena e feliz não depende de nossas posses ou status, mas de nosso relacionamento com Deus e da vivência de Seus ensinamentos.

Você já tem tudo o que precisa para viver bem e ser feliz. Deus nos deu Sua palavra, cheia de sabedoria e orientação para nos ajudar a viver uma vida que realmente importa. Não se trata de acumular riquezas ou buscar prazeres passageiros, mas de abrir nossos olhos para a presença do Pai em cada momento e viver de acordo com Suas leis e revelações. As riquezas espirituais que Nos oferece são infinitamente mais valiosas do que qualquer coisa que possamos possuir na Terra.

Abra seus olhos para as riquezas espirituais que Deus colocou diante de você e aproveite a oportunidade de viver uma vida plena em Sua presença.

Reflita sobre suas prioridades e sobre como você está usando o que Deus lhe deu. Lembre-se de que a verdadeira felicidade e realização vêm de um coração que O busca acima de todas as coisas. Não importa suas circunstâncias, você já tem tudo o que precisa para viver bem e ser feliz em Deus.

**Deus abriu** ____/____

**Devocional 149/365**

**Reflexões**

---

**FRASE DO DIA**

MINHA RIQUEZA É A PRESENÇA DE DEUS E SUA PALAVRA.

#umdeusdevocional

# SUPORTAR FRAQUEZAS ALHEIAS

**UM DEUS**

**1** 30 MAI

*"Nós, que somos fortes, devemos suportar as fraquezas dos fracos e não agradar a nós mesmos."*
**Romanos 15:1**

Deus abriu ____/____

Devocional 150/365

Reflexões

_____
_____
_____
_____
_____
_____
_____
_____
_____

**FRASE DO DIA**
**QUERO SER UM PILAR DE AMOR E APOIO NA VIDA DE ALGUÉM.**

#umdeusdevocional

O chamado para quem é forte na fé e no espírito é claro: apoiar e sustentar quem se encontra na fraqueza, não apenas tolerando suas falhas, mas oferecendo amor genuíno. Em uma cultura que promove a autossuficiência e a satisfação pessoal, a mensagem de Paulo é lembrete poderoso da natureza do amor cristão. Amar os outros não é questão de ter paciência, mas de compromisso profundo de caminhar ao lado deles, ajudando-os a carregar suas cargas.

Ao falar sobre suportar Paulo não nos sugere aguentar ou tolerar passivamente os erros e fraquezas alheias. Ele nos incentiva a agir com compaixão e empatia. Suportar, neste contexto, significa dar suporte, como um pilar que sustenta um edifício. É a ação intencional de apoiar os outros em suas dificuldades, ajudando-os a crescer e a se fortalecer na fé. É ato de amor sacrificial, que coloca as necessidades dos outros acima das próprias.

Jesus é o exemplo perfeito deste amor. Ele carregou nossas fraquezas e suportou nossas falhas, não por obrigação, mas por amor. Significa estar presente para aqueles que estão lutando, oferecer encorajamento, oração e suporte prático. Significa ser paciente e compassivo, reconhecer que todos temos momentos de fraqueza e necessidade.

Quem em sua vida precisa de algum suporte hoje? Lembre-se de que, ao sustentar os fracos, você reflete o coração de Cristo e cumpre Seu mandamento de amar como Ele amou.

# AMOR GENUÍNO

> "O amor deve ser sincero. Odeiem o que é mau; apeguem-se ao que é bom."
> Romanos 12:9

**UM DEUS**
**31 MAI**

Deus abriu ___/___

Devocional 151/365

Reflexões

Paulo nos lembra de que o amor sincero é a marca registrada de um verdadeiro seguidor de Cristo. O amor fingido, que é apenas uma fachada ou tentativa de impressionar, não tem lugar no coração do cristão. Deus nos chama a amar uns aos outros genuinamente, sem máscaras ou pretensões. Este amor é aquele que vê o outro como Cristo o vê, com graça e compaixão.

Parte desse amor é odiar o que é mau e apegar-se ao que é bom. Não é odiar as pessoas, mas rejeitar o mal que destrói e corrompe. O amor genuíno se posiciona contra o mal, seja ele encontrado em nossas próprias vidas, nossas comunidades ou no mundo ao nosso redor. Esse amor não tolera o mal, mas busca ativamente o bem e a justiça. Não é agir com violência contra quem não age ou pensa como nós, em nome de Jesus, como tantos fizeram e fazem ao longo da história da humanidade. Ele jamais faria isso, tanto que não revidou contra os que o maltrataram, caluniaram, crucificaram. É purificar nossos corações e mentes de tudo o que é prejudicial.

Jesus nos ensinou a orar pedindo ao Pai que nos livre do mal, reconhecendo que somente Ele tem o poder de nos proteger e nos guardar em todos os nossos caminhos.

Examine seu coração e peça a Deus para purificá-lo e enchê-lo com o Seu genuíno amor. Ore para que o livre de todo mal e o ajude a se apegar ao que é bom, vivendo uma vida que glorifica a Ele em todas as coisas.

**FRASE DO DIA**

SENHOR, PREENCHA MEU CORAÇÃO COM SEU GENUÍNO AMOR.

#umdeusdevocional

## Meus Aprendizados

_____
_____
_____
_____
_____
_____
_____
_____
_____

## Meus Planos futuros

_____
_____
_____
_____
_____
_____
_____
_____
_____

@umdeusdevocional

"Ajudem uns aos outros e assim vocês estarão obedecendo à lei de Cristo."
Gálatas 6:2

06

# SOB PRESSÃO

*"Eu sei que o meu Redentor vive e que no fim se levantará sobre a terra."*
Jó 19:25

**UM DEUS**
**01 JUN**

Em momentos de dificuldade, as pessoas ao nosso redor tentam julgar o motivo do nosso sofrimento. Os amigos de Jó fizeram exatamente isso. Eles o acusaram de ter cometido algum pecado secreto, ter feito algo para merecer todo o sofrimento que estava enfrentando. Eles não hesitaram em julgar sua situação. No entanto, não sabiam o que estava realmente acontecendo no coração dele ou no plano de Deus.

É fácil para as pessoas ao nosso redor tirarem conclusões sobre nossas vidas sem conhecerem a história completa. Elas podem julgar nossas ações, criticar nossas escolhas e até nos acusar de coisas que não fizemos. Mas a nossa fidelidade a Deus não deve ser abalada por opiniões alheias.

Jó permaneceu firme em sua fé quando todos ao seu redor o acusaram e o julgaram injustamente, não permitiu que as críticas o abalassem. Continuou a crer que sua integridade seria restaurada. Ele sabia que Deus conhecia a verdade de seu coração.

Seu exemplo nos ensina a importância de confiar em Deus acima de tudo, ainda que enfrentemos julgamentos injustos. Deus conhece nosso coração e sabe o que estamos passando.

Mantenha sua fé firme Nele, com a segurança de que Ele é seu defensor e que, no tempo certo, revelará a verdade. Seja fiel a Deus, confie Nele, não importa o que os outros digam.

**Deus abriu** ____/____

**Devocional** 152/365

**Reflexões**

_____
_____
_____
_____
_____
_____
_____
_____
_____
_____
_____
_____

**FRASE DO DIA**

DEUS É MEU DEFENSOR CONTRA INJÚRIAS E DIFAMAÇÕES.

#umdeusdevocional

# DEFESA CONTRA O MAL

**02 JUN**

> "Jesus respondeu: 'Está escrito: Nem só de pão viverá o homem, mas de toda palavra que procede da boca de Deus.'"
> 
> Mateus 4:4

**Deus abriu** ___/___

**Devocional 153/365**

**Reflexões**

_____
_____
_____
_____
_____
_____
_____
_____
_____
_____
_____

**FRASE DO DIA**

A PALAVRA DE DEUS É SUFICIENTE PARA MINHA VIDA.

#umdeusdevocional

Quando Jesus foi tentado no deserto, Ele nos mostrou uma verdade poderosa: a Palavra de Deus é suficiente para enfrentar qualquer tentação ou mal que nos desafie. Ao dizer: "Está escrito", Jesus nos ensinou que, para resistir às tentações e às pressões do mundo, não precisamos de argumentos elaborados ou força própria. Precisamos apenas da verdade que procede da boca de Deus.

A Palavra de Deus é nossa arma mais poderosa. Ela nos equipa para enfrentar as mentiras do maligno, nos dá sabedoria para responder corretamente em situações de tentação e nos lembra constantemente da presença de Deus em nossas vidas. Quando enfrentamos dificuldades e desafios, é fácil sentir que precisamos de algo mais, mas a verdade é que, com a Palavra de Deus em nosso coração, já temos tudo de que precisamos para resistir e vencer.

Deus nos deu Sua Palavra para que possamos estar firmemente enraizados em Sua verdade, prontos para enfrentar qualquer coisa que o mundo ou as forças do mal possam lançar contra nós. Ela é nosso guia, nosso consolo e nossa defesa. Quando nos alimentamos dela, encontramos força e clareza para navegar pelas tempestades da vida.

Portanto, lembre-se de que a Palavra de Deus é suficiente. Não busque fora o que Ele já colocou à sua disposição em Suas Escrituras. Apegue-se a ela, deixe que guie suas decisões e respostas.

# DEIXAR A CAPA

*"Lançando de si a sua capa, levantou-se de um salto e foi até Jesus."*
**Marcos 10:50**

**UM DEUS**
**1 03 JUN**

Bartimeu, o cego, ao ouvir que Jesus estava passando, não hesitou em clamar por misericórdia, apesar da multidão que o repreendia. E quando Jesus o chamou, Bartimeu fez algo extraordinário: ele jogou fora sua capa e correu até Jesus.

Para muitos, isso pode parecer um simples gesto, mas para Bartimeu, era um ato de fé monumental. A capa de Bartimeu era muito mais do que proteção contra o frio ou o sol. Estudiosos afirmam que ela representava a licença legal para pedir esmolas. Era sua fonte de sustento, seu meio de sobrevivência.

Ao jogá-la fora ele abandonou sua única segurança material. Ele sabia que, uma vez lançada ao chão, pisoteada pela multidão, dificilmente a recuperaria. Ainda assim, escolheu deixar para trás o que parecia essencial para seu sustento, na esperança de algo mais significativo em Jesus. Esse gesto foi um profundo ato de fé e confiança no poder de Cristo para transformar sua vida.

A atitude de Bartimeu nos desafia a considerar o que estamos dispostos a abandonar para seguir Jesus. Às vezes, nos apegamos a coisas que achamos serem nossa capa: um trabalho, uma relação, um bem material ou um hábito que nos dão a sensação de segurança, mas que nos impedem de experimentar plenamente o que Deus tem para nós. Ao confiar em Jesus e deixar para trás nossas capas, abrimos espaço para uma transformação completa e um novo começo.

**Deus abriu** ____/____

**Devocional 154/365**

**Reflexões**

**FRASE DO DIA**
LANÇO FORA A FALSA SEGURANÇA DAS CAPAS DO MUNDO.
#umdeusdevocional

# O PROCESSO IMPORTA

**UM DEUS**

**04 JUN**

> *"Mais uma vez Jesus colocou as mãos sobre os olhos do homem. Então seus olhos foram abertos, sua vista lhe foi restaurada, e ele via tudo claramente."*
>
> **Marcos 8:23-25**

**Deus abriu** ____/____

**Devocional 155/365**

**Reflexões**

_____
_____
_____
_____
_____
_____
_____
_____
_____

**FRASE DO DIA**

**COM PACIÊNCIA SIGO O PROCESSO DE MINHA CURA ESPIRITUAL.**

#umdeusdevocional

A cura do cego de Betsaida revela algo profundo sobre o processo de cura espiritual: Ele tomou o cego pela mão e o levou para fora do povoado. Depois de cuspir nos olhos do homem e impor-lhe as mãos, Jesus perguntou: "Você está vendo alguma coisa?" Ele levantou os olhos e disse: "Vejo pessoas; elas parecem árvores andando" (Marcos 8:23-25). Naquele momento, Jesus repetiu a imposição das mãos sobre os olhos dele e finalmente aconteceu a cura.

Como em outras vezes, Jesus poderia perfeitamente curar numa fração de segundo, mas ao fazê-lo em duas etapas, mostrou que nem sempre a transformação é imediata e que o processo é importante. Há curas e mudanças que necessitam de tempo, paciência e fases de crescimento. Cada progresso deve ser apreciado. É que há pessoas que precisam de tempo para ajustar sua visão espiritual e emocional.

Ele instruiu aquele homem a não voltar para o povoado, deixar o passado para trás. Para experimentar uma nova vida, às vezes precisamos nos afastar do que nos é familiar, do que nos conforta, mas que nos prende a velhos hábitos. No processo de cura e renovação espiritual, o recomeço pode ser difícil por desafiar nossa zona de conforto, mas é necessário para avançar em direção a um futuro mais equilibrado e iluminado.

# ALICERCE PARA OS OUTROS

*"Ajudem uns aos outros e assim vocês estarão obedecendo à lei de Cristo."*
**Gálatas 6:2**

**UM DEUS**
**05 JUN**

Em nossa jornada, há momentos em que Deus nos posiciona como apoio para outros, mesmo quando também carregamos nossos próprios fardos. Estar nessa posição não significa que temos todas as respostas, mas que, pela graça de Deus, podemos ser um porto seguro em meio à tempestade de alguém. A força que Ele nos concede é uma ferramenta de amor e serviço.

Ser forte é muito mais do que resistir às próprias dificuldades; é escolher ser um alicerce para os que estão em fragilidade. Esse apoio não se trata de apenas aguentar a situação, mas de agir com empatia e disposição genuína. A verdadeira força se revela na forma como estendemos as mãos e, com pequenos gestos de compaixão, transmitimos paz e encorajamento aos que necessitam.

Quando você se sente sobrecarregado, lembre-se de que a força que oferece aos outros não vem exclusivamente de você. Deus o capacita a ser esse canal de apoio e, ao fazer isso, Ele também renova sua própria energia e propósito. Ser forte significa permitir que o poder de Deus flua através de você, criando uma corrente de sustento e consolo.

Você está sendo chamado a ser o alicerce para alguém. Saiba que Deus vê o seu esforço e não o deixará desamparado. Você é forte, não apenas pelo que carrega, mas pela disposição de oferecer esse apoio. Confie que Deus está ao seu lado e lhe dá tudo o que precisa para ser um reflexo de Seu amor.

**Deus abriu** ____/____

**Devocional** 156/365

**Reflexões**

## FRASE DO DIA

**DEUS ME FORTALECE PARA APOIAR A QUEM NECESSITE.**

#umdeusdevocional

# CONFIE

## UM DEUS
**06 JUN**

> *"Confie no Senhor de todo o seu coração e não se apoie em seu próprio entendimento."*
> **Provérbios 3:5**

Deus abriu ___/___

Devocional
157/365

Reflexões

_____
_____
_____
_____
_____
_____
_____
_____
_____

### FRASE DO DIA
**TRANSFIRO PARA DEUS O CONTROLE DE MINHAS PREOCUPAÇÕES.**

#umdeusdevocional

A vida nos apresenta escolhas e desafios que muitas vezes parecem complexos ou desconcertantes. Nesses momentos, somos tentados a depender daquilo que conseguimos compreender e controlar. Mas Provérbios 3:5 nos desafia a dar um passo além, entregando o controle ao Senhor e permitindo que Ele direcione nossos caminhos.

Confiar em Deus vai além de abrir mão das preocupações superficiais; é uma decisão de alinhar nossos desejos e nossas expectativas ao propósito divino. Embora nosso conhecimento seja limitado e fragmentado, Deus vê o quadro completo. Ele conhece cada detalhe e cada possibilidade, e é nessa sabedoria infinita que Ele nos chama a repousar.

Essa entrega é um processo ativo, que envolve render a Deus não só as decisões maiores, mas também as pequenas escolhas do dia a dia. Em vez de seguir apenas a lógica humana, Ele nos convida a caminhar com confiança, sabendo que Sua orientação é mais profunda e mais segura do que aquilo que nossos sentidos podem captar.

Hoje, experimente transferir para Deus o controle das suas preocupações. Dê a Ele a liderança de sua vida, confiando que Ele guia cada passo com amor e precisão. Quando você faz Dele o seu fundamento, descobre uma paz que desafia as explicações, uma paz que só pode vir de um coração verdadeiramente entregue.

# UM DIA DE CADA VEZ

> "Mas, buscai primeiro o reino de Deus, e a sua justiça, e todas essas coisas vos serão acrescentadas."
> **Mateus 6:33**

**UM DEUS**
**07 JUN**

Jesus, em Sua sabedoria, nos dá um ensinamento poderoso sobre como lidar com as ansiedades da vida. A tendência humana é preocupar-se constantemente com o futuro, tentar prever e controlar o que está por vir. No entanto, essa preocupação nos rouba a paz no presente, desvia nossa atenção do que realmente importa: viver cada dia em sua plenitude, confiando que Deus está no controle de todas as coisas.

Jesus nos lembra de que o amanhã trará seus próprios desafios, e que devemos nos concentrar no que temos diante de nós hoje. Preocupar-se com o futuro não muda os desafios que enfrentaremos, apenas nos sobrecarrega e nos impede de viver o presente com fé e gratidão. Deus nos chama a confiar Nele, sabendo que Ele cuida de nós e nos dará força para enfrentar cada dia conforme ele vier.

Assim como cuida das aves do céu e veste os lírios do campo, Ele também cuidará de nós. Deus conhece cada detalhe de nossa vida e sabe do que precisamos antes de pedirmos. Isso não significa que não devemos planejar ou ser imprudentes, mas que não devemos permitir que o medo do futuro nos paralise ou roube a alegria do presente.

Entregue tudo nas mãos de Deus. Ele está com você agora e estará com você no futuro. Concentre-se em viver o presente com fé, sabendo que Deus já está cuidando do seu amanhã.

**Deus abriu** ___/___

**Devocional** 158/365

**Reflexões**

**FRASE DO DIA**
VIVO EM PAZ, POIS DEUS CUIDA DO MEU DIA.

#umdeusdevocional

# ASSINE POR CRISTO

## UM DEUS
**08 JUN**

*"Fazei tudo o que Ele vos disser."*
**João 2:5**

**Deus abriu** ___/___

**Devocional** 159/365

**Reflexões**

Paulo nos ensina que tudo o que fazemos deve ser realizado com o coração focado em agradar a Deus, e não aos homens. Ao entendermos que nossas ações devem refletir a vontade de Deus, passamos a encarar cada tarefa, cada responsabilidade, com um propósito mais profundo.

O segredo para amar o mundo e deixar nele um impacto verdadeiro está em fazer o nosso melhor, em todas as áreas da vida, como se estivéssemos fazendo diretamente para o Senhor. Não se trata de buscar reconhecimento ou elogios humanos, mas de entender que em cada gesto, em cada trabalho, estamos deixando nossa marca. E essa marca não é apenas nossa, é também a assinatura de Cristo.

Isso significa viver de uma forma que as pessoas ao nosso redor vejam a excelência, o amor e a dedicação em tudo o que fazemos, e reconheçam que isso vem de algo maior. Cada tarefa, por menor que seja, pode ser uma oportunidade de refletir a bondade e o amor de Deus.

Em vez de buscar aprovação humana, busque fazer tudo com o coração voltado para o Senhor. Isso trará propósito ao seu trabalho e alegria em servir, sabendo que você está deixando algo valioso por onde passar: o reflexo do amor de Cristo em suas ações. Quando seu coração está alinhado com Deus, tudo o que você faz se torna uma oportunidade de glorificá-Lo e abençoar aqueles ao seu redor.

## FRASE DO DIA

**ASSINO MINHAS AÇÕES NO MUNDO EM NOME DE CRISTO.**

#umdeusdevocional

# PROVISÃO DIÁRIA

*"O pão nosso de cada dia nos dai hoje."*
Mateus 6:11

**UM DEUS**
**09 JUN**

Deus abriu ____/____

Devocional 160/365

Reflexões

A oração ensinada por Jesus nos lembra da dependência diária de Deus, que nos sustenta não apenas em grandes desafios, mas em cada necessidade simples e cotidiana. Ao pedirmos a Deus o pão nosso de cada dia, reconhecemos que cada provisão vem Dele e que tudo o que precisamos para hoje está em Suas mãos.

Este pedido humilde nos ensina a viver com gratidão e confiança no cuidado constante de Deus. Ele nos convida a deixar de lado a ansiedade sobre o amanhã e a confiar que o Senhor conhece todas as nossas necessidades. Cada dia é uma oportunidade para experimentar o cuidado amoroso de Deus, que nos concede o suficiente para cada situação, seja no alimento físico, na paz para o coração ou na força para o espírito.

A verdadeira fé consiste em descansar na fidelidade de Deus, sabendo que Ele provê o que precisamos em cada amanhecer. Ao orarmos por nosso pão de cada dia, somos lembrados de que Deus é um Pai atento, pronto para atender nossas necessidades no momento certo e da forma que Ele sabe ser a melhor.

Hoje, peça a Deus que cuide de suas necessidades e agradeça cada provisão, grande ou pequena. Viva com a confiança de que Ele suprirá o necessário e que Sua presença é suficiente para os desafios que o dia trouxer.

**FRASE DO DIA**

GRATIDÃO, SENHOR, PELO PÃO NOSSO DE CADA DIA.

#umdeusdevocional

# CRISTO EM MIM

## UM DEUS
**10 JUN**

> *"Assim, já não sou eu quem vive, mas Cristo vive em mim."*
> **Gálatas 2:20**

Deus abriu ___/___

Devocional 161/365

Reflexões

_____
_____
_____
_____
_____
_____
_____
_____

### FRASE DO DIA
**VIVEREI EM CRISTO E O TESTEMUNHAREI PERANTE O MUNDO.**
#umdeusdevocional

Quando Paulo escreveu que Cristo vive nele, ele nos revelou um profundo mistério da fé cristã: a verdadeira transformação não acontece simplesmente vivendo para Cristo, mas permitindo que Cristo viva em nós. Essa distinção é fundamental. Viver para Cristo pode ser visto como uma dedicação externa, um esforço para servir e honrar o Senhor. No entanto, quando Cristo vive em nós, essa transformação se torna algo interior, algo que muda completamente quem somos por dentro e, então, se reflete em nossas ações, palavras e na maneira como enxergamos o mundo.

Muitas vezes, procuramos Cristo em lugares externos — na sociedade, nas igrejas, nas pessoas ao nosso redor. No entanto, se não permitirmos que Ele viva dentro de nós, esses esforços podem se tornar superficiais. A verdadeira conversão não está no que fazemos ou no que vemos ao nosso redor, mas na profunda transformação que ocorre em nosso interior quando Cristo passa a ser o centro de nossas vidas. É aí que começamos a ver o mundo de maneira diferente, pois não estamos mais buscando Jesus fora, mas reconhecendo Sua presença dentro de nós.

Em vez de buscar Cristo em outros lugares, pergunte a si mesmo: Ele está vivendo em mim? Permita que Sua presença transforme seu coração e mente, e essa transformação se projetará naturalmente para o mundo ao seu redor.

# CORAÇÃO PURO

*"Cria em mim, ó Deus, um coração puro e renova dentro de mim um espírito inabalável."*
**Salmos 51:10**

**UM DEUS**
**11 JUN**

A maneira como enxergamos o mundo ao nosso redor é, muitas vezes, um reflexo direto do que carregamos em nosso coração. Quando nossa alma está leve, pura e cheia de paz, somos capazes de ver o melhor da vida, de encontrar a presença de Deus mesmo nas situações mais difíceis e de preservar a nossa fé diante dos desafios. Um coração puro nos permite cooperar com a obra de Deus, e não nos tornarmos críticos daquilo que Ele está fazendo — até nas áreas que ainda não entendemos completamente.

A oração de Davi em Salmos expressa esse desejo profundo de ter um coração renovado e um espírito firme. Ele sabia que, para viver em harmonia com Deus e com o mundo ao seu redor, precisava de uma transformação interior.

Precisamos constantemente pedir a Deus que purifique nossos corações e renove nosso espírito. É dessa pureza e renovação que brota a paz que supera o entendimento e a capacidade de enxergar o mundo com esperança.

Um coração puro nos ajuda a enxergar o bem, a encontrar paz mesmo nas provações. Ao pedir a Deus que renove nosso coração e espírito, nos tornamos capazes de viver em sintonia com Sua vontade e cooperar com Seus planos para nossa vida.

Deus abriu ____/____

Devocional 162/365

Reflexões

**FRASE DO DIA**
O SENHOR PURIFICA MEU CORAÇÃO E RENOVA MEU ESPÍRITO.

#umdeusdevocional

# CONHECIDO E AMADO POR DEUS

**UM DEUS**
**12 JUN**

*"Senhor, tu me sondas e me conheces."*
**Salmos 139:1**

**Deus abriu** ___/___

**Devocional 163/365**

**Reflexões**

_____
_____
_____
_____
_____
_____
_____
_____

**FRASE DO DIA**

**DEUS ME VÊ ALÉM DAS MINHAS LIMITAÇÕES.**

**#umdeusdevocional**

Deus conhece cada detalhe de nossa vida e nos observa com um amor profundo. Ele compreende nossas motivações, vê nossas esperanças e entende até os pensamentos que mal conseguimos expressar. Somos vistos e amados completamente, e nada em nós é desconhecido para Ele.

Em meio às dúvidas que temos sobre nossas capacidades, muitas vezes deixamos de enxergar o potencial que Deus vê. Ele conhece as forças que nem nós percebemos e entende o valor dos dons que colocou em nós. Quando enfrentamos desafios ou sentimos insegurança, podemos confiar que Ele nos vê além de nossas limitações, com um propósito maior e uma visão completa de quem somos e do que somos capazes de realizar.

Entregar nossas preocupações a Deus é reconhecer que Ele está presente em todas as áreas da nossa vida, guiando nossos passos e oferecendo Sua sabedoria. Quando Ele nos convida para algo, é porque Ele já preparou o caminho e sabe que temos o que é necessário para seguir adiante.

Lembre-se de que Deus conhece cada um de seus sonhos, fraquezas e habilidades. Permita que esse amor profundo o encoraje a caminhar com confiança, certo de que Ele está ao seu lado, conduzindo-o para cumprir o propósito que desenhou para sua vida.

# AMOR AO PRÓXIMO

> *"Meus irmãos, que adianta alguém dizer que tem fé, se não tem obras? Acaso a fé pode salvá-lo?"*
>
> **Tiago 2:14**

**UM DEUS**
**13 JUN**

Deus abriu ___/___

Devocional 164/365

Reflexões

A fé genuína não é uma questão apenas de intenção ou de desejo de agradar a Deus. Jesus nos ensinou que as duas formas de demonstrar nosso amor por Deus são a oração e o amor ao próximo. A oração nos conecta diretamente ao Pai, e o amor ao próximo nos permite viver esse amor de maneira prática e visível no mundo.

A caridade é a expressão mais poderosa desse amor. Quando nos dispomos a cuidar do outro, a amar e servir àqueles ao nosso redor, nos tornamos instrumentos nas mãos de Deus, damos forma ao Seu amor, que por vezes parece abstrato. Tornamos visível Sua misericórdia e compaixão no mundo.

Ao estender a mão ao próximo, ao cuidar dos necessitados, nos conectamos ao coração de Deus de uma maneira profunda. O mundo precisa dessa manifestação concreta do amor Divino, e podemos ser os canais através dos quais essa caridade se torna realidade.

Muitos de nós julgamos que ter caridade é apenas cuidar das carências materiais daqueles que nada ou quase nada possuem. Caridade vai muito além e abrange todos, indistintamente. Um gesto de carinho pode valer mais que um prato de comida; uma escuta paciente ser tudo que alguém precise; uma orientação, algo inestimável e transformador na vida de um jovem; um abraço, rico presente para quem viva no abandono.

Confiemos que ao amar e servir ao próximo, estamos amando e servindo ao próprio Deus e reafirmando nossa fé.

**FRASE DO DIA**

**COLOCO MINHA FÉ EM PRÁTICA AO AMAR E SERVIR AO PRÓXIMO.**

#umdeusdevocional

# DEUS É MISERICÓRDIA

**UM DEUS**

**14 JUN**

*"A sua misericórdia estende-se aos que o temem, de geração em geração."*

**Lucas 1:50**

Deus abriu ____/____

Devocional 165/365

Reflexões

_____
_____
_____
_____
_____
_____
_____
_____
_____
_____

Em meio a nossas falhas e limitações, Deus permanece misericordioso renovando Sua bondade a cada manhã. Essa misericórdia não é apenas um atributo Dele; é uma fonte constante de graça que nos envolve e nos sustenta.

Quando pensamos em misericórdia, entendemos que Deus não age conosco segundo nossos erros, mas segundo Seu coração cheio de bondade. Ele nos oferece perdão, paciência e um novo começo, até quando caímos repetidamente. Em vez de nos condenar, Deus nos estende a mão, nos convida a nos reerguer e a caminhar ao Seu lado. A misericórdia divina é um lembrete de que não estamos sozinhos em nossas lutas, pois Deus está presente, pronto para nos restaurar e nos dar força.

Essa bondade é como um abrigo que nos acolhe em nossos momentos mais frágeis. Deus nos ensina a olhar para os outros com esse mesmo olhar compassivo, aprendendo a perdoar e a estender a graça.

Agradeça pela misericórdia de Deus em sua vida. Confie que Ele está sempre pronto a perdoar e a guiar, renovando sua esperança e oferecendo paz.

**FRASE DO DIA**

AGRADEÇO A MISERICÓRDIA DE DEUS EM MINHA VIDA.

#umdeusdevocional

# ANDE COM OS SÁBIOS

*"Aquele que anda com os sábios será cada vez mais sábio, mas o companheiro dos tolos acabará mal."*

Provérbios 13:20

UM DEUS
15 JUN

As pessoas com quem escolhemos nos cercar têm um impacto profundo em nossas vidas. Quando andamos com os sábios, absorvemos sua sabedoria e crescemos com eles. Porém, se caminhamos com os tolos, corremos o risco de nos perder no caminho, arrastados pelas más influências e escolhas.

A sabedoria é mais do que conhecimento; é a capacidade de aplicar discernimento nas situações da vida. Quando buscamos a companhia de pessoas sábias, estamos nos abrindo para aprender com suas experiências, observar suas atitudes e desenvolver um caráter mais forte e fiel. Isso nos aproxima de Deus, pois a verdadeira sabedoria vem Dele. Aqueles que andam com os sábios são desafiados a crescer continuamente em moral, emoções e espírito.

Por outro lado, a companhia dos tolos nos afasta desse crescimento. Eles desprezam o aprendizado, agem por impulsos, não medem as consequências de suas ações. Escolher andar com eles nos coloca em situações de risco, tanto física quanto espiritualmente. Somos influenciados por seus comportamentos e, aos poucos, nos afastamos da sabedoria que Deus deseja para nossas vidas.

Com quem estamos caminhando. Quem são as pessoas que influenciam nossas decisões e nos moldam? Ao escolher andar com aqueles agem com sabedoria, buscamos um caminho de crescimento e amadurecimento que nos leva mais perto do propósito que Deus tem para nós.

Deus abriu ____ / ____

Devocional 166/365

Reflexões

**FRASE DO DIA**

**ESCOLHO ANDAR COM OS QUE AGEM COM SABEDORIA.**

#umdeusdevocional

# INCOMPREENSÕES

## UM DEUS
### 16 JUN

*"Se o mundo os odeia, tenham em mente que antes me odiou."*
**João 15:18**

Deus abriu ___/___

Devocional 167/365

Reflexões

_____
_____
_____
_____
_____
_____
_____
_____
_____

**FRASE DO DIA**

**BUSCO UMA VIDA DE INTEGRIDADE JUNTO A CRISTO.**

#umdeusdevocional

Quando você começa a trilhar o caminho da transformação moral e espiritual, nem todos ao seu redor vão entender ou aceitar sua jornada. O processo de conversão envolve uma mudança profunda de hábitos, pensamentos e atitudes e pode fazer com que alguns dos seus antigos amigos se afastem. Isso acontece porque o mundo muitas vezes resiste a uma alma em transformação, pois a luz que surge dentro dela começa a expor comportamentos e escolhas que muitos preferem não enfrentar.

Seguir a Cristo e buscar uma vida de integridade pode criar desconforto nas pessoas que estão acostumadas a viver de acordo com os padrões do mundo. Isso não significa que você deve julgá-las ou criticá-las, mas sim estar ciente de que a caminhada para se aproximar de Deus pode ser solitária. Algumas amizades podem não sobreviver a sua transformação que envolve deixar para trás o que não edifica e inclui relacionamentos que não ajudam a crescer espiritualmente.

Não tenha medo das incompreensões e de perder amigos no processo de mudança, pois Deus trará pessoas novas a sua vida, aquelas que caminham na mesma direção, que entendem a importância da sua jornada e que apoiarão seu crescimento.

O mundo pode se debater contra sua conversão, mas o que Deus tem reservado para você é muito maior do que qualquer aprovação humana. Sua transformação é um testemunho poderoso do que o Pai está fazendo em sua vida.

# AMBIENTES TÓXICOS

*"Não vos enganeis: as más conversações corrompem os bons costumes."*
1 Coríntios 15:33

**UM DEUS**
**17 JUN**

Deus abriu ___/___

Devocional 168/365

Reflexões

Lugares tóxicos, cheios de negatividade, críticas e valores desalinhados com o propósito de Deus, podem se tornar grandes obstáculos para nossa transformação espiritual e moral. Esses ambientes podem ser o trabalho, a escola, ou até mesmo certos círculos sociais, e, infelizmente, até alguns templos religiosos.

Esses lugares têm o poder de influenciar nossa maneira de pensar, agir e viver. Sem perceber, podemos ser contaminados pela atmosfera de desânimo, egoísmo ou superficialidade que nos cerca. Por isso, é essencial pedir a Deus que nos ajude a não nos deixar afetar por esses ambientes. Ele nos dá sabedoria para discernir e resistir às más influências.

Proteger-se não significa fugir de todos os ambientes desafiadores. Muitas vezes, não podemos simplesmente evitar esses lugares. No entanto, devemos estar conscientes da influência que eles têm sobre nós e buscar constantemente a proteção e a orientação de Deus.

Ore para que Ele fortaleça seu coração e mente e permaneça firme em sua caminhada, até em ambientes tóxicos. A oração é uma ferramenta poderosa para blindar sua alma e manter-se em paz, mesmo em meio à tempestade. Busque orientação de Deus para conduzir-se a ambientes saudáveis, propícios ao seu crescimento espiritual. Sua conversão é preciosa aos olhos Dele que está com você, guiando seus passos e fortalecendo sua fé.

**FRASE DO DIA**
**O SENHOR ME PROTEGE EM TODOS OS AMBIENTES.**

#umdeusdevocional

# A LUZ DO MUNDO

**UM DEUS**

18 JUN

> *"Eu sou a luz do mundo. Quem me segue nunca andará em trevas, mas terá a luz da vida."*
>
> João 8:12

📖 **Deus abriu** ___/___

🙏 **Devocional 169/365**

💭 **Reflexões**

_____
_____
_____
_____
_____
_____
_____
_____
_____

**FRASE DO DIA**

A LUZ DE CRISTO ILUMINA MEUS PASSOS E DECISÕES.

#umdeusdevocional

Quando o caminho à frente parece obscuro, é natural sentirmos medo ou insegurança sobre o que virá. Às vezes, o destino que imaginamos para nossas vidas parece distante, e os mistérios que cercam o futuro nos deixam desorientados. Mas é nesses momentos que precisamos nos lembrar da promessa de Jesus: Ele é a luz do mundo, e Nele jamais andaremos em trevas.

Jesus nos convida a segui-Lo, garantindo que, mesmo quando não conseguimos enxergar o próximo passo, Ele está iluminando o caminho. Embora possamos não ter todas as respostas de imediato, podemos confiar que Ele está trabalhando, clareando o que antes parecia incerto.

Não nos deixemos dominar pelas trevas da dúvida ou do medo. Jesus não só ilumina o nosso presente, mas também revela o caminho para o futuro, nos guiando com segurança. Seu amor por nós é tão grande que Ele jamais permitirá que caminhemos sozinhos nas trevas. Seu desejo é nos conduzir para uma vida plena, cheia de paz e confiança em Seu plano.

Se o futuro parece incerto ou se dúvidas preencherem sua mente, lembre-se de que Jesus é a luz que ilumina até o mais obscuro dos destinos. Ele está pronto para clarear seus passos e revelar o melhor caminho, guiando você com amor e segurança. Não há mistério que Ele não possa desvendar, e não há escuridão que Sua luz não possa dissipar.

# INSTANTE ETERNO EM CRISTO

*"E todos nós, que com a face descoberta contemplamos a glória do Senhor, segundo a sua imagem estamos sendo transformados com glória cada vez maior, a qual vem do Senhor, que é o Espírito."*
2 Coríntios 3:18

**UM DEUS**
**19 JUN / D**

A conversão é um processo marcado por fases de crescimento, renúncias e transformações que pode parecer longo aos olhos do mundo e até aos nossos. Ao passo que seguimos esse caminho, nossa vida, nossas emoções e pensamentos passam por mudanças que nem sempre são rápidas ou fáceis. No entanto, no instante em que nos abrimos para Cristo e Ele começa a habitar em nosso coração, essa transformação se torna um processo eterno e contínuo.

Cada emoção, cada pensamento renovado por Cristo é uma parte dessa construção de um novo ser humano. É como se, a cada dia, Cristo estivesse moldando algo novo dentro de nós, criando em nós um reflexo cada vez mais claro da Sua imagem. Em vez de ser um único momento no tempo, é uma experiência que se estende ao longo da vida, transformando cada parte de quem somos. O velho eu é deixado para trás e uma nova identidade em Cristo é construída, um ser humano mais pleno, mais verdadeiro e mais alinhado com o propósito divino. Portanto, permita que Cristo entre em sua vida para usufruir dessa eterna renovação.

Deus abriu ____/____

Devocional 170/365

Reflexões

**FRASE DO DIA**

RENOVO MINHA MENTE PARA DISCERNIR A VONTADE DE DEUS.

#umdeusdevocional

# MOVIMENTOS DE DEUS

**UM DEUS**

**1 20 JUN**

*"Os meus pensamentos não são os pensamentos de vocês, nem os seus caminhos são os meus caminhos, declara o Senhor."*
**Isaías 55:8**

Deus abriu ___/___

Devocional 171/365

Reflexões

_____
_____
_____
_____
_____
_____
_____
_____
_____

**FRASE DO DIA**
**PERCEBO DEUS NAS PESSOAS E SITUAÇÕES AO MEU REDOR.**

#umdeusdevocional

Quantas vezes, ao orarmos, esperamos respostas imediatas e diretas de Deus, como se estivéssemos conversando face a face com Ele, tal como os profetas faziam. Queremos um sinal claro, uma palavra audível, algo que nos diga exatamente o que fazer. No entanto, Ele está movendo os céus e a Terra em nosso favor, muitas vezes de formas silenciosas e sutis.

Em nosso imediatismo nem sempre nos damos conta de que Deus já está respondendo às nossas súplicas através de Suas obras e dos acontecimentos diários ao nosso redor. Ele pode estar operando em situações, pessoas e oportunidades que parecem comuns, mas que, na verdade, são respostas divinas para aquilo que pedimos. Seu silêncio não é inação; Ele está sempre ativo, movendo as peças da nossa vida com propósito e precisão.

Estar atento aos movimentos de Deus é fundamental para entender como Ele responde as orações. Talvez a solução que você busca não venha na forma de uma palavra direta, mas em uma porta que se abre, em uma pessoa que surge para te ajudar, ou em um problema que, de repente, se resolve de maneira inesperada.

Se você está orando por algo e sente que Deus está em silêncio, não desanime. Olhe ao redor e perceba os movimentos divinos em sua vida. Ele já está agindo para trazer a resposta que você tanto espera, talvez diferente da que você imaginava. Sua maneira de agir é sempre perfeita e se manifesta no tempo certo.

# MALEDICÊNCIAS

*"Refreia a língua do mal e os lábios de falarem dolosamente."*
**Salmos 34:13**

**UM DEUS**
**21 JUN**

Quando falamos mal de alguém caímos na armadilha de nos posicionar como juízes criticando a obra de Deus. Tiago nos alerta sobre o poder destrutivo da língua e como, ao julgar nossos irmãos, nós estamos julgando a própria lei de Deus, nos colocando em uma posição que não nos pertence. Quando criticamos, vibramos na mesma frequência daquilo que condenamos, nos afastamos da função para a qual Deus nos criou: ser instrumentos de amor, misericórdia e transformação no mundo.

Cada um de nós foi chamado para ser cocriador de um mundo mais justo e bondoso, trabalhando em parceria com Deus para trazer luz e esperança às situações e pessoas ao nosso redor. Ao nos tornarmos críticos da obra de Deus — que inclui cada ser humano, com suas falhas e lutas — estamos, de certa forma, nos "demitindo" dessa função divina. Em vez de contribuir para a construção de um mundo melhor, nos alinhamos com forças que dividem, magoam e perpetuam o sofrimento.

Falar mal de alguém não só fere o outro, mas também afeta nossa própria alma. Em vez de julgar e criticar, somos chamados a ser agentes de reconciliação, bondade e compaixão. Ao invés de propagar críticas, podemos escolher palavras que edificam e curam.

Se queremos ser verdadeiros instrumentos de Deus, devemos ser vigilantes com nossas palavras, usando-as para abençoar, construir e trazer paz.

**Deus abriu** ___/___

**Devocional** 172/365

**Reflexões**

_____
_____
_____
_____
_____
_____
_____
_____
_____
_____
_____

**FRASE DO DIA**

USO MINHA PALAVRA PARA EDIFICAR, NUNCA PARA DIMINUIR.

#umdeusdevocional

# PRIVILÉGIOS

**UM DEUS**
**22 JUN**

*"Pois nem mesmo o Filho do homem veio para ser servido, mas para servir e dar a sua vida em resgate por muitos."*
**Marcos 10:45**

Deus abriu ___/___

Devocional 173/365

Reflexões

_____
_____
_____
_____
_____
_____
_____
_____
_____

**FRASE DO DIA**
DESEJO QUE MINHAS BÊNÇÃOS SEJAM LUZ PARA OS OUTROS.

#umdeusdevocional

Aqueles que possuem mais, seja em sabedoria, força, recursos ou fé, têm a responsabilidade de abençoar e apoiar aqueles que ainda estão crescendo ou que necessitam de proteção. Ser maior não é um privilégio para exaltação pessoal, mas um chamado à humildade e ao serviço. Quanto mais conquistamos, mais devemos estar dispostos a servir os outros com o que recebemos.

Se você já alcançou conquistas significativas, seja em sua vida pessoal, profissional ou espiritual, use isso como oportunidade para proteger, apoiar e abençoar aqueles que ainda precisam de suporte. Isso não significa se sentir superior ou julgar quem está ao seu redor, mas, sim reconhecer que suas vitórias podem ser uma ferramenta nas mãos de Deus para o bem de outros.

Jesus, o maior de todos, se fez servo, lavou os pés de Seus discípulos e deu Sua vida em resgate de muitos. Ele nos mostrou que a verdadeira grandeza está em servir, não em se destacar. Façamos igual com as bênçãos e responsabilidades que nos foram confiadas, seja em sabedoria, influência, poder ou recursos para elevar e proteger aqueles ao nosso redor.

Portanto, em vez de usar suas conquistas para engrandecer a si próprio, procure seguir o exemplo de Cristo, permitindo que suas bênçãos sejam uma luz para os outros.

# O AMOR QUE NUNCA ESQUECE

**UM DEUS**
**23 JUN**

> "Pode uma mãe esquecer-se do filho que ainda mama e não ter compaixão do filho que gerou? Ainda que ela se esqueça, eu não me esquecerei de você! Eu o gravei nas palmas das minhas mãos."
> **Isaías 49:15-16**

O amor de Deus é firme, eterno e imutável. Em meio a provações e julgamentos, Sua justiça caminha lado a lado com Sua misericórdia. Ele nunca nos esquece, pois Seu amor é incomparável. A promessa que Deus nos faz através de Isaías nos lembra de que, ainda que o mundo falhe em estar presente ou o apoio pareça escasso, Deus não se esquece de nós.

A frase Quem te ama de verdade, nunca te esquece reflete essa verdade: o amor de Deus é eterno, até quando erramos ou nos distanciamos. Ele conhece nossas lutas e nossas fraquezas e, ainda assim, permanece fiel.

Às vezes, o sentimento de abandono pode parecer real, mas Deus não apenas lembra-se de nós — Ele caminha ao nosso lado. Ele não esquece Suas promessas e não deixa de nos amar. Aquele que nos ama verdadeiramente, como Deus, continua nos buscando e nos acolhendo com braços abertos.

Se hoje você se sente esquecido ou distante, lembre-se de que Deus nunca se esquece de você. Seu amor é constante e infinito, um amor que grava nosso nome em Suas próprias mãos.

**Deus abriu** ____/____

**Devocional 174/365**

**Reflexões**

---

**FRASE DO DIA**

**AINDA QUE PAREÇA DISTANTE, DEUS ESTÁ COMIGO.**

#umdeusdevocional

# FÉ MADURA

## UM DEUS
**1** 24 JUN

*"Ainda que ele me mate, nele esperarei."*
Jó 13:15

Deus abriu ___/___

Devocional 175/365

Reflexões

_____
_____
_____
_____
_____
_____
_____
_____

**FRASE DO DIA**

NADA ABALA A MINHA FÉ EM DEUS.

#umdeusdevocional

Muitas vezes, tendemos a relativizar nossa fé, confiando em Deus apenas quando Ele atende às nossas expectativas ou responde nossas orações de acordo com o que queremos. Quando a resposta demora ou parece não vir, somos tentados a questionar Sua bondade e Sua presença. No entanto, a fé verdadeira é aquela que permanece, até quando nossas expectativas infantis não são atendidas prontamente.

Ele não é um realizador de desejos menores, mas o autor de um plano eterno para nossas vidas e está comprometido com nosso bem-estar eterno, não apenas com a satisfação momentânea de nossos anseios. Muitas vezes, não compreendemos Suas respostas porque estamos focados nas nossas circunstâncias imediatas, enquanto Deus está trabalhando em um plano maior, que envolve nossa santificação e crescimento espiritual.

A fé madura é aquela que reconhece que Deus sempre está agindo para o nosso bem. Ela não é abalada por circunstâncias difíceis, mas se fortalece, sabendo que Ele está no controle.

Esteja preparado para confiar mesmo quando as respostas parecem distantes. Deus conhece cada detalhe da sua vida e está usando até os momentos de silêncio para moldar o seu coração. Confie no plano perfeito do Senhor, sabendo que Ele nunca erra e sempre age para o seu bem.

# JESUS CHAMA OS IMPERFEITOS

*"Então Jesus disse a Simão: Não tenha medo; de agora em diante você será pescador de homens. Eles então arrastaram seus barcos para a praia, deixaram tudo e o seguiram."*
Lucas 5:10-11

**UM DEUS**
**25 JUN**

Deus abriu ____/____

Devocional 176/365

Reflexões

Em Lucas 5:1-11, vemos o chamado de Jesus a Simão Pedro e a outros pescadores comuns. Ele não buscou doutores da Lei, eruditos ou pessoas com vidas perfeitas para serem seus seguidores e multiplicarem Sua mensagem de transformação. Escolheu pessoas normais, com trabalhos comuns, com histórias de fracassos, limitações e passados complicados. A escolha de Jesus lembra-nos de que Ele não está à procura de perfeição, mas de corações dispostos a recomeçar e a segui-Lo.

Pedro, um simples pescador, tinha acabado de viver uma noite frustrante, sem sucesso em sua pesca. Mas foi nesse momento de desânimo e aparente fracasso que Jesus o encontrou e o chamou para algo maior. Jesus viu além das falhas e do passado de Pedro, reconhecendo nele o potencial para algo novo. Ele não se importou com o que Pedro tinha ou não feito antes, mas com sua disposição de confiar em Sua palavra e começar de novo.

Igual verdade se aplica a nós. Jesus não procura quem tenha tudo resolvido ou quem nunca falhou. Ele busca pessoas prontas para deixar para trás o que foram e seguir um novo caminho com Ele. Convida-nos para sermos parte de Sua obra, para transformar o mundo com a mensagem do Evangelho.

Deus não vê o seu passado como uma barreira para o seu futuro. Ele vê o seu coração, sua disposição de recomeçar e a sua prontidão para ser moldado por Ele, independente das falhas e imperfeições que carregue.

**FRASE DO DIA**

AGIR NA OBRA DE DEUS INDEPENDE DE MINHA IMPERFEIÇÃO.

#umdeusdevocional

# SOMOS TEMPLOS

## UM DEUS
## 1D
### 26 JUN

> "Vocês não sabem que são santuário de Deus e que o Espírito de Deus habita em vocês?"
> 1 Coríntios 3:16

 Deus abriu ___/___

 Devocional 177/365

 Reflexões

_____
_____
_____
_____
_____
_____
_____
_____

### FRASE DO DIA
SOU O ESPAÇO SAGRADO HABITADO POR DEUS.

#umdeusdevocional

Somos templos do Espírito de Deus. Isso significa que não somos apenas corpos físicos, mas lugares sagrados onde o próprio Deus habita. Nosso corpo, mente e coração são espaços escolhidos e santificados para a presença de Deus. Por essa razão, devemos tratar nosso ser com a reverência e o cuidado que um templo sagrado merece.

Muitas vezes, permitimos que as preocupações e angústias dos outros, assim como o peso de emoções negativas, sejam despejados em nosso coração e mente. Porém, quando compreendemos que somos templos de Deus, percebemos que não podemos permitir que nosso coração se torne um depósito para os restos emocionais dos outros. Em vez de acolher ressentimentos, amarguras e negatividade, devemos proteger a nossa saúde mental e espiritual.

Tratar seu corpo e sua mente como templos sagrados é mais do que cuidar da saúde física ou emocional — é um ato de respeito pela presença de Deus em sua vida. Isso envolve ser cuidadoso com o que você permite entrar em seu coração, seja através de palavras, comportamentos ou influências externas. Quando reconhecemos que somos templos, aprendemos a valorizar mais o silêncio interior, a oração, a paz, e a rejeitar o que destrói essa harmonia.

Proteja o templo que você é, cultive o que é bom e puro, e não permita que nada contamine o espaço sagrado que Deus preparou para Sua presença.

# A FORÇA DO PERDÃO

> "E quando estiverem orando, se tiverem alguma coisa contra alguém, perdoem-no, para que também o Pai celestial lhes perdoe os seus pecados."
>
> **Marcos 11:25**

**UM DEUS**
**27 JUN**

Deus abriu ___/___

Devocional 178/365

Reflexões

Jesus nos ensina que o perdão é fundamental para a nossa caminhada espiritual. Ao nos colocarmos em oração, devemos antes olhar para dentro de nós mesmos e refletir sobre as mágoas que guardamos em nosso coração. Se houver algo que ainda carregamos contra alguém, devemos liberá-lo através do perdão. O ato de perdoar não é apenas um gesto para o bem do outro, mas também um caminho para nosso próprio bem, pois libera nosso coração para que possamos receber o perdão de Deus.

O perdão é essencial para a nossa vida espiritual e emocional. Quando não perdoamos, permitimos que o ressentimento e a mágoa envenenem nosso coração, atrapalhando nossa comunhão com Deus e com os outros. É um peso que nos impede de avançar espiritualmente e de viver plenamente o amor de Deus em nossa vida.

Perdoar nos liberta e abre as portas para que Deus também perdoe nossas falhas e erros. Assim imitamos Cristo, que nos perdoou incondicionalmente.

Em cada oração, lembre-se de que o perdão é uma ponte de cura — tanto para você quanto para aqueles que o ofenderam. O perdão não é fácil, mas é uma parte essencial do nosso relacionamento com Deus e com os outros.

**FRASE DO DIA**

**PERMITO QUE O PERDÃO LIBERE MEU CORAÇÃO DE TODO FARDO.**

#umdeusdevocional

# SER CONSOLADO

**UM DEUS**

**28 JUN**

> *"Bem-aventurados os que choram, pois serão consolados."*
> **Mateus 5:4**

Deus abriu ____/____

Devocional 179/365

Reflexões

_____
_____
_____
_____
_____
_____
_____
_____
_____

**FRASE DO DIA**
O SENHOR ME CONFORTA NAS MINHAS DORES E AFLIÇÕES.

#umdeusdevocional

As palavras de Jesus no Sermão do Monte nos trazem uma promessa poderosa: aqueles que choram serão consolados. Essa declaração pode parecer contraditória à primeira vista, pois associamos o choro com a dor e o sofrimento. No entanto, Jesus nos mostra que, em meio às nossas lágrimas e momentos de aflição, há uma promessa de conforto e esperança.

Quando enfrentamos lutas, perdas e momentos de desânimo, é natural que nos sintamos sobrecarregados pelas emoções. Contudo, Deus vê cada lágrima, conhece a dor que carregamos e nos oferece um consolo profundo, que transforma o coração, traz cura para a alma e esperança para o futuro.

Chorar é um ato de entrega, reconhecendo nossa dependência de Deus. Em nossos momentos de maior vulnerabilidade, quando as palavras parecem falhar, Deus está presente, pronto para nos envolver com Seu amor e nos confortar. Ele promete que a dor não é o fim da história, e que há um consolo divino reservado para aqueles que confiam Nele.

Permita que Deus seja o seu consolo hoje. Ele está pronto para carregar as suas cargas e enxugar suas lágrimas, mostrando que, em Cristo, sempre há um novo recomeço. Confie nessa promessa e descanse no amor de Deus.

# JUSTIÇA DIVINA

*"Bem-aventurados os que têm fome e sede de justiça, pois serão satisfeitos."*

**Mateus 5:6**

**UM DEUS**

**29 JUN**

Deus abriu ____/____

Devocional 180/365

Reflexões

Na época de Jesus, o conceito de fazer justiça estava intimamente ligado à caridade e ao amparo aos necessitados. Para os judeus, significava, em grande parte, apoiar aqueles que não tinham recursos, praticando atos de bondade e misericórdia. Essa interpretação vai além de um senso de justiça punitiva ou legalista, apontando para uma responsabilidade social e comunitária, em que fazer o bem e ajudar os outros era visto como uma maneira de agir de forma justa diante de Deus.

Aqueles que têm sede de justiça são aqueles que desejam ver o Reino de Deus em ação, onde o bem é feito, os oprimidos são defendidos, e os que passam necessidade são amparados.

Não é aquela que trata de retribuição ou vingança, mas de um compromisso em fazer o que é certo aos olhos de Deus, especialmente em relação ao cuidado com os outros. É esse desejo de ver o bem triunfar, de ajudar o próximo, que Jesus promete saciar.

A justiça que Ele valoriza é a que se manifesta em ações de bondade, em compaixão pelos necessitados e em viver uma vida que reflete o amor de Deus.

Se você sente essa sede, continue a buscar a justiça que se alinha ao coração de Deus, ajudando os que precisam, promovendo o bem e confiando que o Pai está agindo através de você para trazer transformação ao mundo.

**FRASE DO DIA**

**BUSCO AMPARAR O OPRIMIDO E DEFENDER OS NECESSITADOS.**

#umdeusdevocional

# ORAÇÃO E LOUVOR

**UM DEUS**

**30 JUN**

> *"Há alguém entre vocês que está sofrendo? Que ele ore. Há alguém que se sente feliz? Que ele cante louvores."*
>
> Tiago 5:13

Deus abriu ____ / ____

Devocional 181/365

Reflexões

_____
_____
_____
_____
_____
_____
_____
_____
_____

**FRASE DO DIA**

BENDITO SEJA DEUS EM MINHA DOR OU ALEGRIA.

#umdeusdevocional

A vida é composta por momentos de dor e momentos de alegria, e Tiago nos dá uma orientação clara sobre como devemos responder em ambos os casos. Quando enfrentamos sofrimento, nossa primeira reação deve ser orar. A oração é um caminho de conexão direta com Deus, uma forma de entregarmos nossas dores e preocupações ao único que pode trazer consolo, sabedoria e força para superar as adversidades.

Por outro lado, quando nos sentimos felizes somos chamados a cantar louvores. A alegria que experimentamos na vida também é um dom de Deus, e o louvor é a nossa maneira de reconhecer e agradecer pelas Suas bênçãos. Cantar louvores é uma expressão de gratidão e uma forma de manter nosso coração alinhado com a bondade e a graça de Deus. É um lembrete de que todas as coisas boas vêm Dele.

Essas orientações nos ensinam a reconhecer Deus em todas as fases da vida. Quando estamos sofrendo, não somos chamados a enfrentar as dificuldades, sozinhos, mas a recorrer a Deus em oração. Quando estamos felizes, não devemos tomar a alegria como garantida, mas sim celebrar a bondade Dele através de louvores, pois o Senhor está conosco tanto nos momentos difíceis quanto nos momentos de alegria.

JULHO

@umdeusdevocional

"Pois somos cooperadores de Deus."
1 Coríntios 3:9

07

# A Minha Fé que Enfrenta Tempestades

# BEM-AVENTURANÇAS

> "Alegrem-se e regozijem-se, porque grande é a sua recompensa nos céus, pois da mesma forma perseguiram os profetas que viveram antes de vocês."
>
> Mateus 5:12

**UM DEUS**

**01 JUL**

Jesus, no Sermão do Monte nos trouxe as bem-aventuranças e, revelou-nos que a verdadeira felicidade e bênção estão reservadas para aqueles que são puros de coração. Esses são os que seguem os ensinamentos divinos, cumprindo-os para si e para os outros. Isso não significa apenas ausência de pecado, mas a uma disposição interior dedicada a Deus, livre de malícia, egoísmo e duplicidade. É uma vida com intenções sinceras e um coração voltado para a verdade e a bondade, disposto a suportar com serenidade as agruras e oposições por causa do nome do Senhor.

As bem-aventuranças alcançam aqueles que vivem com autenticidade e transparência diante de Deus e dos outros, enxergam além do superficial e veem a mão de Deus guiando todas as circunstâncias da vida.

O próprio Deus promete que os puros de coração "verão a Deus". Essa visão de Deus não é apenas reservada para a eternidade, mas começa agora, em nossa vida diária.

Essa virtude não é algo que podemos alcançar sozinhos; ela vem de uma vida de busca constante pelo Senhor, pedindo a Ele que purifique nossas intenções e nos ajude a viver de maneira íntegra. É um processo de santificação em que, pouco a pouco, nosso interior vai sendo transformado pela graça de Deus.

Para ver a Deus de maneira mais clara, experimentar Sua presença e ser digno de Suas bem-aventuranças, peça a Ele que purifique seu coração. Que Suas mãos moldem seu interior, tornando-o cada vez mais semelhante ao coração de Cristo, cheio de amor, verdade e retidão.

**Deus abriu** ____/____

**Devocional** 182/365

**Reflexões**

---

**FRASE DO DIA**

**SENHOR, QUE EU POSSA SENTIR SUA PRESENÇA.**

#umdeusdevocional

# AMOR QUE FORTALECE

**UM DEUS**
**02 JUL**

> *"Cada um cuide, não somente dos seus interesses, mas também dos interesses dos outros."*
>
> **Filipenses 2:4**

Deus abriu ____/____

Devocional 183/365

Reflexões

_____
_____
_____
_____
_____
_____
_____
_____
_____
_____

**FRASE DO DIA**

**COMPARTILHO AS CARGAS DO PRÓXIMO EM NOME DE CRISTO.**

#umdeusdevocional

A jornada cristã nos chama a olhar além de nossas próprias necessidades e a perceber aqueles que caminham ao nosso lado, especialmente os que enfrentam desafios e lutas. Devemos nos envolver ativamente, ajudando e inspirando com um amor que vai além do superficial. Esse apoio requer um olhar atento e um coração disposto a participar da caminhada de quem precisa de força e encorajamento.

Sustentar o próximo é um ato intencional de amor e compaixão. Muitas vezes, isso implica renunciar ao conforto pessoal para estar presente nas dores e dificuldades alheias. Esse amor não se limita a ouvir; ele se traduz em gestos práticos, em estender a mão e em ajudar o outro a crescer e a encontrar paz. Ao cuidar do próximo dessa maneira, nos tornamos instrumentos de Deus, levando ânimo e esperança onde há fraqueza.

Cristo é o exemplo supremo desse amor. Ele não apenas suportou nossas fraquezas; Ele carregou nossos fardos, sem buscar Sua própria satisfação. Ao seguir Seus passos, aprendemos a amar sem esperar nada em troca, a oferecer apoio com humildade e a estar presente mesmo quando isso exige sacrifício.

Hoje, pergunte-se como você pode auxiliar aqueles que Deus colocou em sua vida. Ao compartilhar as cargas, nos tornamos canais do amor de Cristo e descobrimos que esse cuidado transforma tanto quem ajuda quanto quem é ajudado.

# PERSEGUIÇÕES

*"De fato, todos os que desejam viver piedosamente em Cristo Jesus serão perseguidos."*
2 Timóteo 3:12

**UM DEUS**
**03 JUL**

Quase todos que escolhem viver de acordo com os princípios de Cristo, em integridade e devoção, enfrentarão oposição. Ser seguidor de Cristo implica mais do que bênçãos e conforto. Viver uma vida piedosa pode atrair incompreensão, críticas e, às vezes, perseguição. Isso pode vir em formas sutis, como rejeição social ou profissional, ou em situações mais extremas, como perseguições severas pela fé.

A mensagem de Paulo nos desafia a refletir sobre o que significa ser fiel a Cristo em um mundo que, muitas vezes, está em desacordo com os valores do Reino de Deus. Em vez de viver de acordo com as expectativas do mundo, somos chamados a viver segundo os princípios de Deus, ainda que isso nos coloque em conflito com os outros. Jesus também enfrentou rejeição e sofrimento por causa da verdade.

Ser perseguido por viver de acordo com a vontade de Deus é um sinal de que estamos firmes em nossa fé. Isso nos convida a perseverar, confiando que Deus vê nossa fidelidade e nos sustenta em meio às dificuldades. Jesus prometeu estar conosco em todos os momentos, fortalecendo-nos quando o caminho se torna difícil.

Enfrentar oposição ou incompreensão por causa de sua fé faz parte da caminhada com Cristo. Mantenha-se firme, sabendo que Deus honra aqueles que permanecem fiéis. A recompensa eterna supera qualquer sofrimento temporário, e a presença de Deus é nossa força em todas as circunstâncias.

**Deus abriu** ___/___

**Devocional** 184/365

**Reflexões**

**FRASE DO DIA**
**ENFRENTO AS OPOSIÇÕES COM FÉ INABALÁVEL.**

#umdeusdevocional

# CONVERSAS INÚTEIS

**UM DEUS**
**04 JUL**

> "Evite as conversas inúteis e profanas, pois os que se entregam a elas se tornarão cada vez mais ímpios."
>
> **2 Timóteo 2:16**

  Deus abriu ____/____

  Devocional 185/365

  Reflexões

_____
_____
_____
_____
_____
_____
_____
_____
_____

**FRASE DO DIA**
INCENTIVO A BOA CONVERSAÇÃO AO MEU REDOR.

#umdeusdevocional

Em sua carta a Timóteo, Paulo nos dá uma instrução clara e relevante: evitar conversas inúteis e profanas, que não apenas consomem nosso tempo e energia, mas também têm o poder de nos desviar do foco em Deus e em nosso crescimento espiritual. Paulo sabia que palavras sem valor, maledicências ou discussões desnecessárias não trazem edificação, mas, contaminam o coração e a mente, levando-nos para longe dos princípios de Cristo.

Conversas vazias de propósito ou carregadas de negatividade, reclamações e maledicências podem influenciar nossa maneira de pensar e agir. Quando permitimos que palavras inúteis ou profanas dominem nossas interações, estamos abrindo espaço para que nossa fé seja enfraquecida e nossa moral corroída.

Em vez disso, falemos o que edifica, o que traz vida e esperança, o que reflete Cristo. As palavras têm poder para edificar ou para destruir e como cristãos, devemos ser diligentes em usar nossas palavras de maneira que glorifiquem a Deus e fortaleçam os outros.

Seja vigilante com as palavras que você fala e com as conversas em que participa. Em um mundo cheio de distrações e negatividade, escolha falar com sabedoria, graça e propósito. Deixe suas palavras refletirem o amor e a verdade de Deus, sempre trazendo edificação para aqueles ao seu redor.

# COOPERAR COM CRISTO

*"Pois somos cooperadores de Deus."*
1 Coríntios 3:9

**UM DEUS**
**05 JUL**

Deus abriu ____/____

Devocional 186/365

Reflexões

Somos chamados a colaborar na obra divina, como parceiros de Cristo, servindo como instrumentos para cumprir Seus propósitos na Terra. Ele, em Sua graça, nos convida a participar ativamente no cuidado do próximo, na transformação de corações e na propagação do amor. No entanto, muitos de nós podemos nos sentir inadequados para tamanha tarefa. O medo e a sensação de insuficiência pode nos paralisar, fazendo-nos acreditar que não somos dignos de ser usados por Deus.

Às vezes, imaginamos que, por nossos deslizes, estamos inabilitados para cooperar com o que é divino. Mas isso está longe da verdade. Cristo não escolhe pessoas perfeitas; Ele escolhe corações dispostos. O maior erro que podemos cometer é acreditar que nossas imperfeições nos desqualificam para o serviço ao Reino. Pelo contrário, é justamente em nossa vulnerabilidade que Ele revela Sua força.

Deus não busca perfeição em nós, mas disposição. Oportunidades de colaborar com Seu plano estão à nossa frente todos os dias, desde o simples ato de ajudar alguém, até iniciativas maiores que requerem fé e coragem.

Você foi chamado para cooperar, independentemente de suas falhas. Se hoje você se sente incapaz ou insuficiente, apenas entregue seu coração e confie que Ele pode e vai usar os dons que lhe concedeu para abençoar o mundo ao seu redor.

**FRASE DO DIA**
**COOPERO COM MEUS DONS PARA A OBRA DIVINA.**

#umdeusdevocional

# REAVIVA O DOM DE DEUS

**UM DEUS**

**06 JUL**

> "Por essa razão, torno a lembrá-lo de que mantenha viva a chama do dom de Deus que está em você mediante a imposição das minhas mãos."
>
> **2 Timóteo 1:6**

Deus abriu ____/____

Devocional 187/365

Reflexões

_____
_____
_____
_____
_____
_____
_____
_____
_____

**FRASE DO DIA**

AGRADEÇO AO SENHOR PELOS DONS QUE ME CONCEDEU.

#umdeusdevocional

Em sua segunda carta a Timóteo, Paulo oferece um conselho atemporal: que reavivemos o dom de Deus em nós. Isso significa trazer à tona e manter viva a chama dos talentos, dons espirituais e convites que Deus depositou em nosso coração. Às vezes, ao longo da jornada, podemos deixar essa chama enfraquecer por causa do medo, das adversidades ou da simples rotina da vida. No entanto, Paulo nos desafia a reacender esse fogo interior, pois ele é fundamental para a obra que Deus nos chamou a realizar.

Cada um de nós recebeu dons únicos que foram dados para servir ao próximo e glorificar a Deus. No entanto, com o passar do tempo, podemos permitir que as incertezas e o desânimo apaguem essa chama. Seja por circunstâncias externas ou por falta de confiança, é fácil esquecer o potencial que carregamos dentro de nós. Paulo, porém, nos encoraja a não deixar que isso aconteça.

Manter viva a chama significa alimentar os dons que Deus colocou em você. Sua vida e seus dons têm um propósito maior, e reavivar a chama do dom que Deus lhe deu é parte essencial dessa jornada.

Reacenda o fogo interior, busque o propósito de Deus e permita que Sua luz brilhe através dos dons que Ele confiou a você.

# A CONFIANÇA NA ESPERA

> "Descanse no Senhor e aguarde por ele com paciência; não se aborreça com o sucesso dos outros, nem com aqueles que maquinam o mal."
>
> **Salmos 37:7**

**UM DEUS**
**07 JUL**

📖 Deus abriu ____/____

🙏 Devocional 188/365

🧠 Reflexões

A espera nos desafia a confiar em Deus de uma forma única. Muitas vezes, queremos respostas imediatas e soluções rápidas, mas Deus nos ensina a importância de um coração paciente. A espera, nas mãos de Deus, se torna um tempo de transformação. Ela nos convida a aprofundar nossa fé e a aprender a depender totalmente Dele, sabendo que Sua visão é mais ampla do que a nossa.

Esse período de espera é, na verdade, uma oportunidade de construção interior. Deus usa esses momentos para fortalecer nossa esperança e moldar nosso caráter. Ele nos ensina que a espera é um tempo de crescimento, onde somos preparados para receber Suas bênçãos no tempo certo. Ao confiar nesse processo, permitimos que Deus opere de forma mais plena em nossas vidas, revelando-nos Sua sabedoria e propósito.

Lembre-se de que, enquanto você espera, Deus está trabalhando nos detalhes, guiando os passos e abrindo caminhos que ainda não podemos ver. Ele nos chama a viver com uma fé tranquila e confiante, sabendo que tudo se alinha ao Seu plano.

Permita que Deus renove sua esperança. Respire fundo e confie. Ele está guiando cada passo, e no momento certo, trará o melhor. O tempo de Deus é perfeito e digno de nossa paciência.

**FRASE DO DIA**

**RENOVO MINHA ESPERANÇA NO TEMPO PERFEITO DE DEUS.**

#umdeusdevocional

# ROCHA E FORTALEZA

**UM DEUS**

**08 JUL**

> "O Senhor é a minha rocha, a minha fortaleza e o meu libertador; o meu Deus é o meu rochedo, em quem me refugio. Ele é o meu escudo e o poder da minha salvação, a minha torre segura."
>
> Salmos 18:2

Deus abriu ___/___

Devocional 189/365

Reflexões

_____
_____
_____
_____
_____
_____
_____
_____
_____
_____

**FRASE DO DIA**

DEUS É A MINHA ROCHA E NELE JAMAIS SOFREREI ABALOS.

#umdeusdevocional

Em tempos de incerteza e tribulação, Davi nos lembra, no Salmo 18 que Deus é a nossa rocha e fortaleza. Ele é o refúgio seguro, o lugar onde podemos nos esconder quando as tempestades da vida tentam nos abater. Quando tudo ao nosso redor parece instável, Deus permanece firme, imutável e constante. Ele é o único em quem podemos verdadeiramente confiar, porque Ele é a fonte de nossa salvação e segurança.

Davi descreve o Senhor como sua rocha, escudo e torre segura. Esses termos não foram escolhidos ao acaso. A rocha representa estabilidade, um alicerce inabalável em meio aos ventos da vida. O escudo simboliza proteção contra os ataques que enfrentamos, enquanto a torre segura evoca a imagem de um abrigo elevado e seguro, fora do alcance do perigo. Essas metáforas pintam um retrato de Deus como um defensor inquebrável, alguém em quem podemos confiar plenamente.

Ao longo da nossa caminhada, enfrentamos situações que nos fazem sentir vulneráveis e expostos. No entanto, Deus é a nossa fortaleza. Ele nos protege das ameaças externas, mas também nos fortalece internamente.

O Senhor é sua rocha e fortaleza. Não importa o que você esteja enfrentando, Ele é o seu refúgio e libertador. Corra para Ele, encontre descanso em Sua presença e confie que Ele nunca falhará em ser o seu escudo e defesa.

# DÚVIDAS DO MUNDO

*"Quando ouviram que Jesus estava vivo e fora visto por ela, não creram."*

**Marcos 16:11**

## UM DEUS
### 09 JUL

Maria Madalena compartilhou a notícia de que Jesus estava vivo, mas aqueles que a ouviram duvidaram. Apesar da magnitude do milagre, não acreditaram. Da mesma forma, na sua caminhada de transformação espiritual, haverá momentos em que as pessoas ao seu redor poderão duvidar do seu crescimento e das mudanças que Deus está operando em sua vida. Eles podem não compreender ou acreditar na nova pessoa que você está se tornando, pois estão acostumados a ver apenas a versão antiga de você.

Assim como muitos duvidaram da ressurreição de Cristo, podem duvidar da sua transformação. No entanto, a verdadeira mudança não precisa da aprovação ou do entendimento dos outros. O que importa é o que Deus está fazendo em seu interior, e a profundidade da obra que Ele está realizando.

Ainda que os outros não percebam ou não acreditem no que está acontecendo, isso não muda a realidade do que Deus está fazendo em você. Continue a caminhar firme, mesmo em meio à descrença alheia. Não permita que a dúvida dos outros abale sua fé ou sua nova rotina espiritual. O mais importante é que Deus acredita em você e está ao seu lado em cada passo dessa jornada.

**Deus abriu** ___/___

**Devocional** 190/365

**Reflexões**

### FRASE DO DIA
DECLARO AO MUNDO A MINHA INABALÁVEL FÉ EM DEUS.

#umdeusdevocional

# SUA ORAÇÃO FOI OUVIDA

**UM DEUS**

**10 JUL**

*"O anjo, porém, lhe disse: Não tenha medo, Zacarias, pois a sua oração foi ouvida."*
**Lucas 1:13**

Deus abriu ____/____

Devocional 191/365

Reflexões

_____
_____
_____
_____
_____
_____
_____
_____

**FRASE DO DIA**

**MINHAS ORAÇÕES SÃO OUVIDAS POR DEUS NO TEMPO CERTO.**

#umdeusdevocional

Zacarias, um homem justo e devoto, havia orado durante muitos anos por um filho. No entanto, com o passar do tempo, suas esperanças diminuíram e o medo de que suas orações não fossem atendidas cresceu. Mas em Lucas 1:13, o anjo de Deus o encontra no templo e lhe traz uma mensagem poderosa: "Sua oração foi ouvida".

Talvez você também esteja esperando há muito tempo por uma resposta de Deus. E o silêncio tenha feito você questionar se suas orações estão sendo ouvidas ou se Deus se esqueceu de você. Mas assim como Zacarias, você não deve desistir nem se deixar dominar pelo medo. Deus ouve cada oração, e a resposta sempre vem no momento certo.

O tempo de Deus não segue o nosso cronograma, mas Ele sempre age com precisão. Muitas vezes, Ele trabalha nos bastidores, preparando circunstâncias, moldando corações e criando as condições perfeitas para que Sua resposta seja revelada. Ele conhece o desejo do seu coração e, mais importante ainda, conhece o que é melhor para você.

Portanto, não se desespere ou perca a fé. Continue orando, confiando e esperando e no tempo certo, sua oração será ouvida.

# LIDAR COM EMOÇÕES

*"Alegrem-se com os que se alegram; chorem com os que choram."*
**Romanos 12:15**

**UM DEUS**
**1D**
**11 JUL**

Somos seres profundamente emocionais, movidos por sentimentos que muitas vezes nos conduzem para o bem ou para o mal. Nossas emoções são parte fundamental de quem somos, mas podem nos confundir e, em muitos momentos, nos afastar do propósito que Deus tem para nossas vidas. Quando nos deixamos guiar apenas por nossos sentimentos, corremos o risco de tomar decisões baseadas em medo, ansiedade, raiva ou tristeza, em vez de nos ancorarmos na sabedoria e direção de Deus.

Em momentos de dificuldade, quando a vida parece sem sentido ou quando não conseguimos enxergar uma solução, nossa tendência é buscar respostas por conta própria. O caminho de paz e sabedoria está em entregar nossa confiança total ao Senhor, e não depender do que achamos ou sentimos.

Deus vê além do que podemos ver. Ele conhece o propósito de cada situação, até quando ela parece sem solução ou confusa para nós. A fé é convite a confiar em Deus de maneira completa, entregando-Lhe nossos medos, dúvidas e preocupações.

Não se apoie, portanto, em suas próprias emoções que são instáveis, mas confie no Senhor, que é constante e fiel. Ele sabe o que é melhor para você, e Sua sabedoria é infinitamente maior que qualquer compreensão humana.

**Deus abriu** ____/____

**Devocional** 192/365

**Reflexões**

**FRASE DO DIA**

**MINHAS EMOÇÕES SÃO GUIADAS PELA SABEDORIA DIVINA.**

#umdeusdevocional

# SEGURANÇA MATERIAL

## UM DEUS
**12 JUL**

> *"Então você devia ter confiado o meu dinheiro aos banqueiros, para que, quando eu voltasse, o recebesse de volta com juros."*
>
> **Mateus 25:27**

**Deus abriu** ___/___

**Devocional** 193/365

**Reflexões**

_____
_____
_____
_____
_____
_____
_____
_____
_____

### FRASE DO DIA
**CREIO NA PAZ DIVINA QUE SUPERA A SEGURANÇA MATERIAL.**

#umdeusdevocional

A parábola dos talentos que Jesus contou traz inúmeros ensinamentos. E um deles é literal – como administrar o dinheiro e os bens materiais sob nossa responsabilidade, seja o nosso ou de outro.

Acontece que nossa confiança, frequentemente, é colocada nas coisas materiais, na segurança temporária que construímos ao nosso redor. No entanto, essas garantias são instáveis, e em algum momento podem falhar. A verdadeira segurança vem de saber que Deus está conosco, independentemente das circunstâncias, nos lembrando de que a riqueza material ou o sucesso terreno nunca poderão substituir a paz que Ele oferece. Ele nos chama a viver contentes com o que temos, porque Sua presença é tudo de que precisamos.

Quando você se sentir em dificuldades materiais, sem saber como enfrentar os desafios, lembre-se de que Deus prometeu nunca nos abandonar. Sua presença é constante, fiel e poderosa. Ele mostrará maneiras de resolver essas dificuldades sem que você caia na tentação de soluções perigosas ditadas pela ganância ou ilusão de riqueza fácil. Tudo no momento certo. Mais uma vez perceba que você nunca está caminhando sozinho, pois o Senhor está com você, segurando sua mão, guiando seus passos e proporcionando o que é necessário para cada fase da vida.

# O DEUS DE TODA HORA

*"Deus é o nosso refúgio e a nossa fortaleza, auxílio sempre presente na adversidade."*

**Salmos 46:1**

**UM DEUS**

**13 JUL**

Deus está conosco em todos os momentos, seja em tempos de calmaria ou em meio às maiores tempestades. Ele não é um Deus distante, que só se faz presente quando tudo vai bem. Pelo contrário, é exatamente nos momentos de maior fraqueza e desânimo que Sua presença se torna mais evidente, mostrando que Ele é o Deus de toda hora, aquele que nunca nos abandona.

A promessa de Deus como nosso refúgio é um lembrete poderoso de que, independente do que enfrentamos, Ele está ao nosso lado. Quando a vida parece incerta ou difícil, Deus não é apenas um observador; é o auxílio constante, aquele em quem podemos confiar de forma absoluta. Sua força nos ampara nos dias mais sombrios, e Sua fidelidade é o alicerce que nos sustenta quando nossas próprias forças vacilam.

A presença de Deus nos ensina que Ele está conosco tanto nos dias de alegria quanto nos tempos de adversidade, quer estejamos em momentos de celebração ou em períodos de luta. Seu amor é constante, e Sua mão está sempre estendida para nos amparar e conduzir.

Nos momentos de fraqueza diante das batalhas, lembre-se de que Deus é seu refúgio e fortaleza. Ele está presente agora, pronto para lhe dar forças e caminhar ao seu lado a de toda hora, fiel em qualquer situação.

**Deus abriu** ____/____

**Devocional 194/365**

**Reflexões**

**FRASE DO DIA**

**DEUS ESTÁ PRESENTE A TODA HORA EM MINHA VIDA.**

#umdeusdevocional

# A MENSAGEM DE DEUS

**UM DEUS**

**14 JUL**

*"Guardei no coração a tua palavra para não pecar contra ti."*
**Salmos 119:11**

 Deus abriu ___/___

 Devocional 195/365

 Reflexões

_____
_____
_____
_____
_____
_____
_____
_____

**FRASE DO DIA**

GUARDAR A PALAVRA DE DEUS TRAZ BÊNÇÃOS À MINHA VIDA.

#umdeusdevocional

Para garantir que Deus viva em nosso coração, é essencial guardar Sua mensagem dentro de nós. Ao mantermos os ensinamentos de Deus profundamente enraizados em nosso coração, somos guiados e protegidos por Ele. Sua mensagem não apenas nos orienta, mas nos transforma, moldando nossas atitudes e pensamentos de acordo com os ensinamentos de Cristo.

Guardar a mensagem de Deus é mais do que ler ou ouvir; é permitir que ela se torne a base das nossas decisões e a luz que ilumina nosso caminho. Quando vivemos com a mensagem em nosso coração, o poder de Deus habita em nós, nos dando sabedoria e fortalecendo nossa fé para resistir às tentações que podem nos afastar do Senhor.

A mensagem é o alicerce que sustenta a nossa comunhão com Deus. Ao guardá-la em nosso coração, estamos garantindo que Sua presença nos guie em todas as áreas da nossa vida. O coração que está saturado com a verdade de Deus reflete essa luz para o mundo, sendo uma fonte de esperança e direção.

Jamais abra mão do seu momento diário de meditação na mensagem de Deus. Permita que ela preencha sua mente e toque profundamente o seu coração. À medida que você se dedica a essa prática, perceberá, de forma cada vez mais intensa, o poder e a presença de Deus transformando sua vida e iluminando cada passo da sua caminhada.

# VIVER COM PROPÓSITO

> "Tenham cuidado com a sua maneira de viver: que não seja como insensatos, mas como sábios, aproveitando ao máximo cada oportunidade, porque os dias são maus."
> **Efésios 5:15-16**

**UM DEUS**
**15 JUL**

A vida pode passar em um ritmo acelerado, e muitas vezes ficamos tão preocupados em planejar o futuro ou corrigir o passado que perdemos a profundidade do presente. O salmista nos lembra da importância de viver com propósito e sabedoria, aproveitando cada dia como uma oportunidade para crescer e aprender em Deus.

Viver com propósito significa valorizar cada momento e permitir que o hoje seja parte do plano maior que Deus tem para nós. Em vez de deixarmos o tempo passar sem sentido, somos convidados a buscar uma vida intencional, onde cada ação e decisão são guiadas pela fé e pela confiança no Senhor. Deus nos ensina a viver com o coração voltado para o que realmente importa, aproveitando as oportunidades de servir e amar, um dia de cada vez.

Esse foco não significa ignorar o futuro, mas nos conscientizar de que é no presente que plantamos as sementes para uma vida abundante. Ao entregarmos nosso tempo e decisões a Deus, aprendemos a viver de forma plena e significativa, sem sermos consumidos pela pressa ou pela preocupação. Ele nos guia para uma vida que reflete Seu amor e Sua sabedoria.

Hoje, permita que Deus conduza o seu tempo e faça de cada dia uma chance de crescer espiritualmente. Viva com propósito e busque o que realmente tem valor.

**Deus abriu** ___/___

**Devocional** 196/365

**Reflexões**

_____
_____
_____
_____
_____
_____
_____
_____
_____

**FRASE DO DIA**

FAÇO DE CADA DIA UMA CHANCE DE CRESCIMENTO ESPIRITUAL.

#umdeusdevocional

# COOPERAÇÃO NO BEM

**UM DEUS**

**16 JUL**

> *"Sabemos que Deus age em todas as coisas para o bem daqueles que o amam, dos que foram chamados segundo o seu propósito."*
>
> **Romanos 8:28**

Deus abriu ____/____

Devocional 197/365

Reflexões

_____
_____
_____
_____
_____
_____
_____
_____

**FRASE DO DIA**

DEUS TRANSFORMA TODAS AS COISAS PARA O NOSSO BEM.
#umdeusdevocional

Às vezes, as circunstâncias da vida parecem confusas e até dolorosas. Podemos nos perguntar por que certas situações acontecem ou por que enfrentamos desafios que parecem injustos. No entanto, Romanos 8:28 nos dá uma promessa poderosa: Deus está agindo em todas as coisas para o bem daqueles que o amam. Ainda que não entendamos o que está acontecendo, Ele está no controle, usando cada experiência, boa ou ruim, para cumprir Seu propósito em nossa vida.

Essa promessa nos chama a confiar em Deus, até nos momentos de dificuldade. O bem que Deus promete não é sempre o que imaginamos ou desejamos de imediato, mas está sempre alinhado com Seu plano maior e perfeito para nós. Quando colocamos nossa confiança Nele, podemos descansar na certeza de que, por mais complexas que as situações sejam, elas estão cooperando para um bem maior.

Deus não desperdiça nenhuma experiência. Cada desafio, cada dor e mesmo alegria está sendo trabalhada por Ele para nos transformar, nos fortalecer e nos aproximar mais do Seu propósito para nossa vida. Quando mantemos essa perspectiva, encontramos paz e confiança, sabendo que nada está fora do controle soberano de Deus.

Em períodos de incerteza ou dor, lembre-se desta promessa. Ele transforma todas as coisas em algo que nos molda para o bem, desde que confiemos em Seu amor e em Seu plano.

# O MAIOR DE TODOS É O AMOR

*"Foi por isso que nosso Senhor determinou: O amor a Deus é o maior mandamento de todos e o segundo é semelhante a ele: amai vossos irmãos como a vós mesmos."*

Mateus 22:37-40

**UM DEUS**
**17 JUL**

Deus abriu ___/___

Devocional 198/365

Reflexões

Em meio a todas as coisas que buscamos e valorizamos na vida, há algo que se destaca como o mais poderoso e transformador: o amor. Ele é a base de tudo o que fazemos e o fundamento da nossa relação com Deus e com os outros. O amor não é apenas um sentimento, mas uma escolha e uma ação. Ele nos leva a agir com bondade, a perdoar e a cuidar dos outros, mesmo quando não é fácil.

A fé nos sustenta, e a esperança nos dá força para continuar, mas o amor é o que dá sentido a tudo. Sem amor, nossas ações se tornam vazias. Embora a fé e a esperança sejam essenciais, o amor é maior que todos eles. Ele é o reflexo mais verdadeiro do caráter de Deus e a virtude que transforma o mundo ao nosso redor.

Quando escolhemos amar, estamos seguindo o exemplo de Jesus, que nos amou de forma incondicional. Esse amor nos desafia a ir além de nós mesmos, a servir e a cuidar, ainda quando não há nada a ser recebido em troca. O amor é o que nos torna mais parecidos com Cristo e o que conecta a nossa fé e esperança à realidade do nosso dia a dia.

Se hoje você sente que algo está faltando, ou que as suas ações parecem perder o sentido, lembre-se: o amor é o que dá propósito a tudo. Quando amamos como Cristo amou, tocamos a vida das pessoas e nos tornamos agentes de transformação no mundo.

**FRASE DO DIA**

**DEUS É AMOR E NELE PERMANEÇO.**

#umdeusdevocional

# BOM ÂNIMO

## UM DEUS
### 18 JUL

> *"A ansiedade oprime o coração do homem, mas uma palavra bondosa o anima."*
> **Provérbios 12:25**

- Deus abriu ____/____
- Devocional 199/365
- Reflexões

_____
_____
_____
_____
_____
_____
_____
_____
_____

**FRASE DO DIA**

COMPARTILHO BOM ÂNIMO COM TODOS AO MEU REDOR.

#umdeusdevocional

A ansiedade é sentimento que muitos de nós enfrentamos. Ela pesa sobre nossos corações, trazendo preocupações e inquietações que parecem nos dominar. Mas a Bíblia nos lembra de que, em meio a essa opressão, uma palavra bondosa tem o poder de levantar o espírito, trazendo alívio e renovação. O impacto de uma palavra gentil pode ser transformador, mudando o curso de um dia sombrio para alguém que está lutando internamente.

Você tem o poder de espalhar essa alegria e bom ânimo por onde passar. Cada palavra que você profere, cada gesto de bondade, tem o potencial de ser um reflexo de Deus, oferecendo alívio àqueles que estão oprimidos pelo peso da vida. Sua vida é uma oportunidade de ser um canal de amor e esperança, ajudando os outros a enxergarem a bondade de Deus através da sua atitude.

Deixe que o mundo observe Deus pelo hálito de sua alma — suas palavras, suas ações, e até mesmo seu sorriso podem ser instrumentos para abençoar e fortalecer aqueles ao seu redor. Em um mundo cheio de ansiedade e desânimo, você pode ser uma fonte de luz, trazendo palavras de encorajamento que tocam o coração e despertam esperança.

Seja intencional em espalhar bondade e alegria. As suas palavras podem ser o conforto de que alguém precisa para seguir em frente. Deus usa cada um de nós para animar e fortalecer os outros, e você tem a oportunidade de ser esse instrumento nas mãos Dele.

# MANTENHA SUA PAZ

*"Se possível, naquilo que depender de vocês, vivam em paz com todos os homens."*
**Romanos 12:18**

**UM DEUS**
**19 JUL**

O mundo, muitas vezes, tenta nos desestabilizar, nos provocando e nos empurrando a reagir de maneira impulsiva. Em meio aos desafios diários, é fácil perder o equilíbrio e reagir de forma que depois nos causa arrependimento e culpa. No entanto, o chamado de Deus é para que façamos o possível para viver em paz com todos, sem permitir que as provocações nos tirem dessa paz interior.

Manter a paz não significa evitar os problemas ou deixar de se posicionar, mas sim ter controle sobre nossas emoções e responder de maneira serena. O equilíbrio que buscamos vem de uma vida de oração e vigilância. É necessário estar sempre atento para que nossa paz não seja roubada pelas circunstâncias ou pelo comportamento dos outros.

Quando você se encontrar em situações que testam sua paciência e sua paz, lembre-se de que a sua resposta não depende do que os outros fazem, mas da sua escolha de agir em conformidade com a Palavra de Deus. A paz que você carrega dentro de si é um presente de Deus, e você pode decidir mantê-la intacta, independentemente das pressões externas.

Ore diariamente para que Deus fortaleça sua mente e coração, capacitando-o a manter sua paz, mesmo diante de provocações. A vigilância constante e a comunhão com Deus são suas maiores ferramentas para enfrentar os desafios sem perder o equilíbrio.

**Deus abriu** ____/____

**Devocional** 200/365

**Reflexões**

**FRASE DO DIA**
**A PAZ DE DEUS EXCEDE A TODO ENTENDIMENTO.**

#umdeusdevocional

# O VERDADEIRO AMIGO

**UM DEUS**

**20 JUL**

*"Ninguém tem maior amor do que este: de dar alguém a sua vida pelos seus amigos."*
**João 15:13**

Deus abriu ___/___

Devocional 201/365

Reflexões

No Dia do Amigo somos lembrados da beleza da amizade como um presente divino. Jesus nos mostrou o que é ser um verdadeiro amigo, alguém que caminha conosco, que ouve, acolhe e nos ama, tolera nossas falhas. Ele é o amigo que permanece fiel, que entende nossas dores e celebra nossas alegrias.

Jesus é o exemplo perfeito de amor e lealdade, aquele que se importa genuinamente e nunca nos abandona. Em Sua amizade vemos o valor da fraternidade e do auxílio mútuo. Ele nos ensinou a importância de nos doarmos aos outros, de sermos presentes e solidários em tempos de necessidade. Quando Jesus chamou Seus discípulos de amigos, Ele ampliou o significado desse relacionamento, mostrando que a verdadeira amizade é construída no amor e na confiança.

Que neste Dia do Amigo, você possa valorizar e investir nas amizades que fazem parte da sua vida, aquelas que Deus colocou em seu caminho por escolha do coração. Seja através de uma palavra de encorajamento, um ato de generosidade ou simplesmente pela sua presença, permita que suas ações demonstrem o amor de Deus na vida dos seus amigos. Assim como Cristo, seja um amigo fiel, sustentando e abençoando aqueles que caminham ao seu lado.

**FRASE DO DIA**

**VALORIZO E ABENÇOO CADA UM DOS MEUS AMIGOS.**

#umdeusdevocional

# O MISTÉRIO DO CORAÇÃO

> *"O coração é mais enganoso que qualquer outra coisa e sua doença é incurável; quem é capaz de compreendê-lo?"*
>
> Jeremias 17:9

**UM DEUS**

**21 JUL**

Deus abriu ____/____

Devocional 202/365

Reflexões

O coração humano é um mistério profundo. Em suas profundezas residem desejos, emoções e intenções inimagináveis. O profeta Jeremias expressa essa complexidade ao nos lembrar de que o coração pode ser enganoso e difícil de entender. Nossas emoções mudam, nossos desejos podem nos confundir, e frequentemente tomamos decisões guiadas pelo que sentimos, em vez de pelo que sabemos ser verdadeiro e justo.

Essa natureza imprevisível do coração nos alerta sobre a importância de não confiarmos plenamente em nossos sentimentos ou inclinações. Com suas oscilações e impulsos, ele pode nos conduzir a caminhos que nos afastam da vontade de Deus. É por isso que a Bíblia nos exorta a entregar nosso coração ao Senhor, permitindo que Ele o molde e guie conforme a Sua verdade, em vez de confiar apenas em nossa própria percepção.

Sabemos que, por nós mesmos, somos incapazes de lidar com todas as emoções e desafios que surgem. Mas, nas mãos de Deus, o coração encontra direção e propósito. Ele é capaz de curar o que está corrompido e de nos conduzir pelos caminhos de retidão, onde o que sentimos é alinhado com Sua vontade.

Quando estiver perdido em seus próprios sentimentos ou confuso sobre o que o coração lhe diz, lembre-se de que Deus conhece cada canto dele. Entregue suas incertezas e emoções ao Senhor, que lhe trará clareza sobre o melhor caminho a tomar.

**FRASE DO DIA**

O SENHOR CONDUZ MEU CORAÇÃO.

#umdeusdevocional

# IMPULSIVIDADE

**UM DEUS**

**22 JUL**

*"Quando vocês ficarem irados, não pequem. Apazíguem a sua ira antes que o sol se ponha."*
**Efésios 4:26**

 Deus abriu ___/___

 Devocional 203/365

 Reflexões

_____
_____
_____
_____
_____
_____
_____

**FRASE DO DIA**

CONTROLO MEUS IMPULSOS, AJO COM CALMA E SABEDORIA.

#umdeusdevocional

Sentir raiva é algo natural, mas Paulo adverte em Efésios que, mesmo quando ficamos irados, não devemos agir impulsivamente. A raiva não controlada abre espaço para o mal entrar em nosso coração, nos leva a atitudes e palavras que acabam destruindo nossa paz e prejudicando os outros.

Todos nós passamos por momentos de frustração e irritação. É fácil perder o controle quando estamos irritados, mas precisamos lembrar que um segundo de descontrole pode custar nossa conquista espiritual. Não permitamos que a raiva governe nossas ações ou nos afaste do que Deus tem feito em nossas vidas. Esse sentimento é um fogo que consome tudo ao seu redor: queima relacionamentos, destrói nossa serenidade, afasta-nos da presença de Deus que nos chama a sermos vigilantes, especialmente nos momentos em que somos provocados ou injustiçados. Não é a raiva em si que é o problema, mas o que fazemos com ela. Podemos escolher canalizá-la de forma construtiva, buscando a paz e agindo com sabedoria, ou podemos permitir que ela nos domine e nos leve a um caminho de destruição.

Se hoje você está lutando contra sentimentos de raiva ou frustração, entregue isso a Deus. Ore por força para manter o controle, peça por sabedoria para lidar com as situações que surgem e não permita que a raiva tome conta do seu coração. Sua paz e sua caminhada espiritual valem muito mais do que qualquer impulso momentâneo.

# BATALHAS INTERNAS

*"De onde vêm as guerras e as brigas que há entre vocês? Não vêm das paixões que guerreiam dentro de vocês?"*
**Tiago 4:1**

**UM DEUS**
**23 JUL**

Deus abriu ____ / ____

Devocional 204/365

Reflexões

Os conflitos e as guerras que muitas vezes vemos ao nosso redor são apenas reflexos das batalhas internas que travamos diariamente. Tiago nos alerta que essas brigas e discórdias nascem das paixões desordenadas que ainda carregamos dentro de nós — desejos, invejas, orgulhos e ambições que, se não forem entregues a Deus, acabam criando conflitos externos.

Permitir que essas guerras internas governem o nosso coração é um sinal de que nossa alma convertida ainda está lutando com conflitos que não deveriam mais fazer parte da nossa vida. Quando entregamos nosso coração a Cristo, somos chamados a viver em paz, deixando para trás os desejos e ambições que alimentam discórdias. No entanto, se não vigiarmos, essas paixões podem voltar a dominar e nos levar a brigas e divisões, tanto em nossas relações com os outros quanto em nosso próprio espírito.

Uma alma em paz com Deus não alimenta guerras interiores. Ela se rende à Sua vontade, confiando que Ele sabe o que é melhor. Quando nos entregamos completamente ao Senhor, as paixões desordenadas perdem seu poder, e a paz de Deus toma conta do nosso coração. Se você sente que está travando batalhas internas que têm gerado conflitos em sua vida, é hora de entregá-las ao Senhor. Não permita que o caos interior destrua a paz que Deus deseja para sua vida. Viva em harmonia, não apenas com os outros, mas, acima de tudo, consigo mesmo e com Ele.

**FRASE DO DIA**

VIVO EM HARMONIA COMIGO, DEUS E O PRÓXIMO.

#umdeusdevocional

# DISSIPAR AS TREVAS

**UM DEUS**
**24 JUL**

> "Tu, Senhor, manténs acesa a minha lâmpada; o meu Deus transforma em luz as minhas trevas."
>
> **Salmos 18:28**

📖 Deus abriu ____/____

🙏 Devocional 205/365

💡 Reflexões

_____
_____
_____
_____
_____
_____
_____
_____

**FRASE DO DIA**
NÃO TEMO A ESCURIDÃO, JESUS É MINHA LUZ.

#umdeusdevocional

Em meio aos desafios, quando tudo parece incerto, Ele nos lembra de que Sua presença nos acompanha, transformando cada momento de angústia em uma oportunidade de renovo.

Com Cristo, o caminho se torna mais seguro, e as sombras de dúvidas e medos são dissipadas. Ele nos chama a seguir Sua luz com confiança, sabendo que tem o poder de desvelar o que antes parecia intransponível. É como uma tocha na noite: não elimina as dificuldades, mas nos capacita a enxergar e a avançar, passo a passo.

Ainda que as circunstâncias pareçam sombrias, a luz de Jesus brilha forte o suficiente para nos guiar com sabedoria. Ele não promete que a jornada será sempre fácil, mas garante que, ao Seu lado, jamais ficaremos sem direção. Assim, seguimos, certos de que Sua luz é nossa maior segurança, a força que nos permite enfrentar e vencer as trevas.

Que hoje você escolha caminhar na luz de Cristo, permitindo que ela guie cada um de seus passos e renove sua fé. Ao confiar nessa luz, você descobrirá que não há escuridão que possa resistir à presença de Deus em sua vida. Que cada momento seja uma oportunidade para sentir Sua paz, encontrar forças para os desafios e viver com a certeza de que a vitória já foi conquistada por Ele.

# A FÉ MANIFESTA NAS OBRAS

*"Ele não está longe de cada um de nós."*
Lucas 7:6-9

**UM DEUS**
**25 JUL**

**Deus abriu** ____/____

**Devocional 206/365**

**Reflexões**

Ter fé em Jesus não se resume a apenas dizer que acredita ou afirmar que é abençoado. A verdadeira fé se manifesta nas profundezas do nosso coração e em nossos pensamentos mais íntimos. É na solidão da alma que a fé se torna real, onde nossas convicções são colocadas à prova.

Jesus não busca apenas quem afirma crer Nele, mas quem, através de suas atitudes e decisões diárias, demonstra que essa fé é genuína. As obras que fazemos são reflexos da nossa conversão, mostrando que a transformação interior já começou.

Pode ser que o processo de conversão ainda esteja acontecendo, mas se suas ações apresentam essa fé em Cristo, é um sinal claro de que Ele já habita em você e está moldando seu coração.

A fé que não se expressa em atos é uma fé incompleta. Jesus nos chama para viver de forma que nossa crença seja visível, não como uma obrigação, mas como um fruto natural de uma vida entregue a Ele. Quando Cristo vive em nós, nossas obras passam a refletir o Seu amor, a Sua compaixão e a Sua verdade.

Continue firme, vivendo sua fé de maneira autêntica, sabendo que Deus está aperfeiçoando essa conversão a cada dia.

**FRASE DO DIA**

**MINHA FÉ SE TRADUZ EM AÇÕES QUE GLORIFICAM A DEUS.**

#umdeusdevocional

# ESPÍRITO ABATIDO

**UM DEUS**

**26 JUL**

*"Venham a mim todos os que estão cansados e sobrecarregados e eu darei descanso a vocês."*
**Mateus 11:28**

Deus abriu ___/___

Devocional 207/365

Reflexões

_____
_____
_____
_____
_____
_____
_____
_____
_____
_____

O Senhor se aproxima especialmente dos que estão abatidos, cansados e feridos. Ele não se afasta da nossa dor, mas nos envolve com Sua presença, oferecendo conforto e restauração.

Ter um espírito abatido, cansado, não significa fracasso, mas sim uma oportunidade de experimentar a proximidade de Deus de uma maneira mais profunda. Quando todas as nossas forças parecem esgotadas e nos sentimos incapazes de continuar, é nesse momento que o Senhor age. Ele não apenas nos observa de longe, mas Se inclina em nossa direção, trazendo cura, alívio e salvação.

Essa promessa é uma fonte de esperança para todos que atravessam dificuldades emocionais e espirituais. Deus vê cada lágrima, conhece cada angústia e oferece Seu amor incondicional para restaurar o que foi quebrado, levantar o que está abatido.

Se hoje você se sente abatido ou cansado, espiritualmente, lembre-se de que Deus está perto. Ele está pronto para curar suas feridas e renovar sua força. Permita que Ele entre em sua dor e transforme seu sofrimento em um testemunho de Sua fidelidade e amor.

**FRASE DO DIA**
**JESUS LEVANTA MEU ESPÍRITO ABATIDO.**

#umdeusdevocional

# GLÓRIA REVELADA

> "Com o fulgor da sua presença as nuvens se desfizeram, e houve granizo e raios."
> **Salmos 18:12**

**UM DEUS**
**27 JUL**

Deus abriu ___/___

Devocional 208/365

Reflexões

Até nos momentos mais escuros, onde as nuvens da vida parecem nos envolver, Deus está presente, revelando Sua força. As trevas e as tempestades não podem esconder a luz de Deus, e Ele, com Seu poder, desfaz as nuvens, trazendo luz e direção.

Quando enfrentamos desafios e momentos de caos, pode parecer que estamos envolvidos por escuridão. No entanto, Deus usa essas situações difíceis para revelar Sua glória. O granizo e os raios podem simbolizar as provações que enfrentamos, mas é através delas que a grandiosidade e o poder de Deus se manifestam de maneira ainda mais visível. Ele não apenas nos tira do caos, mas nos mostra que, em meio a ele, Sua luz e Seu poder são revelados.

Não importa o quão densas sejam as nuvens em sua vida, lembre-se de que a presença de Deus é mais forte e capaz de dissipá-las. Ele revelará Sua glória, e você verá como até nas tempestades, Ele está trabalhando para trazer luz e redenção.

Mesmo nas situações mais difíceis, confie que Deus está moldando algo extraordinário. Sua presença nunca falha, e, ainda que o cenário pareça irreversível, Ele trabalha de maneira sutil e poderosa. Use as provações como oportunidades de crescimento espiritual e lembre-se de que, ao final de toda tempestade, o brilho da glória de Deus será mais evidente do que nunca. Ele não apenas promete redenção, mas também força e transformação para sua jornada.

**FRASE DO DIA**

A GLÓRIA DE DEUS SE REVELA EM MIM ATÉ NAS DIFICULDADES.

#umdeusdevocional

# RENOVAÇÃO ESPIRITUAL

## UM DEUS
### 28 JUL

> "Arrependei-vos, pois, e convertei-vos para que os vossos pecados sejam apagados, e venham tempos de refrigério da parte do Senhor."
> **Atos 3:19**

**Deus abriu** ___/___

**Devocional 209/365**

**Reflexões**

_____
_____
_____
_____
_____
_____
_____
_____

Os primeiros seguidores de Jesus vivenciaram uma transformação profunda e corajosa. De homens comuns e hesitantes, tornaram-se proclamadores firmes do Evangelho, prontos a enfrentar qualquer adversidade por amor a Cristo. Esse momento de renovação trouxe-lhes força, coragem e direção para seguir em sua missão, realizando milagres e anunciando a salvação com ousadia.

Pedro é um exemplo impressionante dessa renovação. Ele, que antes havia negado Jesus, agora liderava com fé e determinação. Em uma de suas mensagens, Pedro chamou todos ao arrependimento para que recebessem tempos de refrigério da parte de Deus. Essa transformação estava disponível para todos os que se arrependessem e buscassem a Deus de coração aberto, permitindo que Suas palavras renovassem suas vidas.

Neste Dia da Renovação Espiritual, lembre-se de que essa renovação está ao alcance de cada um de nós. Quando nos voltamos a Deus, Ele nos restaura, fortalece nossa fé e nos capacita para uma vida plena. Permita que Deus traga refrigério para sua alma, e que, assim como os apóstolos, você possa ser uma testemunha viva do poder de Jesus em sua vida.

---

**FRASE DO DIA**

**RENOVO-ME ESPIRITUALMENTE TODOS OS DIAS.**

#umdeusdevocional

# CONECTE-SE COM DEUS

> *"Os olhos do Senhor voltam-se para os justos e os seus ouvidos estão atentos ao seu grito de socorro."*
>
> **Salmos 34:15**

**UM DEUS**
**29 JUL**

Em nossa caminhada de fé, muitas vezes enfrentamos a luta interna entre o que sabemos ser certo e o que nosso coração deseja fazer. Esse conflito é real e constante e exige uma força que vai além de nós próprios. Para resistir quando nossa vontade se inclina para o erro, precisamos buscar a renovação constante do nosso coração e mente, conectando-nos ao que há de melhor em nós: a presença de Deus e Sua Palavra viva.

A Palavra de Deus tem o poder de transformar nossos desejos, direcionando-nos para o caminho certo, ainda que nosso coração insista no contrário. Quanto mais nos conectamos com Deus e nos alimentamos de Sua verdade, mais conseguiremos viver de acordo com a vontade Dele.

Ao se encontrar dividido entre o que é certo e o que seu coração deseja, conecte-se a Deus e peça que renove seu espírito. Busque Nele a força para resistir ao que é errado e permita que Sua Palavra transforme seu coração, purificando seus desejos e alinhando sua vida com a mensagem de Cristo.

**Deus abriu** ____/____

**Devocional** 210/365

**Reflexões**

---

**FRASE DO DIA**

**CONECTO-ME A DEUS QUE RENOVA MEU ESPÍRITO.**

#umdeusdevocional

# REDENÇÃO

**UM DEUS** — 30 JUL

> *"Eu lhes digo que, da mesma forma, haverá mais alegria no céu por um pecador que se arrepende do que por noventa e nove justos que não precisam arrepender-se."*
>
> **Lucas 15:7**

**Deus abriu** ____/____

**Devocional 211/365**

**Reflexões**

_____
_____
_____
_____
_____
_____
_____
_____
_____

**FRASE DO DIA**

**A MISERICÓRDIA DIVINA REDIME MEUS ERROS.**

#umdeusdevocional

As lembranças do passado podem pesar, trazendo culpa e medo de que não sejamos dignos do amor de Deus. Mas em Lucas 15:7, Jesus nos traz uma mensagem poderosa: o céu se alegra por um pecador que se arrepende. Isso nos lembra de que, por mais que tenhamos falhado, a misericórdia de Jesus está sempre disponível, esperando por nosso arrependimento e transformação.

Jesus sabia que você erraria. Ele conhecia todas as suas fraquezas e falhas, mas mesmo assim, Seu amor permanece firme. Sua obra redentora na cruz foi justamente para alcançar aqueles que se sentem perdidos e sobrecarregados pelo peso dos seus erros. Ele não se afasta de nós por causa das nossas falhas; ao contrário, Ele se aproxima com braços abertos, disposto a nos perdoar e a nos restaurar.

O arrependimento genuíno abre o caminho para uma transformação verdadeira em sua vida. Confie que a misericórdia de Cristo é maior do que qualquer erro cometido. Ele se alegra com seu arrependimento e deseja vê-lo renovado. Jesus não quer condená-lo, mas restaurá-lo. Permita-se entregar a Ele seus fardos e comece hoje uma nova caminhada, com a certeza de que Seu amor incondicional é a base de sua redenção e um convite ao recomeço.

# POUCO OU MUITO

> *"Quem é fiel no pouco também é fiel no muito, e quem é injusto no pouco também é injusto no muito."*
>
> **Lucas 16:10**

**UM DEUS**
**31 JUL**

As pequenas escolhas, tanto no que fazemos quanto em quem escolhemos ter ao nosso lado, revelam muito sobre nosso caráter e o tipo de vida que estamos construindo. Jesus nos ensina que quem é fiel nas coisas pequenas também será confiável nas grandes. O inverso também é verdadeiro: quem age com injustiça ou negligência nas pequenas coisas provavelmente fará o mesmo em situações de maior responsabilidade.

As amizades que cultivamos têm um impacto significativo sobre nossas decisões e nosso comportamento. Aqueles que nos cercam podem nos influenciar, para o bem ou para o mal. Escolher bem nossos amigos é uma questão de sabedoria, pois eles podem nos ajudar a ser fiéis e justos, ou nos afastar dos caminhos de Deus.

Seja vigilante com suas escolhas, tanto nas pequenas coisas quanto nas pessoas ao seu redor. Um coração fiel a Deus busca a integridade, independentemente do tamanho da tarefa ou da circunstância. Cercar-se de pessoas que também valorizam essa fidelidade e justiça fortalece sua caminhada espiritual.

Lembre-se de que, em cada pequena decisão, você está moldando seu caráter e seu futuro. E ao escolher amigos que compartilham da mesma busca por integridade e fé, você está construindo uma vida mais alinhada com os propósitos de Deus.

**Deus abriu** ____/____

**Devocional** 212/365

**Reflexões**

---

**FRASE DO DIA**

**PROVO A FIDELIDADE A DEUS ATÉ NAS MÍNIMAS ESCOLHAS.**

#umdeusdevocional

## Meus Aprendizados

---

## Meus Planos futuros

AGOSTO

@umdeusdevocional

"Pois todo o que pede, recebe; o que busca, encontra; e àquele que bate, a porta será aberta."
Lucas 11:10

08

# Os Planos de Deus estão nos Detalhes

# SABER PEDIR PERDÃO

*"Suportem-se uns aos outros e perdoem as queixas que tiverem uns contra os outros. Perdoem como o Senhor lhes perdoou."*
**Colossenses 3:13**

**UM DEUS**
**01 AGO**

Assim como perdoamos a quem nos fere é essencial ter a dignidade e a grandeza para pedir desculpas quando erramos com alguém. Reconhecer nossas falhas e buscar a reconciliação são sinais de humildade e de um coração alinhado com os ensinamentos de Cristo. No entanto, há uma diferença entre pedir perdão sinceramente e se tornar refém de um perdão que acaba aprisionando nossa paz.

Não devemos permitir que o perdão se transforme em uma arma contra nós. Algumas pessoas podem tentar usar nossa humildade como forma de manipulação, cobrando algo que está além do verdadeiro significado do perdão.

O perdão liberta, não aprisiona. Ele deve trazer cura e não culpa contínua. Jesus nos ensina a perdoar e a buscar reconciliação, mas Ele também nos chama a viver em liberdade, sem que isso nos custe a paz que Ele nos oferece.

Ter sabedoria ao lidar com os relacionamentos significa saber quando pedir desculpas e buscar o perdão, mas também discernir quando não deixar que essa situação se torne uma prisão emocional. Não permita que o arrependimento genuíno se transforme em um fardo que você carrega indefinidamente.

Deus nos chama a viver em paz com todos, mas essa paz deve incluir a paz interior, que vem de um coração livre e arrependido, mas não aprisionado. Seja humilde para reconhecer seus erros, mas também seja firme para proteger sua paz.

**Deus abriu** ____/____

**Devocional** 213/365

**Reflexões**

_____
_____
_____
_____
_____
_____
_____
_____
_____

**FRASE DO DIA**

**PEDIR PERDÃO A QUEM MAGOO É LIBERTAÇÃO, NÃO PRISÃO.**

#umdeusdevocional

# ALINHE SEUS PEDIDOS

## UM DEUS
### 02 AGO

> "Pois todo o que pede, recebe; o que busca, encontra; e àquele que bate, a porta será aberta."
>
> Lucas 11:10

Deus abriu ____/____

Devocional 214/365

Reflexões

_____
_____
_____
_____
_____
_____
_____
_____

### FRASE DO DIA

**ALINHO MEUS PEDIDOS AOS PROPÓSITOS DE DEUS.**

#umdeusdevocional

---

Quando Jesus nos ensina que todo aquele que pede, recebe, Ele nos mostra o poder da oração e da confiança em Deus. No entanto, é fácil confundir essa promessa com a ideia de que Deus é um realizador automático de qualquer desejo que temos. A oração não é sobre obter o que queremos a qualquer custo, mas sobre alinhar nossos desejos com o propósito e a vontade de Deus em nossa vida.

Deus quer que apresentemos nossos desejos, nossos medos e necessidades a Ele, mas também deseja que busquemos Sua sabedoria para entender o que realmente é bom para nós. Às vezes, pedimos coisas que não estão alinhadas com o propósito de Deus ou que podem nos afastar daquilo que Ele tem de melhor para nós. O segredo é aprender a pedir de acordo com a obra de Deus em nossa vida e no mundo ao nosso redor.

Ser grande ao pedir significa buscar não apenas o que é imediato ou confortável, mas o que trará crescimento, transformação e maior proximidade com Deus. Quando alinhamos nossos desejos à vontade divina, nossas orações se tornam mais poderosas e cheias de propósito, não apenas para nós, mas para a obra maior que Deus está realizando.

Seja ousado ao pedir a Deus, mas busque também a sabedoria de entender como Seus planos se desdobram em sua vida. Quando você pede em alinhamento com a vontade de Deus, pode confiar que Ele abrirá as portas certas.

# SIGA JESUS DE PERTO

> *"Mas Pedro o seguiu de longe até o pátio do sumo sacerdote. Entrou, sentou-se com os guardas para ver o desfecho."*
>
> Mateus 26:58

**UM DEUS**

**03 AGO**

Deus abriu ____/____

Devocional 215/365

Reflexões

No momento mais crítico da vida de Jesus, Pedro O seguiu à distância, observando de longe o desenrolar dos eventos. Mas seguir Jesus de longe nunca é o suficiente para experimentar a verdadeira transformação que Ele oferece. Esse distanciamento reflete a tentação que muitos enfrentam: seguir a Cristo apenas como espectadores, sem realmente se envolver com a Sua obra e missão.

Quem apenas observa, sem se comprometer, perde a profundidade de uma vida transformada por Jesus. A obra de Cristo é ativa, e para sermos verdadeiramente transformados, precisamos nos envolver de corpo e alma em Sua missão. É preciso estar perto, andar com Ele, participar de Suas ações e permitir que Ele molde nossas vidas.

A transformação da alma não acontece à distância. Quando nos limitamos a apenas observar, sem nos comprometermos com a mudança que Jesus quer operar em nós e no mundo, estamos nos privando da verdadeira essência da vida cristã. Jesus não nos chama para sermos meros observadores, mas participantes ativos de Seu Reino e da transformação que Ele deseja realizar em nós e através de nós.

Não há como viver plenamente em Cristo sem se envolver com a Sua obra e missão. Ele o chama para um relacionamento íntimo e comprometido, onde a transformação é real e profunda. Se hoje você sente que está seguindo a Cristo de longe, é hora de se aproximar.

**FRASE DO DIA**

**SIGO JESUS DE PERTO E VIVO SEGUNDO SEUS ENSINAMENTOS.**

#umdeusdevocional

# AUTORIDADE ESPIRITUAL

**UM DEUS**

**04 AGO**

> *"Um dia, o espírito maligno lhes respondeu: Jesus eu conheço, Paulo eu sei quem é, mas vocês, quem são?"*
>
> **Atos 19:15**

**Deus abriu** ___/___

**Devocional 216/365**

**Reflexões**

_____
_____
_____
_____
_____
_____
_____
_____

**FRASE DO DIA**

REFUGIO-ME EM DEUS PARA RESISTIR AO MAL.

#umdeusdevocional

Lutar contra o mal exige mais do que palavras ou invocações vazias. A verdadeira autoridade espiritual não está em uma aparência de fé, mas em um relacionamento profundo e autêntico com Jesus. Sem essa conexão genuína com Cristo, não temos poder diante das adversidades espirituais. A história de Atos nos lembra que, sem uma vida comprometida com Deus, nossas credenciais espirituais podem ser fracas e insuficientes.

Para enfrentar os desafios espirituais que surgem, precisamos reforçar continuamente nossa fé e nossa comunhão com Deus. Isso significa nos aprofundarmos na oração, estudarmos a Palavra e vivermos de acordo com os ensinamentos de Cristo. A autoridade espiritual não é algo que podemos apenas declarar; ela vem de um relacionamento vivo e transformador com Deus. Como em Efésios 6:10-11, somos chamados a nos revestir da armadura de Deus, fortalecendo-nos Nele para resistir aos dias maus.

Se você deseja ter a força para lutar contra o mal, precisa garantir que suas credenciais espirituais estejam firmes. Busque diariamente um relacionamento íntimo com Deus, permita que a Sua Palavra transforme sua vida e viva essa autoridade de forma autêntica. Só assim, quando os desafios surgirem, você estará preparado para enfrentá-los com confiança e segurança, sabendo que o poder de Deus opera em você.

# VALORIZE SEUS RECURSOS

> "Não estou dizendo isso porque esteja necessitado, pois aprendi a adaptar-me a toda e qualquer circunstância."
>
> Filipenses 4:11

**UM DEUS**

**05 AGO**

Deus abriu ___/___

Devocional 217/365

Reflexões

Em um mundo que constantemente nos empurra a querer mais, a buscar o que não temos, o apóstolo Paulo nos oferece uma lição valiosa: aprender a estar satisfeito, independentemente das circunstâncias. Ele descobriu o segredo de encontrar contentamento, não em suas posses, mas em sua confiança em Deus. Quando aprendemos a valorizar o que temos, reconhecemos que, na verdade, já somos abençoados.

O verdadeiro contentamento não está em acumular bens ou alcançar os ideais que o mundo nos impõe, mas em perceber que o que Deus nos dá a cada dia é suficiente. Quando olhamos ao nosso redor com gratidão, vemos que nossas necessidades são supridas adequadamente, no momento certo. Valorizar os recursos que temos é também confiar que Deus sabe o que é melhor para nós em cada momento.

Ao praticarmos a gratidão, aprendemos a viver em paz com o que temos, sem sermos consumidos pelo desejo de sempre buscar mais. Isso não significa que não devemos aspirar ao crescimento, mas que devemos primeiro reconhecer as bênçãos que já estão presentes em nossa vida.

Valorize o que você tem e confie que, no tempo certo, Deus proverá o que você precisa para o futuro.

**FRASE DO DIA**

VALORIZO TODOS OS RECURSOS QUE DEUS ME CONCEDE.

#umdeusdevocional

# FUNDAMENTOS DA FÉ

## UM DEUS

**06 AGO**

> "De fato, não seguimos fábulas engenhosamente inventadas quando lhes falamos acerca do poder e da vinda de nosso Senhor Jesus Cristo; ao contrário, fomos testemunhas oculares da sua majestade."
>
> **Pedro 1:16**

Deus abriu ____/____

Devocional 218/365

Reflexões

O apóstolo Pedro nos lembra de que o Evangelho que recebemos foi construído sobre um testemunho verdadeiro, sobre a experiência direta dos apóstolos com Jesus Cristo. Eles não apenas ouviram falar Dele; viram com seus próprios olhos, presenciaram Seus milagres, Suas curas, e foram impactados por Sua majestade. Pedro e os outros apóstolos tiveram o privilégio de andar com Cristo, de ver Sua glória revelada e de testemunhar o cumprimento das promessas de Deus. É com essa certeza e autoridade que Pedro escreve, assegurando-nos que o fundamento da nossa fé é sólido e inabalável.

Na sociedade moderna, muitas vezes há tentativas de desacreditar a fé cristã, tratando-a como uma coleção de fábulas ou histórias ultrapassadas. No entanto, Pedro nos lembra de que nossa crença não é baseada em ficção, mas em fatos reais e autênticos. A glória de Cristo foi revelada aos apóstolos, e através de suas vidas e testemunhos, essa verdade foi compartilhada com o mundo. Não é uma história inventada, mas uma realidade ancorada em fatos reais, em eventos históricos que moldaram o mundo e continuam a transformar vidas até hoje. Realidade vivida e experimentada por aqueles que estiveram com Jesus. O testemunho dos apóstolos é uma prova incontestável de que Cristo não é apenas uma figura histórica, é real, poderoso e presente em nossas vidas.

**FRASE DO DIA**

COMO OS APÓSTOLOS, TESTEMUNHO A PALAVRA DE JESUS.

#umdeusdevocional

# BUSQUE APOIO E ORE

> "Levou consigo Pedro, Tiago e João, e começou a ficar aflito e angustiado. E lhes disse: A minha alma está profundamente triste, numa tristeza mortal. Fiquem aqui e vigiem."
> Marcos 14:33-34

**UM DEUS**
**D 07 AGO**

No momento mais sombrio de Sua vida, Jesus, sabendo o que estava por vir, sentiu uma tristeza profunda e esmagadora. Ele não se isolou em Sua dor. Pelo contrário, Jesus procurou o apoio dos amigos mais próximos e, além disso, se voltou em oração a Deus. O exemplo de Jesus nos ensina uma lição importante: até Ele, o Filho de Deus, precisou de apoio humano e da conexão com o Pai no momento crucial de Sua missão.

Quando enfrentamos tristeza ou angústia, a tendência é nos fechar, nos isolar daqueles que poderiam nos oferecer consolo e apoio. No entanto, o isolamento não é o caminho que Deus deseja para nós. Assim como Jesus procurou Seus amigos e orou, somos chamados a buscar companhia e a apresentar nossas dores a Deus. Não precisamos carregar nossos fardos sozinhos, pois Deus nos deu amigos e uma comunidade de fé para nos ajudar nos tempos de dificuldade.

Não se isole em momentos de tristeza. Busque amigos que possam estar ao seu lado, e acima de tudo, entregue sua angústia a Deus em oração. Ele é capaz de aliviar sua alma e trazer paz ao seu coração.

**Deus abriu** ___/___

**Devocional** 219/365

**Reflexões**

---

**FRASE DO DIA**

COMO JESUS, BUSCO A COMPANHIA DOS BONS AMIGOS.

#umdeusdevocional

# O PÃO DA VIDA

**UM DEUS**

08 AGO

> *"Eu sou o pão vivo que desceu do céu. Se alguém comer deste pão, viverá para sempre."*
> **João 6:51**

Deus abriu ___/___

Devocional 220/365

Reflexões

_____
_____
_____
_____
_____
_____
_____
_____

**FRASE DO DIA**

ACEITO O PÃO VIVO QUE JESUS OFERECE NO EVANGELHO.

#umdeusdevocional

Jesus se apresenta como o pão vivo, aquele que oferece vida eterna a todos os que Nele creem. Essa afirmação carrega um profundo convite: buscar em Cristo o alimento espiritual que verdadeiramente satisfaz. Em um mundo onde muitas vezes tentamos preencher nosso coração com o efêmero – sucessos materiais, reconhecimento, conforto momentâneo – Jesus nos lembra de que somente Ele pode saciar a fome mais profunda de nossa alma.

Aceitar o pão da vida é abrir o coração para uma comunhão duradoura com Deus, que ultrapassa os limites das necessidades diárias. Assim como o pão alimenta nosso corpo físico, Cristo sustenta e fortalece nosso espírito, trazendo paz, esperança e sentido para cada momento da nossa existência. Ele nos oferece um relacionamento contínuo, em que podemos encontrar forças para enfrentar os desafios e esperança para superar as adversidades.

Ao nos alimentarmos de Sua palavra e verdade, somos renovados e encontramos direção. Cristo não promete uma vida livre de dificuldades, mas uma vida repleta de significado, amparada pela promessa de que Nele encontraremos o que realmente precisamos. Ele é a fonte que nunca seca, o sustento eterno para nossa alma.

Confie no pão espiritual que Jesus oferece. Ele é o verdadeiro alimento que nos transforma e cuida perenemente de nossa grandeza emocional e espiritual.

# UMA DEFESA CONSTANTE

*"[...] O espírito está pronto, mas a carne é fraca."*

**Marcos 14:38**

**UM DEUS**
**09 AGO**

Deus abriu ____/____

Devocional 221/365

Reflexões

Nunca é demais lembrar que Jesus nos deu uma advertência clara sobre a necessidade de vigiar e orar continuamente. Ele sabia que, por mais que nosso espírito estivesse pronto para seguir o caminho certo, a fraqueza da carne muitas vezes nos leva a cair em tentações. A vigilância e a oração são nossas ferramentas mais poderosas para enfrentar as dificuldades e os desafios espirituais que surgem diariamente, vindos do mundo e também das forças espirituais do mal nas regiões celestiais, como nos alerta Paulo em Efésios 6:12.

Esse é um aviso importante: muitas vezes, as tentações e dificuldades que enfrentamos têm raízes mais profundas do que imaginamos, e por isso é crucial manter uma postura de constante oração e vigilância.

Quando Jesus nos chama a vigiar, Ele está nos pedindo para estarmos atentos, para não sermos surpreendidos pelos ataques espirituais que podem nos enfraquecer. Ao orar, fortalecemos nosso espírito e nos conectamos com Deus, pedindo Sua proteção e orientação para resistir às tentações que possam surgir. A oração não é apenas um ato de devoção, mas uma defesa contra as influências que tentam nos afastar da vontade de Deus.

Proteja-se com oração e vigilância constante. Reconheça que, em meio às lutas, Deus está ao seu lado, pronto para lhe dar a força necessária para resistir e seguir firme em Sua vontade.

**FRASE DO DIA**

**DEUS NUNCA PERMITE TENTAÇÕES ALÉM DO QUE SUPORTO.**

#umdeusdevocional

# PAI NOSSO

**UM DEUS** — 10 AGO

> *"Vocês orem assim: Pai nosso, que estás nos céus! Santificado seja o teu nome."*
>
> **Mateus 6:9**

Deus abriu ____/____

Devocional 222/365

Reflexões

_____
_____
_____
_____
_____
_____
_____
_____

### FRASE DO DIA

**PAI AMOROSO QUE ESTÁS NOS CÉUS, CUIDE DE MIM.**

#umdeusdevocional

Jesus ao ensinar Seus discípulos a orar, começou com uma declaração simples, mas revolucionária: Pai nosso, que estás nos céus! Essas palavras, que tantas vezes repetimos convidam-nos para entrarmos em um relacionamento íntimo com Deus, reconhecendo-O como nosso Pai amoroso e soberano.

Ao chamar Deus de Pai, Jesus nos convida a experimentar uma proximidade única com o Criador. Ele não é um Deus inacessível ou indiferente, mas um Pai que nos ama e cuida de nós. É a abertura de uma conversa íntima, onde somos lembrados de que pertencemos a Ele e somos parte de uma grande família espiritual.

Jesus nos lembra de que esse Pai está nos céus. Ele é o Deus Todo-Poderoso, cujo nome deve ser santificado, honrado e reverenciado. O começo da oração do Pai Nosso nos ensina o equilíbrio perfeito entre a intimidade com Deus e o respeito reverente que devemos ter diante Dele. Nossa oração começa com adoração, reconhecendo a santidade de Deus e nossa dependência Dele em tudo.

Essa oração não é apenas um modelo de palavras, mas uma chave para uma vida de oração centrada no relacionamento. Quando dizemos Pai nosso nos lembramos de que não estamos sozinhos; pertencemos a uma comunidade de fé, uma família em Cristo, em que Deus é o Pai de todos.

Quando nos aproximamos de Deus em oração, como Jesus ensinou, nos conectamos com o coração do Pai. Sua santidade nos envolve, e Seu amor nos sustenta.

# HUMILDADE E AMOR

> *"Sejam completamente humildes e dóceis, e sejam pacientes, suportando uns aos outros com amor."*
>
> **Efésios 4:2**

**UM DEUS**

**11 AGO**

A verdadeira força de um cristão não está apenas em suas palavras ou atos heroicos, mas no caráter moldado pela humildade e paciência. Ser paciente e suportar uns aos outros em amor é um dos maiores desafios da nossa caminhada, mas também um dos maiores testemunhos da presença de Deus em nossa vida.

Quando somos humildes e dóceis, estamos reconhecendo que não somos perfeitos e que precisamos da graça de Deus diariamente. Essa postura nos leva a ser mais tolerantes com os erros dos outros, assim como Deus é conosco. A humildade nos ajuda a viver em unidade, a perdoar e a compreender as limitações dos outros, em vez de julgar ou nos afastar.

Viver com paciência e suportar os outros com amor é, muitas vezes, uma prática diária de autossacrifício, mas é também a essência da nossa fé. Esse amor paciente requer de nós uma escolha constante de colocar o bem do próximo acima de nossos sentimentos, capacidades e interesses. Assim, nos tornamos cooperadores da obra de Deus, vivendo o amor de maneira prática e profunda.

Deus nos pede para suportarmos uns aos outros com amor, mesmo quando isso é um desafio. A humildade e a paciência são chaves para uma vida em comunidade que reflete o amor de Cristo em todos os momentos.

**Deus abriu** ____/____

**Devocional** 223/365

**Reflexões**

**FRASE DO DIA**

**EXERÇO HUMILDADE E PACIÊNCIA COM O PRÓXIMO.**

#umdeusdevocional

# PALAVRAS QUE EDIFICAM

**UM DEUS**
**12 AGO**

> "Nenhuma palavra torpe saia da boca de vocês, mas apenas a que for útil para edificar os outros, conforme a necessidade, para que conceda graça aos que a ouvem."
>
> **Efésios 4:29**

**Deus abriu ___/___**

**Devocional 224/365**

**Reflexões**

Nossas palavras têm um poder incrível. Elas podem ferir ou curar, podem derrubar ou levantar. As palavras não devem ser usadas de forma descuidada ou destrutiva, mas edificante e abençoada. Quando deixamos que palavras torpes ou inúteis saiam de nossa boca, estamos nos afastando do propósito de Deus, que é conceder graça e edificação a quem nos ouve.

O que falamos deve ser um reflexo de Cristo, trazendo paz, encorajamento e crescimento espiritual para aqueles ao nosso redor. Antes de falarmos, consideremos sempre se aquilo que estamos prestes a dizer tem o potencial de edificar o outro, se está de acordo com a necessidade do momento e se é capaz de conceder graça e bondade.

Ser cuidadoso com nossas palavras não é apenas sobre evitar dizer o que é ruim, mas também sobre escolher dizer o que é bom, o que traz vida. Quando falamos com o objetivo de edificar, mostramos o amor de Deus em ação. Ao invés de reclamar ou criticar, nossas palavras podem ser usadas para curar, construir e fortalecer os outros.

Suas palavras têm o poder de transformar o ambiente e de abençoar aqueles que o rodeiam. Escolha falar o que é útil para edificar, e assim você será um instrumento de graça nas mãos de Deus.

**FRASE DO DIA**
USO MINHAS PALAVRAS PARA TRAZER VIDA, NÃO DESTRUIÇÃO.

#umdeusdevocional

# AUTODOMÍNIO

*"Mas o fruto do Espírito é amor, alegria, paz, paciência, amabilidade, bondade, fidelidade, mansidão e domínio próprio."*

Gálatas 5:22-23

UM DEUS
13 AGO

Entre as marcas de uma vida verdadeiramente transformada por Cristo, o autodomínio é fundamental, pois sem ele, as outras virtudes são facilmente comprometidas. Controlar nossas inclinações naturais e resistir às tentações é um passo essencial para viver em conformidade com a vontade de Deus. Isso significa lutar contra aquilo que está errado dentro de nós, seja o egoísmo, a ira, o orgulho ou a falta de paciência.

Deus espera que sejamos capazes de reconhecer essas fraquezas e que possamos transformar nosso comportamento e nossos corações. Essa luta não é apenas para nosso benefício pessoal, mas também para que possamos ser exemplos vivos do que é possível quando permitimos que Deus trabalhe em nós.

Quando vivemos com domínio próprio impactamos o mundo ao nosso redor. O mundo está cheio de situações que nos aborrecem e escandalizam, mas ao invés de reagirmos com impulsividade, podemos mostrar um caminho diferente. Ao dominar nossas reações e agir com amor e mansidão, influenciamos positivamente o ambiente e as pessoas à nossa volta, mostrando que a verdadeira mudança começa dentro de nós. Se hoje você se encontra lutando contra inclinações que o afastam de Deus, peça a Ele que o fortaleça com o fruto do Espírito. O autodomínio é, pois, é um sinal de maturidade espiritual.

**Deus abriu** ____/____

**Devocional** 225/365

**Reflexões**

_____
_____
_____
_____
_____
_____
_____
_____
_____
_____

**FRASE DO DIA**

**O AUTODOMÍNIO ME TRAZ VITÓRIAS TERRENAS E ESPIRITUAIS.**

#umdeusdevocional

# DESCULPAS

## UM DEUS

**14 AGO**

> *"E agora, que está esperando? Levante-se, seja batizado e lave os seus pecados, invocando o nome dele."*
> **Atos 22:16**

Deus abriu _____/_____

Devocional 226/365

Reflexões

_____
_____
_____
_____
_____
_____
_____
_____
_____

### FRASE DO DIA

**PRATICO A PALAVRA DE DEUS SEM DEMORA NEM DESCULPAS.**

#umdeusdevocional

Em sua conversão, Paulo foi confrontado com uma pergunta direta: "O que está esperando?" Essa pergunta ecoa também para nós hoje. Sabemos o que Deus está nos chamando a fazer, sentimos o impulso em nosso coração para agir, mas ainda hesitamos. Podemos usar desculpas, dizer que não é o momento certo, ou que ainda não estamos prontos. Mas a verdade é que, na maioria das vezes, o que nos falta não é recurso ou preparo, mas coragem para agir conforme a vontade de Deus.

Quando deixamos de agir, corremos o risco de perder oportunidades de crescimento espiritual, de transformação e de impacto na vida dos outros. Deus nos chama a levantar e agir, seja para cumprir um propósito, tomar uma decisão ou abandonar aquilo que nos mantém presos. Ele não nos chama para uma vida de inércia, mas para um compromisso ativo com Sua obra. A ação é um reflexo da fé; uma fé que apenas observa ou espera indefinidamente sem se mover, acaba estagnada.

Então, qual é a sua desculpa hoje? O que o está impedindo de seguir em frente e responder ao chamado de Deus? Muitas vezes, o que precisamos não é mais tempo ou preparo, mas uma decisão firme de confiar em Deus e dar o próximo passo.

# INSPIRADOS POR DEUS

*"Pois a profecia nunca teve origem na vontade humana, mas homens falaram da parte de Deus, impelidos pelo Espírito Santo."*
2 Pedro 1:21

**UM DEUS**
**15 AGO**

Deus abriu ___/___

Devocional 227/365

Reflexões

As Escrituras nos lembram de que a Palavra de Deus não é fruto de ideias ou opiniões humanas, mas de homens eleitos por Ele. Deus, em Sua sabedoria e amor, inspirou aqueles que O seguiram para que transmitissem Suas verdades eternas. Quando lemos a Bíblia, estamos acessando a mente e o coração de Deus, revelados por meio das Escrituras, e somos convidados a viver de acordo com essa verdade.

Essa inspiração divina não se limitou ao passado. O mesmo Deus que falou através dos profetas e apóstolos deseja hoje nos inspirar a viver de maneira alinhada com Sua vontade. Não estamos sozinhos em nossa jornada espiritual — a providência divina continua a nos guiar, a nos revelar a verdade e a nos fortalecer para que possamos viver uma vida que reflete o caráter de Cristo. Assim como Deus inspirou homens no passado a falar Sua verdade, Ele nos capacita agora a viver de acordo com essa verdade.

Somos chamados a nos render à inspiração divina, permitindo que Deus nos guie em todas as áreas da nossa vida, para que nossas ações e palavras estejam de acordo com Sua vontade. Permita que Ele o impulsione em cada passo da sua caminhada de fé, assim como Ele inspirou os homens de Deus no passado.

**FRASE DO DIA**

**DEUS ME INSPIRA COMO INSPIROU AOS PROFETAS E APÓSTOLOS.**

#umdeusdevocional

# CONTROLE DO DESTINO

**UM DEUS**

**16 AGO**

*"A sorte é lançada no colo, mas a decisão vem do Senhor"*

**Provérbios 16:33**

Deus abriu ____/____

Devocional 228/365

Reflexões

---

Tentamos controlar o destino, planejar cada passo, trabalhar arduamente para alcançar nossos objetivos, mas ainda assim, o resultado final não está em nossas mãos. Parece que estamos à mercê das circunstâncias. Este versículo de Provérbios nos lembra de que, por mais que façamos nossa parte e lancemos a sorte com esforço e planejamento, a decisão final pertence a Deus.

O trabalho é importante, e somos chamados a fazer nossa parte com dedicação e zelo. No entanto, não devemos cair na armadilha de acreditar que tudo depende apenas de nós. Existe um equilíbrio entre o esforço humano e a vontade divina. Deus tem o controle de cada aspecto de nossas vidas, e até mesmo aquilo que parece ser decidido pelo acaso está em Suas mãos.

Esse entendimento não deve nos desmotivar, mas sim nos trazer paz. Saber que a decisão final vem do Senhor nos dá confiança de que nosso trabalho e esforço, embora essenciais, estão alinhados com os planos Dele. E se algo não sair como planejado por nós, podemos confiar que Ele está guiando nosso destino de acordo com Sua sabedoria e amor.

Em momentos de decisões importantes sobre trabalho, vida ou futuro, faça o seu melhor, entregue seus esforços a Deus, e confie que Ele guiará seus passos de acordo com Sua vontade perfeita.

---

**FRASE DO DIA**

**EU PLANEJO E COLOCO OS RESULTADOS NAS MÃOS DE DEUS.**

#umdeusdevocional

# QUEM VOCÊ SERÁ

*"Amados, agora somos filhos de Deus; e ainda não se manifestou o que havemos de ser."*
1 João 3:2

**UM DEUS**
**17 AGO**

Deus, em Sua infinita sabedoria, conhece cada detalhe sobre nós — não apenas quem somos hoje, mas também quem seremos no futuro. Quando Ele olha para nós, não vê apenas nossas falhas e limitações atuais, mas enxerga nosso potencial, o que ainda seremos. Assim como quando Jesus chamou Simão e já via Pedro, Deus olha para você e vê a pessoa transformada que você será.

Ele não apenas vê quem você é agora, mas também o que está por vir — a plenitude da pessoa que você pode se tornar através Dele. Essa visão nos traz esperança, pois nos lembra de que nossa jornada ainda está em andamento, e Deus está moldando cada parte de nosso ser para que um dia possamos refletir plenamente a imagem de Cristo.

Ainda que você não veja claramente o que ainda está por vir, confie que Deus já conhece seu futuro. Assim como Jesus viu Pedro em Simão, Ele vê o propósito e a transformação que ainda virá em sua vida.

Se hoje você sente que está longe de se tornar quem gostaria de ser, lembre-se de que Deus já vê sua versão completa e glorificada. Ele está com você em cada passo do caminho, preparando seu coração e sua vida para o que virá.

**Deus abriu** ____/____

**Devocional 229/365**

**Reflexões**

**FRASE DO DIA**

**DEUS ME PREPARA PARA REALIZAR MEU PROPÓSITO.**

#umdeusdevocional

# SABER FALAR

**UM DEUS**

**18 AGO**

> *"O seu falar seja sempre agradável e temperado com sal, para que saibam como responder a cada um."*
> **Colossenses 4:6**

Deus abriu ____/____

Devocional 230/365

Reflexões

_____
_____
_____
_____
_____
_____
_____
_____
_____

**FRASE DO DIA**
MEUS DIÁLOGOS SÃO EXPRESSÕES DA GRAÇA DIVINA.

#umdeusdevocional

Saber falar é uma arte, mas falar com amor e sabedoria é um dom que devemos buscar em Deus. Muitas vezes, nas relações mais próximas, com aqueles que amamos e com quem dividimos a vida, a intimidade pode nos fazer esquecer a importância de escolher bem as palavras. Podemos nos deixar levar pela rotina ou por momentos de frustração e, sem perceber, acabamos machucando quem está ao nosso lado.

A intimidade não deve ser desculpa para a falta de cuidado com as palavras.

É essencial que elas sejam sempre temperadas com sabedoria e amor, como Jesus nos ensinou. Quanto mais próximos estamos de alguém, mais devemos nos preocupar em manter a harmonia e o respeito no diálogo. Ao falar com graça e paciência, mostramos o amor de Cristo em nossas palavras e atitudes.

Lembre-se de que o que você diz tem o poder de edificar ou de ferir, especialmente em seus relacionamentos mais próximos. Falar com o coração cheio de amor transforma qualquer conversa em uma oportunidade de fortalecer os laços e de trazer paz e compreensão. Não permita que a intimidade leve à negligência, mas faça com que ela seja um motivo para você cuidar ainda mais de quem está ao seu lado. Que seu falar seja sempre uma expressão da graça que Jesus trouxe ao mundo.

# DESAPEGO

**UM DEUS**
**19 AGO**

> "Ouvindo isso, o jovem afastou-se triste, porque tinha muitas riquezas."
>
> Mateus 19:22

**Deus abriu** ____/____

**Devocional** 231/365

**Reflexões**

O jovem rico se retirou diante do chamado de Jesus, incapaz de desapegar de suas riquezas e seguir o caminho que Cristo lhe propôs. Assim como ele, muitas vezes somos confrontados em nossa vida e temos a escolha de nos retirar ou de ficar e testemunhar a obra de Deus em nós. Ao contrário do jovem rico, que se afastou com o coração preso ao que possuía, somos chamados a permanecer firmes, representando o Cristo e Seu amor em nossas atitudes.

Há momentos em que é sábio se retirar, desapegar, para evitar conflitos ou preservar a paz. Contudo, há ocasiões em que devemos permanecer, ainda que seja desconfortável. Seja na família, no trabalho ou em outros setores da sociedade, Deus nos chama a discernir quando é a hora de ficar e fazer a diferença, mostrando ao mundo o que significa ser servo fiel.

Testemunhar o amor de Cristo não é fácil, especialmente em ambientes hostis ou complicados. No entanto, é nesses momentos que nossa fé é provada e nosso caráter moldado. Servir a Deus é estar disposto a ficar quando todos se retiram, a representar Cristo quando a oportunidade de mostrar Seu amor e verdade se apresenta.

Diante de uma decisão — se deve ficar ou se retirar — ore por sabedoria. Peça a Deus que guie seu coração e lhe dê discernimento para agir de acordo com Sua vontade. Quando a hora de testemunhar chegar, que você tenha a coragem de ficar e servir, como Jesus nos chamou a fazer.

**FRASE DO DIA**

DESAPEGO-ME DE TUDO QUE ME AFASTA DE DEUS.

#umdeusdevocional

# SERVIR AO PRÓXIMO

**UM DEUS**

**20 AGO**

*"Quem trata bem os pobres empresta ao Senhor, e Ele o recompensará."*
**Provérbios 19:17**

📖 Deus abriu ____ / ____

🙏 Devocional 232/365

💭 Reflexões

_____
_____
_____
_____
_____
_____
_____
_____
_____

**FRASE DO DIA**
AO SERVIR AOS NECESSITADOS SIRVO A DEUS.

#umdeusdevocional

A bondade e a generosidade com os necessitados não passam despercebidas aos olhos de Deus. Ao ajudarmos o pobre, estamos, na verdade, servindo ao próprio Senhor, e Ele recompensará esse ato de amor. Essa ideia é evidenciada na parábola do bom samaritano, na qual Jesus nos ensina que o verdadeiro amor ao próximo não conhece fronteiras, nem preconceitos, e se manifesta através de ações concretas.

Na parábola, o homem machucado e caído à beira do caminho, foi ignorado por aqueles que deveriam ajudá-lo. Mas o samaritano, considerado estrangeiro e desprezado, agiu com verdadeira compaixão e generosidade, cuidando das suas feridas e garantindo que ele fosse protegido até sua recuperação.

Quando estendemos a mão ao necessitado, estamos representando o próprio Cristo, que nos ensinou a amar como Ele amou. Ajudar os pobres, os aflitos, e os marginalizados é uma forma de emprestar ao Senhor, como diz Provérbios. E a promessa é clara: "Deus vê cada ato de generosidade e recompensará aqueles que, com coração sincero, se dispõem a amar através de suas ações".

Se hoje você tem a oportunidade de ajudar alguém, seja financeiramente, emocionalmente ou com um simples gesto de cuidado, lembre-se de que está servindo ao próprio Deus. Assim como o bom samaritano, quebremos as barreiras que nos impedem de agir com compaixão e amor, e façamos da nossa vida um reflexo da bondade de Cristo.

# AMOR À RIQUEZA

*"Assim acontece com quem guarda para si riquezas, mas não é rico para com Deus."*
Lucas 12:21

**UM DEUS**
**21 AGO**

Em nossa busca por segurança, muitas vezes caímos na armadilha de acreditar que a estabilidade financeira ou os bens materiais nos trarão paz e contentamento. No entanto, a Palavra de Deus nos lembra de que o verdadeiro contentamento não vem do acúmulo de riquezas, mas da confiança de que Deus está sempre ao nosso lado, independentemente das circunstâncias. Ele promete que nunca nos deixará e nunca nos abandonará.

Quando dependemos apenas de bens e dinheiro para nossa segurança, facilmente caímos em frustração e inquietude. Mas quando encontramos satisfação na presença de Deus e no fato de que Ele nunca nos deixará, descobrimos uma paz que excede qualquer coisa que o mundo possa oferecer.

Assim como Deus foi fiel a Seus servos no passado, Ele continua fiel a nós hoje. Mesmo nos momentos de dificuldade, quando parece que estamos sozinhos, Sua presença é constante. Não importa as alterações do mundo ao nosso redor, a certeza de que Ele está conosco deve ser o alicerce sobre o qual construímos nossa vida.

Se, nos últimos tempos, você tem lutado com incertezas materiais, lembre-se de que a promessa de Deus é firme: Ele nunca o deixará. Encontre paz em Sua presença e confie que Ele proverá todas as suas necessidades, não apenas materiais, mas também espirituais e emocionais.

**Deus abriu** ____/____

**Devocional** 233/365

**Reflexões**

**FRASE DO DIA**
NA FARTURA OU ESCASSEZ, CONFIANTE SOU EM DEUS.

#umdeusdevocional

# A CRIAÇÃO DE DEUS

**UM DEUS**

**1** 22 AGO

> "Pois, desde a criação do mundo os atributos invisíveis de Deus, Seu eterno poder e Sua natureza divina, têm sido vistos claramente, sendo compreendidos por meio das coisas criadas, de forma que tais homens são indesculpáveis."
> **Romanos 1:20**

📖 Deus abriu ___/___

🙏 Devocional 234/365

💭 Reflexões

_____
_____
_____
_____
_____
_____
_____
_____
_____

**FRASE DO DIA**
ADMIRO O PERFEITO MUNDO CRIADO POR DEUS.

#umdeusdevocional

A criação de Deus é a maior manifestação da Sua grandiosidade. O céu, a terra, o mar e tudo o que neles existe revelam os atributos invisíveis de Deus. Cada detalhe da natureza, desde o nascer do sol até o vento que sentimos em nosso rosto, nos fala sobre o poder e a sabedoria do Criador. Ele fez tudo isso, e continua sustentando o universo com Suas mãos poderosas. Quando olhamos para a criação, somos lembrados do que Ele é capaz de fazer, até mesmo diante das situações que parecem impossíveis para nós.

Muitas vezes, em nossa humanidade limitada, ficamos impressionados ou até mesmo paralisados diante dos problemas e desafios que enfrentamos. Ao nos lembrarmos do que Deus já fez — como Ele criou o mundo com perfeição e mantém cada detalhe funcionando harmoniosamente — percebemos que nada está fora do alcance do Seu poder.

Deus nos revela quem Ele é através de Sua criação. Tudo ao nosso redor é uma prova da Sua existência, poder e cuidado. E quando paramos para admirar o que Ele faz, continuamente, ganhamos fé e confiança de que Ele pode agir em nossas circunstâncias, por mais difíceis que pareçam.

Ao enfrentar algo que parece impossível, olhe ao redor e veja o que Deus já fez. Deixe que a grandiosidade da criação renove sua esperança e confiança no poder de Deus. Ele criou o mundo com perfeição e com igual zelo cuida de cada detalhe da sua vida.

# ENFRENTAR A VERDADE

> *"Ao ouvirem isso, muitos dos seus discípulos disseram: Dura é essa palavra. Quem consegue ouvi-la?"*
>
> **João 6:60**

**UM DEUS**

**23 AGO**

Quando Jesus falou palavras desafiadoras, muitos de Seus seguidores acharam difícil aceitá-las. Assim como os discípulos enfrentaram a dura verdade de Cristo, também nós encontramos dificuldades ao confrontarmos as realidades sobre nós mesmos. A batalha contra nossas inclinações e desejos é uma das lutas mais difíceis que enfrentamos. Ela exige vigilância constante, amor genuíno e, acima de tudo, fé inabalável.

Muitas vezes, não queremos ouvir as verdades que nos desafiam a mudar, a crescer e a deixar para trás hábitos e comportamentos que não refletem a vontade de Deus. Quando aceitamos a verdade sobre nossas fraquezas e limitações abrimos espaço para que a semeadura de Jesus cresça em nosso coração. Conhecer a nós mesmos, com todas as nossas falhas, é o primeiro passo para permitir que Deus molde nosso caráter, nossas atitudes.

A luta contra nós mesmos pode ser árdua, mas ao nos mantermos ligados a Deus, encontramos forças para enfrentar essas batalhas. A conexão constante com Ele nos dá clareza sobre quem somos e, mais importante, sobre quem podemos nos tornar à medida que permitimos que Seu amor e graça trabalhem em nós.

Que sua fé seja o alicerce que o sustenta na jornada de transformação, ajudando-o a ouvir e aceitar o que é necessário, mesmo quando for doloroso.

**Deus abriu** ____/____

**Devocional** 235/365

**Reflexões**

---

**FRASE DO DIA**

**JESUS, ACEITO A VERDADE SOBRE MINHAS FALHAS.**

#umdeusdevocional

# VIDA ABUNDANTE

**UM DEUS**

**24 AGO**

> *"Eu sou a porta; quem entra por mim será salvo. Entrará e sairá, e encontrará pastagem."*
> **João 10:9**

Deus abriu ____/____

Devocional 236/365

Reflexões

_____
_____
_____
_____
_____
_____
_____
_____

**FRASE DO DIA**

SENHOR, GUIA-ME A UMA VIDA ABUNDANTE E PACÍFICA.

#umdeusdevocional

Jesus se apresenta como a porta que nos conduz à salvação e à vida abundante. Ele não é apenas o caminho que nos leva a Deus, mas também aquele que nos dá acesso à paz, à segurança e ao alimento espiritual de que tanto necessitamos.

Ao passar por essa porta, somos conduzidos para a liberdade e proteção que só Ele pode oferecer, mas cabe a nós escolher entrar e viver de acordo com os princípios que Ele nos ensina. Somos convidados a uma vida transformada, onde encontraremos descanso para nossas almas e nutrição para nosso espírito. E, uma vez dentro do Reino de Deus, somos guiados por Ele em cada passo, encontrando provisão e sustento em todos os aspectos de nossas vidas.

No entanto, essa escolha não é passiva. Entrar pela porta que é Jesus exige fé, entrega e a disposição de viver conforme os Seus ensinamentos. Aqueles que decidem passar por essa porta não apenas recebem a promessa da vida eterna, mas também encontram a paz que transcende o entendimento humano. A vida em Cristo é uma vida de liberdade, onde podemos ir e vir com a certeza de que estamos sempre protegidos e cuidados por nosso Bom Pastor.

Se você está em busca de direção, segurança ou propósito lembre-se de que Jesus oferece não apenas a salvação, mas uma vida abundante, cheia de significado e provisão. Entre por essa porta com confiança e permita que Ele guie seus passos.

# LEVANTAR-SE COM JESUS

*"Mas para que o mundo saiba que eu amo o Pai, e faço exatamente o que o Pai me ordenou. Levantem-se, vamos daqui!"*

**João 14:31**

**UM DEUS**

**25 AGO**

Jesus sabia o que estava por vir: traição, dor, e a cruz. Mesmo assim, Ele se levantou e seguiu em frente, cumprindo a vontade do Pai. Esse é um exemplo poderoso para nós: levantar-se, mesmo sabendo que o caminho pode ser difícil, é uma demonstração de amor e obediência a Deus. Jesus nos chama para segui-Lo com a mesma coragem e determinação, confiando que, independentemente do que nos aguarda, Ele estará ao nosso lado.

Na vida, enfrentamos muitos desafios que parecem nos derrubar. Situações de perda, decepção, e sofrimento podem nos fazer querer desistir. Mas, assim como Jesus se levantou e foi ao encontro de Seu destino, somos chamados a nos levantar, a cada queda, com fé e determinação. Levantar-se não é apenas um ato físico, mas uma postura de espírito, uma disposição de seguir em frente com confiança em Deus, mesmo quando o futuro parece incerto.

Levantar-se com Jesus significa ter Sua companhia para enfrentar os desafios, continuar a jornada, ainda que ela se torne árdua. O importante não é evitar as dificuldades, mas saber que, com Cristo ao nosso lado, podemos superá-las e avançar para o propósito que Deus tem para nós.

É hora de se levantar com Jesus. Confie em Seu poder e siga em frente. A estrada pode ser desafiadora, mas com Ele, você encontrará forças para caminhar e esperança para perseverar.

**Deus abriu** ____/____

**Devocional 237/365**

**Reflexões**

**FRASE DO DIA**

NAS MINHAS QUEDAS, LEVANTO-ME COM JESUS.

#umdeusdevocional

# MUDE A DIREÇÃO

> "Ele lhes disse: Lancem a rede do lado direito do barco e vocês encontrarão. Quando fizeram, não conseguiram recolher a rede, tal era a quantidade de peixes."
>
> João 21:6

Deus abriu ___/___

Devocional
238/365

Reflexões

_____
_____
_____
_____
_____
_____
_____
_____

**FRASE DO DIA**

OUÇO JESUS
E DEIXO QUE
ENDIREITE MEUS
CAMINHOS.

#umdeusdevocional

Quantas vezes buscamos algo com todas as nossas forças, mas, por mais que tentemos, não encontramos o que desejamos? Assim como os discípulos que passaram a noite inteira pescando sem sucesso, muitas vezes insistimos no lado errado, seguindo um caminho que parece não trazer resultados. É nesses momentos que Jesus nos convida a mudar de direção, a lançar as redes do outro lado, confiando em Sua orientação.

O Mestre sabe o que buscamos e conhece o melhor caminho para que alcancemos nossas bênçãos. A solução pode estar em uma pequena mudança — talvez da fonte em que buscamos, ou da forma como tentamos. Ao ouvirmos a voz de Cristo e seguirmos Suas instruções, descobrimos que aquilo que parecia impossível se torna realidade. Ele nos chama a confiar Nele e a estar dispostos a mudar a direção do barco quando necessário.

Mudar de lado, mudar de caminho ou de abordagem não significa fracasso, mas sim sabedoria e obediência. A experiência dos discípulos nos ensina que ao seguirmos as orientações de Jesus, o que parecia ser um esforço sem frutos se transforma em abundância. Talvez, hoje, o que você precisa seja apenas mudar o lado do barco, confiar nos ensinamentos de Cristo e permitir que Ele guie seus passos.

Escute a voz de Jesus e esteja disposto a ajustar seu curso. Ele sabe onde os peixes estão, e Sua sabedoria pode levá-lo à glória e ao sucesso que você tanto busca.

# EDIFICAÇÃO MÚTUA

*"Por isso, encorajem e edifiquem uns aos outros, como de fato vocês estão fazendo."*
1 Tessalonicenses 5:11

**UM DEUS**
**27 AGO**

Deus abriu ___/___

Devocional 239/365

Reflexões

A vida cristã não é uma jornada solitária; ela foi feita para ser vivida em comunidade. Deus nos chama a sermos encorajadores e edificadores uns dos outros, especialmente nos momentos difíceis. O papel de fortalecer e apoiar nossos irmãos e irmãs na fé é essencial para que possamos crescer espiritualmente e caminhar de forma firme.

Encorajar significa muito mais do que dizer palavras bonitas; trata-se de estar presente, ouvir e apontar para Cristo nos momentos de incerteza. Edificar é construir, e no contexto da fé, isso significa ajudar os outros a crescerem, a desenvolverem sua relação com Deus e a se manterem firmes nas promessas de Cristo. Quando nos dedicamos a edificar uns aos outros, estamos cumprindo um dos propósitos principais de sermos Corpo de Cristo: caminhar juntos, apoiando-nos mutuamente na fé.

A edificação mútua fortalece a comunidade e cada um de nós individualmente. Muitas vezes, um simples gesto de encorajamento ou uma palavra de amor pode fazer toda a diferença na vida de alguém que está lutando. Em um mundo que muitas vezes nos esgota e desanima, ser uma voz de esperança e um alicerce para nossos irmãos é parte essencial de nossa missão como cristãos.

Edifique e encoraje os que estão ao seu redor. E quando precisar de encorajamento, não hesite em procurar a comunidade de fé. Somos chamados a caminhar juntos, a nos levantar uns aos outros com uma fé que se mantém firme em todos os tempos.

**FRASE DO DIA**
SOMOS CHAMADOS A ENCORAJAR E EDIFICAR UNS AOS OUTROS EM AMOR.

#umdeusdevocional

# OUVIR E COMPREENDER

**UM DEUS**

**28 AGO**

> *"Por que a minha linguagem não é clara para vocês? Porque são incapazes de ouvir o que eu digo."*
> **João 8:43**

📖 Deus abriu ___/___

🙏 Devocional 240/365

💭 Reflexões

_____
_____
_____
_____
_____
_____
_____
_____
_____

**FRASE DO DIA**

**OUÇO, MEDITO E VIVO OS ENSINAMENTOS DE JESUS.**

#umdeusdevocional

Jesus, ao falar com as multidões, encontrava muitos corações fechados e ouvidos surdos à Sua mensagem. Suas palavras são claras, mas requerem uma abertura espiritual para serem compreendidas profundamente. Muitas vezes, nossa falta de entendimento não está na complexidade da mensagem, mas na nossa incapacidade de ouvir com o coração.

Quando estamos distraídos com os problemas da vida ou presos em nossos próprios desejos, podemos perder a clareza da voz de Deus. Ele fala de maneira simples e direta, mas nosso coração precisa estar preparado para acolher Sua verdade. Ouvir o que Ele tem a dizer exige silêncio interior, fé e uma disposição genuína de mudar.

Assim como muitos na época de Jesus tinham dificuldade em entender Suas palavras, hoje podemos nos ver na mesma posição. Cristo continua a falar conosco, através da Palavra, das circunstâncias e das pessoas ao nosso redor, mas cabe a nós estarmos atentos. A dificuldade em ouvir o que Deus nos diz pode ser o resultado de uma falta de conexão com Ele. Precisamos aprender a silenciar as distrações e nos alinhar com o Espírito para entender o que Ele está nos chamando a viver.

Peça a Jesus que tire qualquer barreira que o impeça de compreender Sua vontade e de viver conforme o propósito que Ele tem para sua vida.

# BUSQUE A PAZ

> *"Afaste-se do mal e faça o bem; busque a paz com perseverança."*
> **1 Pedro 3:11**

**UM DEUS**
**29 AGO**

Deus abriu ___/___

Devocional 241/365

Reflexões

Todos desejam a paz, aquela tranquilidade que acalma a mente e o coração, proporcionando equilíbrio em meio ao caos. Queremos a paz, mas nem sempre estamos dispostos a trilhar o caminho necessário para alcançá-la. Pedro nos lembra de que a paz não é algo que simplesmente acontece; ela precisa ser buscada com perseverança, e exige de nós uma ação intencional: afastar-nos do mal e fazer o bem.

A paz verdadeira vem quando estamos alinhados com a vontade de Deus. Isso significa tomar decisões conscientes de nos afastar daquilo que nos corrompe, das atitudes que nos tiram do caminho certo, e nos aproximar da prática do bem, do amor e da bondade. É uma busca ativa, não algo que esperamos encontrar passivamente, mas que construímos por meio de nossos atos, escolhas e fé.

O mundo tenta nos oferecer uma paz passageira, baseada em circunstâncias ou conquistas momentâneas. Mas a que vem de Deus é diferente, ela é duradoura. Contudo, para viver essa paz, precisamos nos comprometer em abandonar o mal e trilhar o caminho que Jesus nos ensinou. Fazer o bem, perdoar e amar são passos essenciais para viver em paz, não apenas com os outros, mas também dentro de nós próprios.

Se hoje você se encontra em busca de paz, pergunte-se: estou seguindo o caminho que me leva a ela?

**FRASE DO DIA**

A PAZ DE CRISTO SUPERA A PAZ DO MUNDO.

#umdeusdevocional

# TEMORES

## UM DEUS

**30 AGO**

*"O Senhor lutará por vocês; tão-somente acalmem-se."*
**Êxodo 14:14**

**Deus abriu** ___/___

**Devocional 242/365**

**Reflexões**

___
___
___
___
___
___
___

No livro de Êxodo, quando o povo de Israel se viu encurralado entre o Mar Vermelho e o exército egípcio, Moisés lembrou ao povo que não precisavam temer. Deus estava no comando e lutaria por eles. O Senhor demonstrou Seu poder, abrindo o mar e fazendo o inimigo ser derrotado. O povo de Israel apenas precisou confiar e esperar.

Essa verdade se aplica a nós hoje. Deus está conosco em cada uma de nossas batalhas e dificuldades, e podemos descansar em Sua fidelidade.

Quando enfrentamos situações que parecem não ter saída, nosso papel é confiar e entregar nossos temores a Ele que abre as portas e faz o impossível acontecer.

Lembre-se de que Deus é o Senhor soberano sobre todas as coisas. Ele não apenas vê suas dificuldades, mas luta por você em cada batalha. Sua tarefa é confiar e esperar no Senhor, sabendo que Ele já está agindo a seu favor.

Descanse no cuidado de Deus. Imagine-O lutando por você neste exato momento. Feche os olhos, entregue cada preocupação e permita-se sentir a paz que só Ele pode trazer. Você nunca estará sozinho, porque o Senhor é seu refúgio e a Sua vitória já está garantida.

---

**FRASE DO DIA**

**DEUS É MINHA FORÇA E PROTEÇÃO, NADA TEMO.**

#umdeusdevocional

# FAÇA A SUA PARTE

*"Se eu quiser que ele permaneça vivo até que eu volte, o que isso importa a você? Quanto a você, siga me!"*

João 21:22-23

**UM DEUS**

**31 AGO**

Deus abriu ____/____

Devocional 243/365

Reflexões

Essa fala de Jesus pode assustar, quando não a compreendemos, mas ela traz ensinamento valioso para o trabalho em grupo. Nas comunidades de que participamos ou no trabalho há inúmeras atribuições, algumas mais simples, outras mais complexas. A cada um dos que a compõem é dada uma tarefa e o conjunto delas beneficia a todos. No entanto, há quem critique o desempenho de alguém ou reclame que a pessoa não faz a sua parte, causando animosidade e desconforto entre os outros.

Jesus nos ensina que devemos cuidar daquilo que nos compete, fazer a nossa parte de maneira correta, seja na mais humilde colaboração ou na liderança. Deus cuidará de inspirar e auxiliar aquele que não está fazendo a sua. Nem sempre a razão para a falta é negligência, mas algo que nos é oculto mas que Ele conhece e cuida.

Ao invés de criticarmos o próximo e causar discordância, procuremos edificá-lo, encorajá-lo com amor, paciência e alegria.

A edificação mútua fortalece a comunidade e cada um de nós individualmente. Muitas vezes, um simples gesto de encorajamento ou uma palavra de amor pode fazer toda a diferença na vida de alguém.

Portanto, faça sua parte na certeza de nada ocorre por acaso na Obra Divina. Deus está na direção de todas as coisas, até daquelas que nos parecem inadequadas.

**FRASE DO DIA**

FAÇO MINHA PARTE NAS TAREFAS CONFIANTE EM DEUS.

#umdeusdevocional

## Meus Aprendizados

_____
_____
_____
_____
_____
_____
_____
_____
_____
_____

## Meus Planos futuros

_____
_____
_____
_____
_____
_____
_____
_____
_____
_____

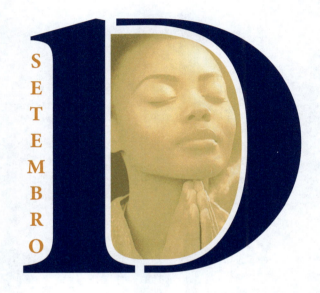

@umdeusdevocional

"Acima de tudo, guarde o seu coração, pois dele depende toda a sua vida."
Provérbios 4:23

09

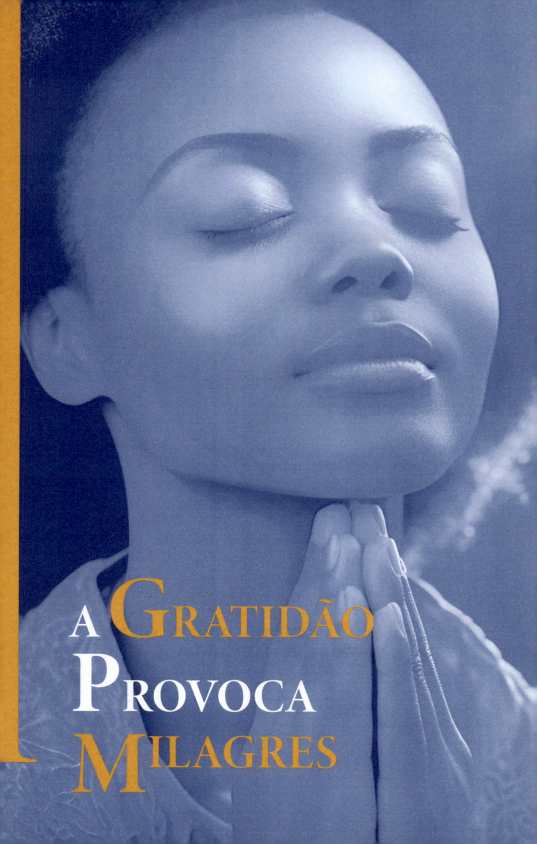

# A VERDADEIRA ADORAÇÃO

> "Nossos antepassados adoraram neste monte, mas vocês, judeus, dizem que Jerusalém é o lugar onde se deve adorar."
> 
> João 4:20

**UM DEUS**

**01 SET**

A passagem de João 4:20 nos apresenta uma reflexão profunda sobre a verdadeira adoração. A mulher samaritana, em sua conversa com Jesus, questiona o local correto para adorar a Deus. Para ela, a adoração estava ligada a um lugar físico: o monte onde seus antepassados adoravam ou o templo em Jerusalém. No entanto, Jesus muda essa perspectiva e revela que a verdadeira adoração não está restrita a um local específico, mas a um coração sincero.

Deus não está preso a templos ou montes. A verdadeira adoração acontece em espírito e em verdade, no íntimo do coração humano. Jesus ensina que o Pai busca aqueles que O adorem sem a necessidade de rituais externos ou locais sagrados. Isso significa que a nossa conexão com Deus vai além das tradições e dos lugares. O importante é a sinceridade com que buscamos a Sua presença.

Às vezes, nos apegamos demais a formas externas de adoração e esquecemos o que realmente importa: o relacionamento genuíno com Deus. Ele deseja um coração redimido, uma vida transformada e uma fé que vai além das aparências. Adorar a Deus em espírito e em verdade significa viver de maneira autêntica, buscando-O com todo o nosso ser.

A verdadeira adoração começa em seu coração, em qualquer momento, e em qualquer circunstância. Busque-O de maneira sincera e viva de acordo com os princípios que Jesus nos ensinou.

Deus abriu ____/____

Devocional 244/365

Reflexões

_____
_____
_____
_____
_____
_____
_____
_____
_____
_____
_____

**FRASE DO DIA**

ADORO O PAI EM ESPÍRITO E VERDADE, ONDE QUER QUE EU VÁ.

#umdeusdevocional

# SIRVA COM AMOR

**UM DEUS**

**02 SET**

> *"Quem me serve precisa seguir-me, e onde estou, o meu servo também estará. Aquele que me serve, meu Pai o honrará."*
>
> **João 12:26**

Deus abriu ____/____

Devocional 245/365

Reflexões

_____
_____
_____
_____
_____
_____ ,
_____
_____
_____
_____

**FRASE DO DIA**

**TODOS OS DIAS EU DEDICO MEU TRABALHO AO SENHOR.**

#umdeusdevocional

Vivemos em um mundo onde o trabalho é muitas vezes visto como uma obrigação ou uma forma de agradar aos outros. Somos pressionados a buscar reconhecimento e sucesso aos olhos das pessoas. No entanto, o apóstolo Paulo nos lembra de que, como servos de Cristo, nosso trabalho deve ser feito de todo o coração, não para agradar aos homens, mas para o Senhor (Colossenses 3:23). Cada tarefa, por mais simples ou complexa que seja, é uma oportunidade de glorificar a Deus.

Quando trabalhamos certos de que estamos servindo ao Senhor, nossa perspectiva muda. O que antes parecia tedioso ou sem sentido ganha um novo propósito. Ao colocar nosso coração em cada ação, até nas pequenas coisas, demonstramos entender o valor de viver para Cristo. Ele é o verdadeiro motivo pelo qual nos esforçamos e dedicamos nosso tempo, não a aprovação humana.

Isso não significa que seremos perfeitos ou que cada esforço será notado por outros. Muitas vezes, o trabalho silencioso que fazemos com amor a Deus não será visto ou reconhecido pelas pessoas ao nosso redor. Mas Deus vê. Ele sabe do seu esforço, do seu coração, e Ele é o único que realmente importa.

Trabalhe com dedicação, sabendo que tudo o que você faz pode ser uma oferta ao Senhor. Sua dedicação e compromisso refletem o caráter de Cristo em sua vida.

# TUDO NOVO

> *"Então lhes contou esta parábola: Ninguém tira remendo de roupa nova e o costura em roupa velha; se o fizer, estragará a roupa nova, além do que o remendo da nova não se ajustará à velha."*
> Lucas 5:36

**UM DEUS**
**03 SET**

Deus abriu ___/___
Devocional 246/365
Reflexões

Para Deus não existe situação perdida ou sem esperança. Até em meio ao caos, às lutas e às dificuldades, Ele está sempre trabalhando em nossa vida para trazer renovação e transformação e faz novas todas as coisas, tanto na Terra quanto em nosso coração. É como um alfaiate que não remenda uma roupa velha com tecido novo, mas a substitui por uma inteiramente nova.

Assim também façamos nós. Quando olhamos para as nossas próprias falhas, para as circunstâncias que parecem impossíveis de resolver, podemos nos sentir desanimados. Podemos pensar que não há como reverter ou transformar o que já foi quebrado ou rasgado. Mas Deus substitui o que não serve mais em nós por novos sentimentos, novos valores.

Essa transformação começa em nosso interior, quando entregamos nossa vida e nossas preocupações a Ele. Deus não deixa nada do jeito que estava antes seja corações feridos, situações difíceis ou vidas rasgadas. A obra de Deus não é apenas uma reparação; é uma renovação completa e uma nova esperança.

Se hoje você sente que precisa de uma nova oportunidade, confie na promessa de Deus. Ele está fazendo novas todas as coisas em sua vida, não apenas um conserto temporário, mas uma transformação eterna.

**FRASE DO DIA**
ESTOU EM CRISTO E NELE ME RENOVO SEMPRE.

#umdeusdevocional

# O MESSIAS DESPREZADO

**UM DEUS**

**04 SET**

*"Veio para o que era seu, mas os seus não o receberam."*
**João 1:11**

 Deus abriu ___/___

 Devocional 247/365

Reflexões

_____
_____
_____
_____
_____
_____
_____
_____
_____

**FRASE DO DIA**
JESUS NÃO TEMEU O DESPREZO E EU TAMBÉM NÃO.

#umdeusdevocional

Jesus, o Filho de Deus, veio ao mundo para salvar e redimir a humanidade. Ele veio ao seu próprio povo, mas foi desprezado por muitos. O Messias tão esperado, aquele que trazia a luz para as trevas, não foi reconhecido por muitos dos seus. Esse desprezo não impediu que Ele cumprisse Seu propósito, mas nos faz refletir sobre a profundidade do amor de Cristo por nós, até quando não o aceitamos de imediato.

Assim como Cristo, às vezes também enfrentamos desprezos e incompreensões. Podemos nos sentir sozinhos ou afastados daqueles que esperávamos que estivessem ao nosso lado. Contudo, Jesus entende essa dor, pois Ele a experimentou. Ele veio ao mundo em amor, oferecendo redenção, e muitos não aceitaram. Mas Seu amor não foi limitado pelo desprezo humano. Ele continuou a amar e a oferecer salvação a todos.

Se você já experimentou desprezo, lembre-se de que Cristo sabe exatamente como você se sente. Ele não apenas conhece esse sentimento, mas venceu o mundo apesar dele. Sua resposta foi o amor incondicional. Ele permanece de braços abertos, pronto para acolher cada um de nós, independentemente de quantas vezes O rejeitamos no passado.

Hoje, você pode aceitar a Cristo e o amor que Ele oferece. Ele veio ao que era seu, e espera que o recebamos em nossos corações.

# PROTEJA SUAS CONQUISTAS

*"Tenham cuidado para que vocês não destruam o fruto do nosso trabalho, antes sejam recompensados plenamente."*
2 João 1:8

**UM DEUS**
**1 05 SET**

A caminhada de fé é um processo constante de crescimento e perseverança. O apóstolo João nos lembra de que, apesar de termos alcançado muito em nossa jornada com Cristo, devemos ter cuidado para não perder as conquistas espirituais que já foram alcançadas. Nossa fé precisa ser continuamente nutrida, protegida e mantida viva. Há um chamado para que sejamos vigilantes e cuidadosos, não permitindo que distrações ou tentações nos desviem do caminho.

Acontece que muitas vezes relaxamos em nossa caminhada quando sentimos que já percorremos uma grande parte do caminho ou quando acreditamos que estamos "seguros" na fé. No entanto, João nos adverte a não nos acomodarmos, pois é nesse momento de relaxamento que corremos o risco de perder o fruto de todo o trabalho e dedicação. A vida espiritual não é uma corrida curta, mas uma maratona que exige perseverança.

Perder o que foi conquistado não significa apenas deixar de experimentar as bênçãos de Deus, mas também se afastar do propósito para o qual fomos chamados. Deus deseja que permaneçamos firmes, cuidando das sementes que foram plantadas em nossos corações e que nos conduzirão a uma recompensa plena e eterna.

Proteja suas conquistas. Não desista no meio do caminho e lembre-se do quanto já foi alcançado em sua vida. Persevere, continue firme na fé, cuide para que suas conquistas espirituais permaneçam.

**Deus abriu** ___/___

**Devocional** 248/365

**Reflexões**

---

**FRASE DO DIA**
**PROTEJO MINHAS CONQUISTAS ESPIRITUAIS COM FÉ.**

#umdeusdevocional

# DISTRIBUA SUA PAZ

**UM DEUS**

**06 SET**

*"Se houver ali um homem de paz, a paz de vocês repousará sobre ele; se não, ela voltará para vocês."*

**Lucas 10:6**

Deus abriu ____/____

Devocional 249/365

Reflexões

_____
_____
_____
_____
_____
_____
_____
_____
_____

**FRASE DO DIA**

PROCURO DISTRIBUIR A MINHA PAZ COM TODOS.

#umdeusdevocional

Uma palavra bondosa tem o poder de aliviar as angústias de nossos corações. Quando você escolhe ser uma fonte de palavras de paz e ânimo, não está apenas ajudando os outros, mas também plantando sementes que podem retornar a você nos momentos em que o seu próprio coração estiver sobrecarregado.

Ser cooperador do Plano Divino significa estar atento ao sofrimento ao seu redor e usar suas palavras como instrumento de cura e restauração. Quando você se dispõe a ser essa voz de calma, você participa ativamente da obra de Deus, trazendo esperança e alívio para aqueles que precisam. E da mesma forma, quando você enfrentar seus próprios momentos de angústia, o mundo pode lhe retribuir com o mesmo consolo que um dia você ofereceu.

Ser parte desse plano maior é reconhecer que nós todos temos um papel a desempenhar no cuidado e apoio uns aos outros. Suas palavras têm o poder de mudar o ambiente, de trazer luz para onde há escuridão e de acalmar corações inquietos. Quando você age assim, não só cumpre o propósito de Deus em sua vida, mas também se prepara para receber essa mesma graça quando mais precisar.

# VERDADEIRA LIBERDADE

> *"Foi para a liberdade que Cristo nos libertou. Portanto, permaneçam firmes e não se deixem submeter novamente a um jugo de escravidão."*
> Gálatas 5:1

**UM DEUS**
**07 SET**

Deus abriu ____/____

Devocional 250/365

Reflexões

No Dia da Independência, celebramos a liberdade que nosso país conquistou. Mas há uma liberdade muito maior que só Cristo pode nos oferecer: a espiritual. Isso significa que, em Cristo, somos libertos do poder do pecado, da culpa e do medo.

No entanto, mesmo depois de termos experimentado essa libertação, podemos ser tentados a voltar aos velhos hábitos, aos pensamentos e comportamentos que nos escravizavam antes. Paulo nos exorta a permanecermos firmes, a não voltarmos ao jugo de escravidão do qual fomos libertos. Essa liberdade espiritual é algo precioso, conquistado por Jesus na cruz, e devemos viver de acordo com ela, mantendo nossa fé firme.

Não significa fazer o que quisermos, mas viver plenamente de acordo com os propósitos de Deus. Quando entregamos nossas vidas a Ele, encontramos a verdadeira liberdade — a de viver em paz, mesmo em meio às tempestades da vida, e de confiar plenamente em Sua graça e provisão.

Neste dia 7 de Setembro, enquanto comemoramos a independência do nosso país, reflita sobre a verdadeira liberdade que Cristo já conquistou por você. Quais são as áreas da sua vida que ainda precisam dessa libertação? Lembre-se de que Jesus já pagou o preço, e Ele convida você a viver plenamente em Sua liberdade.

**FRASE DO DIA**

VIVO A VERDADEIRA LIBERDADE CONQUISTADA POR CRISTO.

#umdeusdevocional

# FRUTOS DA FÉ

## UM DEUS
## 08 SET

> *"Por isso mesmo, empenhem-se para acrescentar à sua fé a virtude; à virtude, o conhecimento."*
>
> **2 Pedro 1:5**

Deus abriu ___/___

Devocional 251/365

Reflexões

_____
_____
_____
_____
_____
_____
_____
_____
_____

### FRASE DO DIA
**EM MIM, A FÉ VIVA SE MANIFESTA EM AMOR E BONDADE.**

#umdeusdevocional

A fé é o fundamento de nossa relação com Deus, mas ela não pode existir sozinha. Pedro nos lembra de que a fé deve ser acompanhada por virtudes que se refletem em nossas ações e no amor ao próximo. De que vale dizer que temos fé, se nossas vidas não refletem a bondade e o amor de Deus? A verdadeira fé é aquela que gera transformação e nos leva a agir em conformidade com o que acreditamos.

Além disso, não podemos professar fé em Deus enquanto nossos corações estão fechados para o outro e nossas mãos paralisadas diante da dor alheia. A fé que não produz frutos de bondade e compaixão é uma fé incompleta.

Pedro nos exorta a crescer espiritualmente, a acrescentar à fé outras qualidades que refletem a plenitude de uma vida em Cristo. Pois a fé sem amor não tem valor, e, se Deus é amor, então nossa fé em Deus deve nos levar a amar como Ele ama. A fé verdadeira deve transformar nosso coração e nossas ações.

Permita que sua fé seja vivida plenamente, refletindo o amor de Deus em suas ações. Pergunte-se: como minha fé pode inspirar bondade e compaixão hoje? Viva essa fé, permitindo que o amor de Deus transborde em sua vida.

# O MAIOR MANDAMENTO

> *"Sobretudo, amem-se sinceramente uns aos outros, porque o amor perdoa muitíssimos pecados."*
> 1 Pedro 4:8

**UM DEUS**
**09 SET**

O amor é o maior de todos os mandamentos e a força que transforma relacionamentos, cura corações e nos aproxima de Deus. Nunca é demais falar, refletir e vivenciar o amor de acordo com a Lei Divina. Pedro nos lembra de que, acima de todas as coisas, devemos amar uns aos outros sinceramente, porque o amor tem o poder de perdoar e restaurar. Esse sentimento não apenas fortalece laços, mas também cobre multidões de pecados, tanto os nossos quanto os dos outros.

Amar sinceramente não é apenas uma questão de palavras, mas de atitudes. O amor verdadeiro é aquele que perdoa, que entende, que acolhe. Ele não guarda rancor, nem age com orgulho. Ele olha para o outro com compaixão, sabendo que todos nós precisamos de misericórdia. Assim como Deus nos amou e nos perdoou, somos chamados a agir em nossas vidas diárias.

Quando amamos de verdade, conseguimos enxergar além dos erros e imperfeições. O amor nos permite perdoar os que nos feriram e nos reconcilia com aqueles com quem tivemos conflitos. Ao praticarmos o amor que perdoa nos aproximamos do coração de Deus e cumprimos o propósito para o qual fomos chamados.

Ao enfrentar mágoas ou dificuldades em seus relacionamentos, lembre-se da importância de amar sinceramente. Permita que o amor cubra os erros e traga reconciliação. Ame como Cristo nos amou, com um coração puro e disposto a perdoar.

Deus abriu ____/____

Devocional 252/365

Reflexões

**FRASE DO DIA**

O AMOR TUDO SUPORTA, CRÊ, ESPERA E PERDOA.

#umdeusdevocional

# ZELO DO BEM

**UM DEUS**

**10 SET**

> "Quem há de maltratá-los, se vocês forem zelosos na prática do bem?"
>
> 1 Pedro 3:13

 Deus abriu ____/____

 Devocional 253/365

 Reflexões

_____
_____
_____
_____
_____
_____
_____
_____

Quando escolhemos viver uma vida de bondade e fazer o que é correto aos olhos de Deus, muitas vezes nos perguntamos: por que ainda enfrentamos dificuldades? Pedro nos lembra de que, quando somos zelosos em fazer o bem, estamos sob a proteção de Deus.

Ser zeloso do bem significa viver com intencionalidade, buscar fazer o certo em todas as situações, até quando o mundo ao nosso redor caminha na direção oposta. O bem que praticamos, até nas pequenas ações do dia a dia, reflete a presença de Deus em nossa vida. E, embora isso não nos isente de problemas ou maldades do mundo, traz uma paz interior que só aqueles que andam com Cristo conhecem.

Pedro nos faz refletir sobre a ideia de que, quando estamos focados em fazer o bem, estamos também protegidos de muitos males que poderiam nos atingir. O zelo pela bondade não apenas impacta aqueles ao nosso redor, mas transforma nossa própria alma, nos moldando mais e mais à imagem de Cristo.

Tenha em mente que seu esforço para fazer o bem nunca é em vão. Deus vê cada ação e cuida de você em todos os momentos.

**FRASE DO DIA**

**NO TEMPO CERTO COLHEREI OS FRUTOS DO BEM QUE EU FAÇA.**

#umdeusdevocional

# EXPOR O LADO ESCURO

*"Não participem das obras infrutíferas das trevas; antes, exponham-nas à luz."*
**Efésios 5:11**

**UM DEUS**
**11 SET**

Seguir a Cristo é uma escolha que transforma nossa vida e nos chama para longe das trevas e do pecado. Paulo nos ensina em Efésios que não devemos participar das obras infrutíferas das trevas, mas expô-las à luz. Isso significa que nossa caminhada com Ele deve ser marcada pela busca pela verdade, pela justiça e por uma vida que reflete a grandiosidade de Deus.

O chamado de Jesus é para que sejamos mais do que seguidores passivos. Ele nos convida a ser grandiosos em espírito, a viver como Ele viveu, com coragem e amor, rejeitando as práticas que não trazem frutos para a vida eterna. Assim como Jesus enfrentou as trevas e revelou a luz do Pai, também somos chamados a viver uma vida de integridade, rejeitando tudo que nos afasta de Deus.

Ser grandioso em espírito não significa perfeição, mas ter um coração disposto a seguir o exemplo de Cristo. Ele é o nosso caminho, a verdade e a vida. Nele encontramos o modelo perfeito de como devemos viver. A grandeza espiritual vem de uma conexão constante com Deus, de viver à luz de Sua palavra e de recusar tudo que nos leva para longe do Seu propósito.

Escolha expor as áreas escuras da sua vida à luz de Cristo. Permita que Ele transforme sua mente, coração e ações. Seja grandioso em espírito, assim como nosso Pai celestial.

**Deus abriu** ____/____

**Devocional**
**254/365**

**Reflexões**

_____
_____
_____
_____
_____
_____
_____
_____
_____
_____

**FRASE DO DIA**

A INTENSA LUZ DO MESTRE JESUS CLAREIA MEU LADO ESCURO.

#umdeusdevocional

# A GRANDEZA NA HUMILDADE

**UM DEUS**

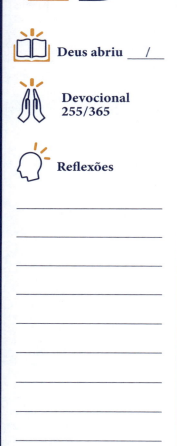

**12 SET**

*"E, sendo encontrado em forma humana, humilhou-se a si mesmo e foi obediente até a morte, e morte de cruz."*

**Filipenses 2:8**

Deus abriu ___/___

Devocional 255/365

Reflexões

_____
_____
_____
_____
_____
_____
_____
_____
_____
_____

**FRASE DO DIA**

**ESCOLHO O CAMINHO DA HUMILDADE E DO SERVIÇO.**

#umdeusdevocional

Jesus Cristo, o Filho de Deus, nos deu o maior exemplo de humildade e obediência ao se entregar completamente à vontade do Pai. Ele, que era o maior de todos, escolheu servir ao mundo e entregar Sua vida em favor de muitos. Sua obediência e sacrifício na cruz não foram sinal de fraqueza, mas de grandeza espiritual que desafia nossa compreensão. Ao seguir esse exemplo, somos chamados a aprender a servir e colocar o amor e a vontade de Deus acima de qualquer coisa.

Servir ao mundo, assim como Jesus fez, é um ato de adoração e obediência ao Pai. É uma demonstração de que entendemos nosso chamado e nosso papel no Plano Divino. A grandeza aos olhos de Deus não está em posição ou poder, mas em humildade e serviço. Para sermos grandes no Reino de Deus, devemos primeiro aprender a servir com um coração puro e obediente.

O orgulho nos impede de viver essa humildade. Queremos reconhecimento, queremos resultados imediatos, mas Deus nos chama para algo mais profundo: um espírito disposto a servir ao outro sem esperar recompensas terrenas. E quando servimos, o Pai, que está nos céus, se alegra e se orgulha de ver Suas mãos operando por meio de nós.

Seja em suas ações diárias ou em suas interações com os outros, escolha o caminho da humildade e do serviço. Lembre-se do exemplo de Cristo e siga Seus passos, sabendo que Deus honra aqueles que servem com um coração fiel.

# O CONVITE DE JESUS

> "Mas, quando você for convidado, vá sentar-se no lugar menos importante, de forma que, quando vier o que o convidou, lhe diga: Amigo, passe para um lugar mais importante! Então você será honrado na presença de todos os convidados."
>
> Lucas 14:10

**UM DEUS**
**13 SET**

Deus abriu ____/____

Devocional 256/365

Reflexões

Jesus nos convida a algo muito maior do que podemos imaginar. Ele não faz isso uma única vez; ao longo de nossas vidas, Ele está sempre nos chamando para mais perto Dele, para viver em Sua presença e participar do Seu Reino, porém ignoramos ou rejeitamos o convite, talvez por medo, insegurança ou falta de entendimento. Muitos são chamados, mas poucos são escolhidos.

Agora que você conhece quem Ele é, compreende o poder do Seu amor e da Sua graça. Não rejeite mais esse chamado. Jesus sempre soube quem você é. Ele conhece o seu coração, suas lutas, seus erros e suas esperanças, antes até de você se dar conta. Ele te convida porque te ama profundamente e Sua maior alegria é que aceite o Seu convite para caminhar com Ele. Aceitar esse chamado é reconhecer que a verdadeira honra vem do Senhor, e não das coisas deste mundo.

O lugar que Jesus tem preparado para você é de honra, mas essa honra só é recebida através da humildade e da aceitação do convite. Não se trata de lutar pelo melhor lugar ou pelo reconhecimento dos homens, mas de saber que ao seguir Jesus, Ele te guiará e te colocará onde você precisa estar, no tempo certo.

Ao sentir o chamado de Deus em seu coração, não rejeite. Vá. O convite é pessoal, cheio de amor e propósito. Deixe que Jesus te guie ao lugar que Ele preparou especialmente para você.

**FRASE DO DIA**

ACEITO O CONVITE PESSOAL QUE JESUS ME ENVIOU.

#umdeusdevocional

# RESPEITE AS DIFERENÇAS

**UM DEUS**

**D** 14 SET

> *"Ele respondeu: Eu já lhes disse, e vocês não me deram ouvidos. Por que querem ouvir de novo? Acaso vocês também querem se tornar discípulos dele?"*
>
> João 9:27

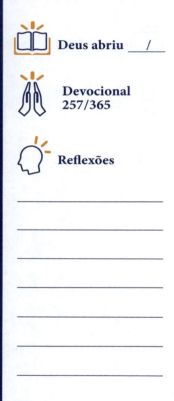

Deus abriu ____/____

Devocional 257/365

Reflexões

_____
_____
_____
_____
_____
_____
_____
_____
_____

**FRASE DO DIA**

A VERDADE É VIVIDA COM AMOR, MESMO QUANDO NÃO É COMPREENDIDA.

#umdeusdevocional

Nem todos estão dispostos a ouvir ou aceitar aquilo que acreditamos ou vivemos em nossa fé. O cego curado foi questionado várias vezes sobre o que havia acontecido com ele, muitos ainda não queriam acreditar em seu testemunho. Isso nos ensina que, mesmo quando a verdade é clara para nós, haverá pessoas que resistem a ela.

Jesus nos chamou para sermos luz no mundo, mas essa luz nem sempre será recebida da forma como esperamos. Encontraremos aqueles que pensam de forma diferente, que têm outras crenças ou que rejeitam o que sabemos ser verdade. No entanto, é importante que, ainda assim, respeitemos quem não compartilha de nossa visão. Respeitar o outro não significa concordar com ele, mas reconhecer que cada pessoa tem sua própria jornada e que cabe a Deus transformar corações.

A nossa missão é seguir a verdade de Cristo com amor, paciência e respeito, até quando somos confrontados por quem pensa diferente. A verdadeira transformação acontece através do amor e da persistência em viver de acordo com a palavra de Deus, sem imposições. É o exemplo de nossa vida e a paz que encontramos em Cristo que falarão mais alto do que qualquer argumento.

Diante de alguém que não entende ou não aceita o que você acredita, lembre-se de tratar essa pessoa com o respeito e compaixão que Jesus demonstrou a todos. Continue firme em sua fé, mas sempre com humildade e amor.

# DISCERNIMENTO

> *"Tudo é permitido, mas nem tudo convém. Tudo é permitido mas nem tudo edifica."*
> 1 Coríntios 10:23

**UM DEUS**
**15 SET**

Deus abriu ___/___

Devocional 258/365

Reflexões

Vivemos uma era de sobrecarga de informações em que somos bombardeados por ideias e opiniões que nem sempre refletem a verdade de Deus. O que parece certo aos olhos do mundo nem sempre edifica nossas vidas espirituais. Temos liberdade para muitas coisas, mas nem tudo que fazemos nos aproxima de Deus ou fortalece nossa fé.

Mais do que nunca, é crucial distinguir entre o que é realmente edificante e o que, apesar de parecer inofensivo, pode nos destruir aos poucos. Nem sempre é fácil identificar o que contribui para o nosso crescimento espiritual. Mas, felizmente, Deus nos deixou Suas palavras para nos orientar e proteger. A Bíblia é o guia que precisamos para não nos perdermos em meio a tantas vozes.

É preciso olhar com o coração e usar a lógica para distinguir a verdade entre interpretações e adaptações da mensagem de Deus, produzidas tanto por pessoas idôneas quanto por ingênuas ou de má-fé. Esses distorcem propositalmente as Escrituras e criam armadilhas para quem busca respostas. É necessário estar atento para discernir o que vem de Deus para não cair nas seduções do mundo ou nas palavras que não refletem a verdadeira essência de Cristo.

Antes de agir ou tomar uma decisão, pergunte-se: Isso me aproxima de Deus? Isso edifica minha fé e meu caráter? O caminho da vida cristã é repleto de escolhas, e aquelas que edificam são as que nos tornam mais parecidos com Cristo.

**FRASE DO DIA**

RECONHEÇO A VERDADE COM A RAZÃO E A INTUIÇÃO DIVINA.

#umdeusdevocional

# PROVAS DE FOGO

**UM DEUS**
**16 SET**

> "Sua obra será mostrada, porque o Dia a trará à luz. Pois será revelada pelo fogo, que provará a qualidade da obra de cada um."
> **1 Coríntios 3:13**

Deus abriu ___/___

Devocional 259/365

Reflexões

_____
_____
_____
_____
_____
_____
_____
_____
_____
_____

**FRASE DO DIA**
NAS PROVAS DE FOGO, DEUS É MEU REFÚGIO.

#umdeusdevocional

As provas de fogo na vida são inevitáveis. Elas surgem para testar a qualidade de tudo o que construímos – nossos relacionamentos, nossa fé, nossas escolhas. E quanto mais preciosos são os vínculos e os amores envolvidos, mais desafiadoras essas provas se tornam. Casamentos, amizades e famílias, pilares fundamentais de nossas vidas, estão constantemente passando por desafios que colocam à prova nossa resiliência, paciência e capacidade de perdoar.

A verdade é que tudo é espiritual. Nossos relacionamentos e lutas não são apenas eventos naturais, mas são partes de uma batalha maior que envolve nossa caminhada com Deus. Paulo nos lembra de que tudo o que fazemos será provado pelo fogo — e isso inclui a maneira como tratamos aqueles a quem amamos, como cultivamos nossos laços e como enfrentamos as dificuldades que surgem ao longo da jornada.

Mas precisamos estar atentos, espiritualmente alertas, para que possamos enfrentar essas provações com fé, protegidos pela presença do Senhor.

Ao atravessar uma prova de fogo, lembre-se de que Deus está ao seu lado. Ele prometeu que lutaria por você, e o que está sendo provado agora só fortalecerá o que é verdadeiro e duradouro. Permita que Deus seja seu refúgio e sua fortaleza em meio às dificuldades.

# A JUSTIÇA QUE TRANSFORMA

*"Quem segue a justiça e a lealdade encontra vida, justiça e honra."*
Provérbios 21:21

**UM DEUS**
**17 SET**

Deus abriu ____/____

Devocional 260/365

Reflexões

A busca por uma vida justa e cheia de propósito é uma aspiração humana comum. Todos nós desejamos fazer o bem, ajudar o próximo e viver de maneira que tenha um impacto positivo no mundo. No entanto, por mais que nos esforcemos para praticar a caridade ou agir com retidão, há uma diferença crucial entre a justiça que vem apenas dos nossos próprios esforços e a justiça que brota de uma vida transformada por Deus.

No contexto bíblico, a justiça vai além do cumprimento das leis ou da aplicação literal da justiça humana. Ela está relacionada à bondade, ao cuidado com o próximo, à caridade e ao amor. É bom lembrar que, sem a transformação interior que Deus realiza em nós, nossas ações podem carecer da profundidade espiritual e do propósito maior que Ele deseja para nossas vidas.

Quando Deus transforma o nosso coração, nossas boas ações deixam de ser apenas gestos externos e passam a refletir uma vida conectada à vontade Dele. Assim, fazer o bem e praticar a caridade são expressões visíveis de uma justiça que vai além do esforço humano. Quando essa justiça nasce de uma vida transformada por Deus, ela carrega um impacto eterno, não porque seja fruto apenas de nosso esforço, mas porque reflete Cristo em nós.

**FRASE DO DIA**

**MINHAS BOAS AÇÕES REFLETEM A JUSTIÇA DIVINA.**

#umdeusdevocional

# DEUS NOS BUSCA

## UM DEUS
## 18 SET

> *"Não há ninguém que entenda, ninguém que busque a Deus."*
> **Romanos 3:11**

- Deus abriu ___/___
- Devocional 261/365
- Reflexões

_____
_____
_____
_____
_____
_____
_____
_____
_____

A busca por Deus não é uma iniciativa humana. Somos naturalmente inclinados a seguir nossos próprios caminhos, sem entender completamente a grandeza de Deus ou o que Ele deseja para nossas vidas. No entanto, o apóstolo Paulo nos lembra em Romanos que não fomos nós quem tomou a primeira iniciativa de buscar a Deus. Foi Ele quem primeiro nos buscou, atraindo nosso coração e nos chamando para mais perto.

Essa verdade é profunda e libertadora. Deus não espera que sejamos perfeitos ou que tenhamos tudo resolvido antes de nos aproximarmos Dele. Em Sua infinita graça, Ele nos busca ainda que estejamos distantes, desatentos ou até indiferentes. Não precisamos lutar sozinhos para encontrar o caminho; Ele já está nos buscando com amor e paciência, aguardando o momento em que nossos corações estarão prontos para responder ao Seu chamado.

Permita-se ser encontrado por Deus. Não é sobre o que você faz, mas sobre abrir o coração para ouvir Sua voz e sentir o Seu amor. Ele já está perto, aguardando sua resposta com braços abertos, pronto para restaurar, transformar e caminhar ao seu lado.

### FRASE DO DIA
**DEUS BUSCA POR MIM E EU ATENDO AO SEU CHAMADO.**

#umdeusdevocional

# EXEMPLO DE FÉ

*"Quando chegaram onde estava a multidão, um homem aproximou-se de Jesus, ajoelhou-se diante dele e disse: Senhor, tem misericórdia do meu filho! Ele tem ataques e está sofrendo muito. Muitas vezes cai no fogo ou na água."*
Mateus 17:14-15

**UM DEUS**
**19 SET**

No encontro entre Jesus e o pai aflito de um jovem, vemos um exemplo poderoso de alguém que não apenas expressou palavras, mas que chegou a Jesus com um coração desesperado, acreditando no poder do Mestre para salvar seu filho. Ele não apenas falou de fé, mas agiu em fé, buscando ajuda diretamente de Cristo.

Muitas vezes, dizemos que temos fé, mas, quando os momentos difíceis chegam, é fácil vacilar ou duvidar. A fé verdadeira é aquela que nos leva além das palavras e nos impulsiona a agir, a confiar completamente no poder e na vontade de Deus, mesmo quando tudo parece estar desmoronando. Esse homem se ajoelhou diante de Jesus, reconhecendo sua dependência de Deus e acreditando que só Ele poderia trazer a cura que seu filho tanto precisava.

Jesus nos ensina que a fé não é medida por palavras bonitas ou discursos, mas pela confiança que depositamos em Deus em nossas ações, em nossas orações e em nossa esperança. A fé verdadeira é aquela que nos leva a ajoelhar, a pedir com sinceridade, e a acreditar que Deus está presente, até nos momentos mais sombrios.

Portanto, fé não é apenas algo que falamos ou um conceito abstrato. A verdadeira fé é uma força viva que move montanhas, transforma vidas e nos conecta profundamente com Deus.

Deus abriu ____/____

Devocional 262/365

Reflexões

**FRASE DO DIA**

MINHA FÉ MANIFESTA-SE EM CONFIANÇA E AÇÃO.

#umdeusdevocional

# JESUS EM SUA CASA

**UM DEUS**

**20 SET**

> *"Quando entrarem numa casa, digam primeiro: Paz a esta casa."*
> Lucas 10:5

 **Deus abriu** ___/___

 **Devocional 263/365**

**Reflexões**

_____
_____
_____
_____
_____
_____
_____
_____

Essa simples frase revela um desejo profundo: Jesus quer estar presente na nossa vida, em nossa casa, em nossa intimidade. Ele não quer apenas ser uma figura distante em sua vida. Ele deseja entrar na sua casa, na sua rotina, nos momentos alegres e difíceis. Assim como Ele entrou na casa de Pedro, na de Zaqueu, na de Lázaro, Ele deseja ser parte integrante do seu dia a dia. Não importa como você se vê ou como o mundo te vê, Jesus vê seu coração e deseja estar mais perto de você.

Como sabemos, a casa de Pedro foi sustentáculo do trabalho de Jesus; Zaqueu recebeu sua visita com alegria; Lázaro hospedava-o alegremente em Betânia. As vidas daquelas pessoas e suas famílias foram transformadas por Sua presença. Quando permitimos que Cristo entre em nossa casa, em nosso coração e em nossa vida, as coisas nunca mais serão as mesmas. Ele nos transforma, renova e nos leva a uma vida de maior propósito e amor.

Permita que Jesus faça parte da sua casa, da sua rotina, do seu coração. Ele não está distante. Abra a porta e deixe que Ele entre, caminhe ao seu lado e seja parte de cada aspecto da sua vida. Não espere que tudo esteja perfeito. Ele só espera o seu convite para transformar completamente a sua história.

**FRASE DO DIA**

**JESUS, ENTRE EM MINHA CASA E TRANSFORME MINHA VIDA.**

#umdeusdevocional

# A QUEM VOCÊ SERVE?

> *"Nenhum servo pode servir a dois senhores; pois odiará a um e amará o outro, ou se dedicará a um e desprezará o outro. Vocês não podem servir a Deus e ao dinheiro."*
> Lucas 16:13

**UM DEUS**
**21 SET**

Deus abriu ___/___

Devocional 264/365

Reflexões

Todos nós, conscientemente ou não, servimos a algo ou alguém. Mas Jesus deixa claro que não podemos ter dois senhores. Nossas vidas, nossas decisões e nossas prioridades sempre refletirão quem ou o que ocupa o lugar mais importante em nossos corações. A quem estamos realmente servindo?

Muitas vezes, o mundo tenta nos convencer de que podemos dividir nossa lealdade entre Deus e outras coisas — seja o dinheiro, o status, o poder, ou até mesmo nossos desejos e ambições pessoais. No entanto, Jesus é enfático: ou você serve a Deus com todo o seu coração, ou algo mais acabará ocupando o trono que deveria pertencer somente a Ele. A tentativa de equilibrar ambos inevitavelmente leva ao afastamento de um deles.

Reflita no seu coração: quem é o seu Senhor? Onde você coloca sua confiança, seu tempo e suas prioridades? Quando Deus é o centro de nossas vidas, as outras coisas encontram seu devido lugar. Mas quando outra coisa toma esse lugar, nossa relação com Deus se enfraquece e perdemos o verdadeiro sentido da vida.

Quando você se sentir dividido entre servir a Deus e servir ao mundo, lembre-se de que somente Deus pode dar sentido, propósito e paz duradoura. Não permita que as distrações deste mundo tomem o lugar de quem realmente deve ser o seu Senhor.

**FRASE DO DIA**

ANTES DOS INTERESSES TERRENOS, BUSCO O REINO DE DEUS.

#umdeusdevocional

# A REGRA DE OURO

**UM DEUS**

**22 SET**

> *"Como vocês querem que os outros lhes façam, façam também vocês a eles."*
> **Lucas 6:31**

Deus abriu ___/___

Devocional 265/365

Reflexões

_____
_____
_____
_____
_____
_____
_____
_____
_____
_____

**FRASE DO DIA**
TRATO O PRÓXIMO COM AMOR E RESPEITO.

#umdeusdevocional

Jesus nos ensina uma regra simples, mas profundamente transformadora: trate os outros da maneira como você gostaria de ser tratado. Essa é a chamada "Regra de Ouro" e, embora pareça uma instrução simples, viver de acordo com ela pode transformar radicalmente nossas relações e trazer paz ao nosso coração.

Quando colocamos essa regra em prática, somos desafiados a sair do nosso egoísmo e a nos colocarmos no lugar do outro. O exercício da empatia e do amor ao próximo, como Jesus nos ensinou, não apenas melhora a vida daqueles ao nosso redor, mas também traz paz e alegria para dentro de nós. Ao agirmos com bondade, respeito e compaixão, refletimos o coração de Cristo e contribuímos para um ambiente de harmonia e entendimento.

Aplicar a Regra de Ouro não é algo passivo; exige intenção e atenção em nossas atitudes diárias. É um convite a viver com mais amor, mais paciência e mais compreensão. Quando você faz pelos outros o que gostaria que fizessem por você, a vida se torna mais leve, as relações se fortalecem e a paz de Deus encontra morada em seu coração.

Em meio a conflitos ou dificuldades, lembre-se da Regra de Ouro. Pergunte-se como você gostaria de ser tratado e aja dessa forma. Isso não apenas trará paz aos outros, mas será também uma fonte de paz interior.

# CRISTO EM SEU CORAÇÃO

*"Teus olhos são tão puros que não suportam ver o mal; não podes tolerar a perversidade."*
Habacuque 1:13

**UM DEUS**
23 SET

Quando Cristo vive em nossos corações, Ele transforma nosso ser e purifica nossos pensamentos e atitudes. Esse processo de santificação não ocorre instantaneamente, mas é uma jornada diária, onde a presença de Cristo em nós molda nossa maneira de viver, pensar e sentir.

Deixar Cristo habitar em nosso coração significa permitir que Ele nos guie e transforme, moldando cada aspecto da nossa vida para nos tornarmos mais parecidos com Ele. Quando isso acontece, somos inspirados, e a nossa vida passa a refletir o amor e a graça de Deus. A partir do momento em que Cristo vive em nós, Ele se torna o alimento da nossa alma, a força que nos sustenta e o guia para todos os nossos passos.

O sopro de Cristo dentro de nós não só nos dá vida, mas também nos fortalece para resistir ao mal e fazer escolhas que estão em conformidade com a vontade de Deus.

Que Cristo, ao habitar em seu coração, seja a fonte que alimenta cada decisão e cada palavra que você pronuncia. Ele é o alimento da alma, o sopro de vida que renova nossa mente e nos fortalece para enfrentar os desafios diários. Com Ele no centro de nossa vida, podemos resistir às tentações e andar em retidão, vivendo de acordo com os princípios do Reino de Deus.

Deus abriu ___/___
Devocional 266/365
Reflexões

**FRASE DO DIA**
MEU CORAÇÃO É MORADA DE JESUS.

#umdeusdevocional

# SEPARADOS PELO PECADO

**UM DEUS**

24 SET

> *"Mas as suas maldades separaram vocês do seu Deus; os seus pecados esconderam de vocês o rosto dele, e por isso ele não os ouvirá."*
>
> **Isaías 59:2**

**Deus abriu** ____/____

**Devocional 267/365**

**Reflexões**

_____
_____
_____
_____
_____
_____
_____
_____
_____

**FRASE DO DIA**

VOLTO A DEUS COM ARREPENDIMENTO SEMPRE QUE ERRO.

#umdeusdevocional

O que é o pecado? É toda falta, erro ou culpa em relação à Lei de Deus. O pecado cria uma barreira entre nós e Deus. Embora nossos erros possam afetar outros ao nosso redor, a verdadeira consequência do pecado é a separação espiritual que ele causa. Quando pecamos, não ofendemos apenas as pessoas ou as normas sociais, mas violamos a santidade de Sua Lei.

Isaías nos lembra de que, com o pecado, somos nós que nos afastamos de Deus e nossas orações podem se tornar distantes, pois estamos longe de Sua presença. É como se nossas maldades nos isolassem da graça e da luz de Deus, nos colocando em um lugar de escuridão e afastamento espiritual.

No entanto, esse distanciamento não precisa ser permanente. Através de Cristo, há sempre um caminho de volta. Ele nos oferece a chance de nos reconciliarmos com Deus, de quebrarmos essa barreira e voltarmos à comunhão plena com o Pai. A reconciliação com Deus começa com o arrependimento genuíno, o reconhecimento de nossas falhas e a busca sincera pelo perdão. Quando confessamos nossos pecados, Cristo nos purifica e nos devolve à luz.

Cristo nos oferece a oportunidade de sermos curados e renovados. Basta nos voltarmos a Ele com o coração arrependido e sincero.

# EXAMINAR-SE

> *"Examinem-se para ver se vocês estão na fé; provem a si mesmos. Não percebem que Cristo Jesus está em vocês? A não ser que tenham sido reprovados!"*
>
> 2 Coríntios 13:5

**UM DEUS**
**25 SET**

Deus abriu ____/____

Devocional 268/365

Reflexões

O apóstolo Paulo nos chama a um autoexame constante e profundo da nossa fé. Ele nos desafia a examinar se Cristo realmente vive em nós, se estamos permitindo que Ele transforme nosso coração e nossa vida diariamente.

Esse exame espiritual é vital, pois revela as áreas de nossa vida que precisam de ajuste, cura ou crescimento. Ao nos examinarmos, não estamos apenas avaliando nosso comportamento, mas também a profundidade de nossa conexão com Cristo.

É importante lembrar que esse autoexame não é para nos condenar, mas para nos alinhar mais perfeitamente com a vontade de Deus. Cristo vive em nós, e é através dessa presença que somos capacitados a viver de maneira digna do chamado de Deus.

Portanto, examinar-se é um convite à renovação, à proximidade com Deus e à busca constante de uma vida que reflete a glória de Cristo.

Reserve um momento a cada dia para estar em silêncio diante de Deus e ouvir Sua voz. Peça que Ele revele com clareza as áreas onde você precisa crescer. Essa reflexão não é uma tarefa pesada, mas uma oportunidade de se conectar mais profundamente com o Pai e permitir que Ele transforme sua vida.

Abra o coração e confie que, ao fazer esse autoexame, Deus estará ao seu lado, guiando cada passo rumo a uma vida cheia de propósito e da Sua paz.

**FRASE DO DIA**

SENHOR, EXAMINE MEU CORAÇÃO PARA TRANSFORMÁ-LO.

#umdeusdevocional

# NEGUE A SI PRÓPRIO

**UM DEUS**

**26 SET**

*"Então Jesus disse aos seus discípulos: Se alguém quiser acompanhar-me, negue-se a si mesmo, tome a sua cruz e siga-me."*
Mateus 16:24

Deus abriu ____/____

Devocional 269/365

Reflexões

_____
_____
_____
_____
_____
_____
_____
_____
_____

**FRASE DO DIA**
**CARREGO A CRUZ NECESSÁRIA À RESTAURAÇÃO DE MINHA ALMA.**

#umdeusdevocional

O chamado de Jesus para seguir Seus passos é profundo e desafiador. Ele nos convida a negar a nós mesmos, carregar nossa cruz e segui-Lo. Negar-se a si mesmo não significa apenas abrir mão de algumas vontades passageiras, mas envolve uma entrega total. É um chamado para colocarmos de lado nosso ego, nossos desejos pessoais e ambições, e priorizarmos a vontade de Deus em tudo que fazemos.

Carregar a cruz, por sua vez, é aceitar o sofrimento que pode vir junto com essa decisão. A cruz representa sacrifício, renúncia e, às vezes, dor. Porém, ao aceitá-la, não estamos sozinhos. Jesus está conosco em cada passo da jornada. Ele nos dá forças para continuar até quando o caminho parece difícil de trilhar. A cruz que carregamos não é um fardo sem propósito, mas sim o caminho para uma vida de redenção e comunhão com Deus.

Em um mundo que valoriza a busca pelo próprio interesse e o sucesso pessoal, Jesus nos chama a nadar contra a corrente. Ele nos desafia a abrir mão da busca por reconhecimento e prestígio para que possamos abraçar um propósito maior. Como cristãos, seguir a Cristo implica em escolhas que muitas vezes são contrárias à nossa natureza humana, mas que trazem frutos eternos.

Negar a si próprio é o início de uma transformação espiritual que nos molda à imagem de Cristo e nos traz uma paz e alegria que o mundo não pode oferecer.

# HARMONIA E RESPEITO

> "Tenham-nos em grande estima e amor, por causa do trabalho deles. Vivam em paz uns com os outros."
>
> 1 Tessalonicenses 5:13

**UM DEUS**

**27 SET**

Deus abriu ___/___

Devocional 270/365

Reflexões

A carta de Paulo aos tessalonicenses traz uma mensagem importante sobre o valor da harmonia e do respeito na comunidade cristã. Paulo instrui os crentes a reconhecer e valorizar aqueles que trabalham arduamente pela fé, e, ao mesmo tempo, nos convida a viver em paz uns com os outros. Este é um lembrete de que a vida em comunidade, seja na igreja, na família ou no trabalho, requer respeito, estima e esforço para promover a paz.

A paz não surge naturalmente em todas as situações. Muitas vezes, exige de nós humildade, paciência e a disposição de superar conflitos, mal-entendidos e diferenças de opinião. O chamado de Paulo para "viver em paz uns com os outros" é mais do que apenas evitar conflitos; é um convite para cultivar uma atmosfera de respeito mútuo e colaboração, onde o amor de Cristo seja refletido em cada interação.

Vivermos em paz também significa estarmos dispostos a perdoar, a ouvir e a sermos agentes de reconciliação. Em um mundo onde o confronto e a discórdia parecem prevalecer, somos chamados a ser luz, promovendo a paz de Deus onde estivermos. A paz verdadeira começa em nossos corações, fruto de nossa relação com Deus, e deve ser estendida a todas as áreas de nossa vida.

**FRASE DO DIA**

**DESEJO LEVAR HARMONIA E RESPEITO AONDE FOR.**

#umdeusdevocional

# OUSE ACREDITAR

**UM DEUS**

**28 SET**

> *"Todavia, como está escrito: Olho nenhum viu, ouvido nenhum ouviu, mente nenhuma imaginou o que Deus preparou para aqueles que o amam."*
> **1 Coríntios 2:9**

**Deus abriu** ____/____

**Devocional 271/365**

**Reflexões**

_____
_____
_____
_____
_____
_____
_____
_____
_____

**FRASE DO DIA**

ACREDITO NAS PROMESSAS DE DEUS, POIS ELE É FIEL.

#umdeusdevocional

Há momentos na vida em que tudo ao nosso redor parece estagnado. As orações parecem ecoar em um silêncio desconcertante e o futuro, que outrora parecia claro, agora está envolto em uma névoa de incertezas. Nesses momentos, o chamado de Deus para nós é simples: ousar acreditar. Não com base no que vemos ou sentimos, mas com base no que Ele já prometeu.

Quando olhamos para a vida de Abraão, vemos um exemplo claro de como a fé deve ser vivida. Mesmo sem ver, ele acreditou. Mesmo sem entender, ele obedeceu. E a promessa de Deus se cumpriu. Mas, antes que a promessa se realizasse, houve longos anos de espera, questionamentos e momentos de dúvida. Ainda assim, Abraão ousou acreditar que Deus era fiel para cumprir tudo o que havia prometido.

Assim deve ser a nossa postura. Ouse acreditar quando a resposta não chega, quando o milagre ainda não se manifestou, e quando a esperança parece enfraquecer. O nosso Deus é especialista em transformar o visível em realidade, em trazer vida ao que está morto e em realizar o impossível.

Talvez hoje você se sinta incapaz de continuar acreditando. Mas lembre-se de que a fé não é algo que brota apenas do coração humano; ela é um presente que vem de Deus. Peça ao Senhor que renove sua fé, e ouse acreditar que o melhor está por vir, porque Ele é fiel para cumprir Suas promessas.

# GUARDE SEU CORAÇÃO

*"Acima de tudo, guarde o seu coração, pois dele depende toda a sua vida."*
**Provérbios 4:23**

**UM DEUS**
**1 29 SET**

Deus abriu ___/___

Devocional 272/365

Reflexões

O livro de Provérbios nos dá um conselho essencial: guardar o coração que na visão bíblica, é mais do que o centro de nossas emoções. Ele representa o núcleo de quem somos, o lugar de onde fluem nossas intenções, desejos e pensamentos. Tudo o que fazemos e somos nasce do estado do nosso coração. Por isso, Deus nos instrui a protegê-lo com cuidado, pois ele define o curso da nossa vida.

Guardar o coração implica em estar atento ao que deixamos entrar nele. O que consumimos diariamente — seja por meio de nossas relações, do que assistimos ou do que lemos — afeta diretamente nossos pensamentos e atitudes. Se permitirmos que ressentimentos, inveja ou pensamentos destrutivos habitem em nosso coração, eles inevitavelmente influenciarão nossas decisões e ações. Da mesma forma, quando protegemos nosso coração com a Palavra de Deus, cultivando pensamentos puros e justos, nossa vida reflete a paz e a sabedoria de Deus.

Deus deseja que mantenhamos um coração limpo, íntegro e centrado Nele. Isso nos permite tomar decisões sábias e viver uma vida que reflete o amor e a bondade do Senhor. Quando buscamos a Deus e deixamos que Ele nos guie, Ele nos dá a força necessária para proteger nosso coração de tudo o que possa nos afastar Dele. Um coração guardado por Deus é a chave para uma vida de paz e sabedoria.

**FRASE DO DIA**
**MANTENHO MEU CORAÇÃO ÍNTEGRO E CENTRADO EM DEUS.**

#umdeusdevocional

# O TESOURO DO CORAÇÃO

**UM DEUS**

**30 SET**

"A boca fala do que está cheio o coração. O homem bom tira coisas boas do bom tesouro que está em seu coração, e o homem mau tira coisas más do mal que está em seu coração."

**Lucas 6:45**

Deus abriu ___/___

Devocional 273/365

Reflexões

Jesus nos ensina que nossas palavras e ações refletem o que está armazenado em nosso coração. Se nosso coração estiver cheio de bondade, paz e amor, essas qualidades se manifestarão em nossas palavras e atitudes. Por outro lado, se nosso coração estiver carregado de ressentimentos, ódio ou amargura, é isso que acabará fluindo para fora de nós.

O coração é a fonte de tudo o que expressamos. Nossas palavras têm o poder de construir ou destruir, de abençoar ou machucar. Por isso, Jesus nos alerta para cuidar daquilo que permitimos enraizar em nosso interior. O que deixamos entrar em nossos corações influencia quem somos e como nos relacionamos com os outros. Guardar o coração com atenção é garantir que ele esteja cheio de coisas boas, daquilo que reflete o amor e a graça de Deus.

Se quisermos ser pessoas que abençoam e trazem paz, precisamos primeiro cuidar do nosso coração, enchendo-o da presença de Cristo e da Sua Palavra. Só assim poderemos falar e agir de forma que reflete o caráter de Deus. Quando nossa vida é regida por Seus princípios, nosso coração se torna um tesouro de bondade, e nossas palavras e ações passam a transmitir o que há de melhor.

O que suas palavras têm revelado sobre o estado do seu coração? Se há algo que precisa ser transformado, peça a Deus que purifique seus pensamentos e emoções, para que você seja uma fonte de bênçãos para os que estão ao seu redor.

**FRASE DO DIA**

DO TESOURO DE MEU CORAÇÃO SAEM PALAVRAS BOAS.

#umdeusdevocional

OUTUBRO

@umdeusdevocional

"Sem dúvida alguma, o inferior é abençoado pelo superior."
Hebreus 7:7

10

# A OUSADIA DIVINA

**UM DEUS**
**01 OUT**

> *"Depois de orarem, tremeu o lugar em que estavam reunidos; todos ficaram cheios do Espírito Santo e anunciavam corajosamente a palavra de Deus."*
> Atos 4:31

O livro de Atos nos conta um momento poderoso em que, após os cristãos orarem juntos, o lugar onde estavam foi sacudido e todos foram cheios do Espírito Santo. A partir daquele momento, eles começaram a proclamar a Palavra de Deus com ousadia e coragem. Esse evento nos transporta para um momento de profunda união entre os seguidores de Cristo. Após enfrentarem ameaças e desafios, eles se reuniram para orar com fervor. O lugar onde estavam foi sacudido, e seus corações se encheram de força e coragem. Esse evento nos ensina sobre o poder transformador da oração quando nos abrimos totalmente à ação de Deus em nossas vidas.

Quando permitimos que Deus nos encha com Seu Espírito, somos transformados e capacitados para enfrentar qualquer desafio, falar com coragem e viver de acordo com Sua vontade.

A ousadia que vemos nos primeiros cristãos não era resultado de autoconfiança ou habilidades naturais, mas de uma total dependência de Deus. Eles sabiam que, por conta própria, não poderiam enfrentar as dificuldades nem proclamar a mensagem de Cristo com tamanha convicção.

Assim como os primeiros seguidores de Jesus, entregue-se plenamente a Deus. Permita que Ele transforme suas fraquezas em força, encha seu coração de coragem e mova você a viver com propósito.

Deus abriu ____/____

Devocional 274/365

Reflexões

**FRASE DO DIA**

A ORAÇÃO NOS FORTALECE E NOS DÁ CORAGEM PARA AGIR.

#umdeusdevocional

# FOCO NO ALTO

**UM DEUS**

**02 OUT**

> "Mantenham o pensamento nas coisas do Alto, e não nas que são terrenas."
> 
> **Colossenses 3:2**

 Deus abriu ____/____

 Devocional 275/365

 Reflexões

_____
_____
_____
_____
_____
_____
_____
_____
_____

**FRASE DO DIA**

FOCO MEU OLHAR NOS VALORES ETERNOS DE DEUS.

#umdeusdevocional

A correria da vida moderna frequentemente desvia nossos pensamentos das coisas que realmente importam. Trabalho, responsabilidades familiares, desafios financeiros e as preocupações do dia a dia podem ocupar nossas mentes a tal ponto que nos afastam de Deus. No entanto, a Palavra de Deus nos chama a focar nas coisas do Alto. O que isso significa?

É um chamado para olhar além das circunstâncias imediatas e enxergar as verdades eternas que Deus nos revela. Significa priorizar o Reino de Deus, confiando que Ele cuida de todos os detalhes da nossa vida. Quando nossa mente está fixada nas coisas do Alto, encontramos paz, até nas adversidades.

Isso não quer dizer que ignoramos nossas responsabilidades terrenas, mas sim que as enfrentamos com o coração voltado para Deus. Ao invés de nos deixarmos consumir pelo estresse, encontramos na presença de Deus força, sabedoria e direção. É um exercício diário de fé, onde aprendemos a colocar nas mãos de Deus tudo o que nos preocupa, para que Ele nos guie em cada decisão e situação.

Concentre-se nas coisas de valor eterno: o amor de Deus, a paz que excede todo entendimento, a esperança da vida eterna e o relacionamento pessoal com Cristo. Ao buscar essas coisas, encontramos propósito e sentido para cada detalhe da vida.

# ESCOLHA BONS AMIGOS

> *"Como o incenso e o perfume alegram o coração, assim o amigo encontra doçura no conselho cordial."*
>
> **Provérbios 27:9**

**UM DEUS**
**03 OUT**

**Deus abriu** ____/____

**Devocional** 276/365

**Reflexões**

A amizade é um dos maiores presentes que podemos receber de Deus. Em tempos de alegria ou de tristeza, os amigos verdadeiros estão ao nosso lado, oferecendo suporte, encorajamento e amor incondicional. A Bíblia fala muito sobre o valor da amizade, destacando como ela reflete o amor de Deus por nós. Jesus, em João 15:13, demonstrou o maior ato de amizade, dando Sua vida por nós. Ele nos chama a seguir Seu exemplo de amor sacrificial.

Ter um amigo é como ter um irmão, alguém que compartilha nossos fardos e celebra nossas vitórias. Na vida, passamos por muitas adversidades, e Deus usa os amigos para nos fortalecer e nos lembrar de que não estamos sozinhos. Mas, assim como recebemos esse amor, somos chamados a dar amor. A verdadeira amizade é uma via de mão dupla, onde o cuidado, o sacrifício e o tempo são investidos de ambos os lados.

Cultivar amizades saudáveis exige esforço. Precisamos estar dispostos a ouvir, apoiar e caminhar ao lado dos amigos em todas as circunstâncias. Isso reflete o amor de Cristo por nós e nos torna mais parecidos com Ele. Um amigo fiel é uma das maiores bênçãos da vida, e devemos valorizar esses relacionamentos com carinho e gratidão.

Como você tem demonstrado o amor de Cristo para os amigos que Deus colocou em sua vida? Como você pode ser mais intencional em nutrir esses laços de amor e cuidado?

**FRASE DO DIA**

**A FORÇA DA AMIZADE É A RECIPROCIDADE.**

#umdeusdevocional

# O AMOR QUE ACOLHE

**UM DEUS**

**04 OUT**

> "E, levantando-se, foi para seu pai. Vinha ele ainda longe, quando seu pai o viu e, compadecido dele, correndo, o abraçou e o beijou."
>
> **Lucas 15:20**

Deus abriu ____/____

Devocional 277/365

Reflexões

_____
_____
_____
_____
_____
_____
_____
_____

**FRASE DO DIA**

O PAI CELESTIAL SEMPRE NOS ESPERA DE BRAÇOS ABERTOS.

#umdeusdevocional

A parábola do filho pródigo fala sobre o amor inabalável de um pai. O filho decide partir, buscando liberdade longe do olhar cuidadoso do pai. Ele escolhe seu próprio caminho que lhe parecia promissor mas que o levou à miséria e à solidão. Em sua aflição, ele se lembra de algo precioso: o amor de seu pai.

O que torna essa história tão poderosa é o modo como o pai reage às decisões do filho. Ele não o impede de sair, não o amarra à segurança de casa. Permite que faça suas escolhas, mesmo sabendo dos riscos. E quando ele finalmente retorna, quebrado e arrependido, o pai não o julga, corre em sua direção com braços abertos, demonstra um amor que nunca se apagou.

Esse exemplo nos ensina sobre como devemos agir como pais e cuidadores. Em nossa jornada com nossos filhos, é fundamental oferecer segurança emocional suficiente para que eles se sintam livres para fazer suas próprias escolhas, seguros de que, não importa o resultado, o amor os espera de volta. O pai do filho pródigo não segurou o filho em casa por medo de que ele errasse. Ele o deixou ir, confiando que o amor o traria de volta.

O papel de pais e mães não é controlar, mas amar de maneira incondicional. Os filhos podem errar, se afastar, mas quando sabem que têm um lar seguro e um amor que não os condena, isso lhes dá a força para voltar. O amor que perdoa, abraça e acolhe – esse é o maior presente que podemos oferecer.

# A BÊNÇÃO QUE VEM DO ALTO

> *"Sem dúvida alguma, o inferior é abençoado pelo superior."*
> **Hebreus 7:7**

**UM DEUS**

**05 OUT**

**Deus abriu** ____/____

**Devocional** 278/365

**Reflexões**

A passagem de Hebreus 7:7 nos traz uma verdade simples, mas profunda: a bênção vem de Deus, Aquele que é superior a tudo e a todos. A nossa relação com Deus é marcada por essa verdade. Ele é o nosso Criador, Sustentador e Senhor, e de Sua mão vem toda a bênção, graça e misericórdia. Nós, como Suas criaturas, dependemos Dele em todas as coisas.

Essa verdade é um lembrete poderoso da nossa posição diante de Deus. Não somos autossuficientes; precisamos Dele em todas as áreas da vida. O ato de ser abençoado por Deus é uma demonstração de Sua bondade e favor imerecidos. Embora sejamos inferiores em relação a Deus, Ele, em Seu grande amor, escolhe nos abençoar abundantemente, dia após dia.

Essa bênção não é apenas material, mas também espiritual. Deus nos abençoa com paz, com sabedoria e com a salvação por meio de Jesus Cristo. Até em meio a nossas fraquezas e falhas, Deus continua a derramar Sua graça sobre nós.

Portanto, ao reconhecer que somos abençoados por Alguém que é infinitamente maior do que nós, nossa resposta deve ser de gratidão e humildade. Não há espaço para orgulho diante de Deus, mas sim para um coração que reconhece a dependência total Dele.

**FRASE DO DIA**

SENHOR, GRATIDÃO POR SUAS BÊNÇÃOS DIÁRIAS.

#umdeusdevocional

# O DILEMA

**UM DEUS**

06 OUT

> *"Descobri que o próprio mandamento, destinado a produzir vida, na verdade produziu morte."*
>
> **Romanos 7:10**

📖 Deus abriu ___/___

🙏 Devocional 279/365

💭 Reflexões

_____
_____
_____
_____
_____
_____
_____
_____
_____

**FRASE DO DIA**

CONFIO EM CRISTO E VIVO UMA NOVA VIDA.

#umdeusdevocional

O apóstolo Paulo, em sua carta aos Romanos, descreve um profundo dilema espiritual: a Lei, que deveria trazer vida, expôs nossa fraqueza e pecado, levando à morte. A intenção original da Lei era boa. Ela foi dada por Deus para nos guiar, revelar Sua santidade e mostrar o caminho da justiça. No entanto, a Lei também revela algo sobre nós: nossa incapacidade de cumpri-la perfeitamente. Ao nos confrontar com nossas falhas e pecados, a Lei acaba expondo o caminho da morte.

Paulo explica que, ao tentar seguir a Lei por nossas próprias forças, descobrimos nossa fraqueza. O mandamento que deveria trazer vida acaba revelando nossa natureza pecaminosa. A Lei nos mostra o que é certo, mas não nos dá poder para viver de acordo com seus padrões. E isso nos leva a uma conclusão: sozinhos, somos incapazes de cumprir a justiça de Deus.

Esse dilema é crucial para entender o propósito da vinda de Jesus. Cristo cumpriu perfeitamente a Lei que nós nunca poderíamos cumprir. Ao ser crucificado, Ele levou sobre si a maldição da desobediência à Lei e nos oferece uma nova vida, não baseada em nossos próprios esforços morais e na Sua graça. Em Jesus, o dilema é resolvido. Através Dele, recebemos vida, não pela obediência à Lei, mas pela fé em Sua obra redentora.

Em Cristo, a morte que a Lei revela é superada pela vida eterna. Agora, vivemos não apenas pela força dos mandamentos, mas pela misericórdia de Deus que nos capacita a viver de acordo com o Espírito Divino. A Lei expôs nossa fraqueza, mas Jesus revelou o caminho da vida.

# A ALEGRIA DE DAR

*"Em tudo o que fiz, mostrei a vocês que mediante trabalho árduo devemos ajudar os fracos, lembrando as palavras do próprio Senhor Jesus, que disse: Há maior felicidade em dar do que em receber."*
**Atos 20:35**

**UM DEUS**
**07 OUT**

Deus abriu ___/___

Devocional 280/365

Reflexões

As palavras de Jesus lembradas por Paulo em seu discurso de despedida aos anciãos de Éfeso, ecoam um princípio que parece contradizer a lógica humana. Nossa tendência natural é pensar que somos mais felizes quando acumulamos, quando recebemos mais, mas Jesus inverte essa lógica: a alegria genuína está em dar.

Paulo viveu esse princípio em sua vida e ministério. Trabalhou arduamente para sustentar a si próprio e para ajudar os outros, entre eles os fracos e necessitados. Ele nos mostra que a vida cristã é de serviço, doação e sacrifício. Quando damos de nós mesmos — tempo, recursos, amor ou cuidado — refletimos o coração de Jesus, que deu tudo por nós.

Dar não é apenas responsabilidade, mas fonte de alegria profunda. Quando ajudamos alguém, quando oferecemos o que temos para abençoar outra pessoa, experimentamos uma alegria que o simples ato de receber não pode nos proporcionar. Isso acontece porque, ao dar, nos conectamos mais profundamente com o amor de Deus, que é sempre generoso e voltado ao próximo.

Talvez hoje você esteja se sentindo sobrecarregado pelas suas próprias necessidades e desafios. Mas lembre-se de que o segredo para experimentar a verdadeira felicidade está em oferecer a outros aquilo que Deus já deu a você: cuidado, tempo, palavras de encorajamento e amor. A felicidade prometida por Jesus é encontrada quando nos entregamos em favor do próximo.

**FRASE DO DIA**

SOU FELIZ COMPARTILHANDO OS DONS QUE DEUS ME DEU.

#umdeusdevocional

# NÃO LEVANTE A ESPADA

## UM DEUS
**08 OUT**

> *"Jesus, porém, ordenou a Pedro: Guarde a espada! Acaso não haverei de beber o cálice que o Pai me deu?"*
>
> **João 18:11**

- Deus abriu ____/____
- Devocional 281/365
- Reflexões

_____
_____
_____
_____
_____
_____
_____
_____

**FRASE DO DIA**

COMO JESUS, RESPONDO PACIFICAMENTE A QUEM TENTA ME DESTRUIR.

#umdeusdevocional

Quando Jesus foi preso no Jardim do Getsêmani, Pedro, em um impulso, puxou sua espada para defender seu Mestre, cortando a orelha de um dos soldados. A resposta de Jesus, porém, foi imediata e contrária ao que muitos esperariam: "Guarde a espada!". Essas palavras ecoam até hoje para nós, como um lembrete de que o caminho de Cristo não é marcado pela violência, pelo conflito ou pelo desejo de revidar. Pelo contrário, é um caminho de paz e submissão à vontade de Deus.

Jesus sabia que estava prestes a passar pela mais dolorosa das experiências, mas Ele também sabia que essa era a vontade do Pai e aceitou o cálice que lhe foi dado, entendendo que, através de Sua obediência, o plano divino de salvação seria cumprido. Pedro, ainda não compreendendo plenamente esse plano, agiu por impulso, e Jesus o corrigiu.

Muitas vezes, nossa primeira reação ao sermos confrontados é de defesa, de querer lutar, ou até causar escândalo. Como seguidores de Cristo, somos chamados a ser pacificadores, a evitar envolver-nos em conflitos desnecessários e a nunca ser motivo de violência ou escândalos. Não precisamos lutar nossas batalhas sozinhos, tampouco criar divisões ou ferir os outros. Nosso papel é seguir o exemplo de Jesus, ainda que isso signifique aceitar o cálice da dificuldade, confiando que Deus tem o controle.

Em momentos de tensão, ouça Jesus ao seu ouvido dizendo: Guarde a espada!

# O CISCO E A TRAVE

**UM DEUS**
**09 OUT**

> *"Por que você repara no cisco que está no olho do seu irmão, e não se dá conta da viga que está em seu próprio olho?"*
> Mateus 7:3

Jesus, em Seu Sermão do Monte, nos confronta com uma verdade dura, mas necessária: a tendência humana de julgar os outros enquanto ignoramos nossas próprias falhas. Ele nos mostra uma imagem poderosa ao falar do cisco e da trave – pequenas falhas dos outros que notamos com facilidade, enquanto grandes falhas nossas permanecem despercebidas.

Essa passagem nos lembra de que, muitas vezes, somos rápidos em apontar os erros alheios, mas lentos para refletir sobre nossas próprias atitudes. É muito mais confortável focar nas falhas dos outros do que encarar a realidade das nossas imperfeições. Jesus nos alerta para não nos tornarmos críticos e julgadores, mas, ao invés disso, focarmos primeiro em corrigir nossas próprias falhas antes de tentar corrigir os outros.

A trave no nosso olho representa nossos pecados, nossas falhas, e a cegueira que isso causa. Não enxergamos com clareza enquanto nossos próprios erros nos ofuscam. Quando nos concentramos apenas no "cisco" dos outros, estamos perdendo a oportunidade de nos humilhar e pedir a Deus que transforme nossos corações primeiro. A vida cristã é uma jornada de constante transformação e crescimento, e isso começa com um olhar sincero para dentro de nós.

**Deus abriu** ____/____

**Devocional 282/365**

**Reflexões**

---

**FRASE DO DIA**

NÃO JULGAR É UM SUPER PODER.

#umdeusdevocional

# AMOR E DISCERNIMENTO

**UM DEUS**

**10 OUT**

> *"Esta é a minha oração: que o amor de vocês aumente cada vez mais em conhecimento e em toda a percepção."*
>
> **Filipenses 1:9**

Deus abriu ___/___

Devocional 283/365

Reflexões

___

Paulo, em sua carta aos Filipenses, expressa um desejo profundo para os crentes: que o amor deles cresça continuamente. Ele não se refere apenas a um aumento de emoções, mas a um amor que está enraizado no conhecimento e no discernimento. Este tipo de amor vai além de sentimentos momentâneos; é um amor maduro, informado pela verdade e pela sabedoria de Deus.

Paulo nos ensina que o amor cristão não é cego. É um amor que entende, que discerne e que age de acordo com a vontade de Deus. Quando amamos de maneira sábia, estamos capacitados a fazer escolhas que refletem Cristo. Esse tipo de amor não nos leva a aceitar tudo sem critério, mas nos permite perceber o que é melhor e verdadeiro, tanto em nossas vidas quanto nas dos outros.

Esse amor é algo que cresce continuamente. Não importa em que estágio de nossa caminhada cristã estejamos, sempre podemos aprender a amar mais profundamente, com mais sabedoria e compaixão. Deus nos chama a buscar esse crescimento constante, para que possamos viver de acordo com Seu coração e refletir Seu amor ao mundo de maneira plena.

Esse amor crescente em conhecimento e discernimento nos ajuda a tomar decisões sábias, a evitar armadilhas espirituais e a viver uma vida que glorifica a Deus. Quando nosso amor está enraizado em Cristo e guiado pelo Espírito Santo, ele se torna uma força transformadora, tanto em nossas vidas quanto naqueles ao nosso redor.

**FRASE DO DIA**

MEU AMOR TEM O PODER DE TRANSFORMAR AS VIDAS AO MEU REDOR.

#umdeusdevocional

# INTERPRETE A LEI

> "Naquela ocasião, Jesus passou pelas lavouras de cereal no sábado. Seus discípulos estavam com fome e começaram a colher espigas para comê-las."
>
> Mateus 12:1

**UM DEUS**

**11 OUT**

Neste versículo, vemos Jesus e Seus discípulos caminhando pelos campos de trigo em um sábado, e, com fome, os discípulos começam a colher espigas para se alimentar. Essa simples ação desencadeou um confronto com os fariseus, que acusaram os discípulos de desobedecerem à Lei ao trabalhar naquele dia.

A observância do sábado era uma parte importante da lei judaica, um dia reservado para o descanso e adoração. No entanto, os fariseus transformaram essa prática em um fardo, impondo regras e regulamentos rígidos que muitas vezes obscureciam o propósito original da lei. Eles estavam mais preocupados com a conformidade externa do que com a compreensão do coração de Deus.

Jesus responde a essas acusações lembrando que o sábado foi feito para o homem, e não o homem para o sábado. Ele está nos ensinando que Deus se preocupa mais com as necessidades humanas do que com a mera observância de rituais. O foco de Jesus é sempre a misericórdia e a graça. Ele não rejeita a importância dos dias de descanso e oração, mas nos mostra que o amor, a compaixão e o cuidado com as necessidades das pessoas estão acima de um legalismo rígido.

Esse incidente nos lembra de que Deus não deseja que sigamos Suas leis de forma mecânica ou superficial. O propósito de toda a lei é nos conduzir ao amor – a Deus e ao próximo. Se em nossa obediência às regras perdemos de vista o amor e a misericórdia, então falhamos em compreender o coração de Deus.

**Deus abriu** ___/___

**Devocional** 284/365

**Reflexões**

_____
_____
_____
_____
_____
_____
_____
_____
_____
_____

**FRASE DO DIA**

É PRECISO SABER A HORA DE PARAR E SE CUIDAR.

#umdeusdevocional

# CELEBRE A DÁDIVA DA VIDA

**UM DEUS**
**12 OUT**

> "Em ti haverá prazer e alegria, muitos regozijarão com o seu nascimento."
> **Lucas 1:14**

📖 Deus abriu ____/____

🙏 Devocional 285/365

💡 Reflexões

_____
_____
_____
_____
_____
_____
_____
_____
_____

**FRASE DO DIA**
GRATIDÃO, MEU DEUS POR MINHA VIDA.

#umdeusdevocional

Algum dia você foi criança, e desde então, cada dia da sua vida tem sido uma dádiva preciosa. Nosso Mestre Jesus destacou o valor dos pequeninos e nos chamou a sermos como eles para entrarmos no Reino dos Céus. Essa mensagem nos lembra que cada dia, desde o início de nossa existência, é um presente do Senhor, um reflexo de Seu amor e cuidado.

Hoje, celebre a vida que Deus concedeu. É um momento para reconhecer que o Senhor formou você com amor e intencionalidade. Antes mesmo de você conhecer a Deus, Ele já conhecia cada detalhe de sua vida e o amava profundamente. Desde antes do ventre de sua mãe, Ele já havia planejado um propósito único para sua existência. Cada amanhecer é uma nova oportunidade de louvar ao Criador por tudo o que Ele tem feito.

Reflita sobre as bênçãos recebidas, os desafios superados e as conquistas alcançadas, pois em todos os momentos, Deus esteve ao seu lado com Sua graça. A cada dia que passa, Ele molda sua vida com paciência e amor. Sua caminhada, com seus altos e baixos, é motivo de alegria e gratidão, pois revela o cuidado inabalável do Senhor.

Renove seu compromisso de viver para a glória de Deus, buscando propósito, paz e sabedoria em cada passo. Que o Senhor continue a guiar sua caminhada com fé e esperança, lembrando que Ele o amou antes de qualquer coisa e que em Sua presença está a verdadeira plenitude da vida.

# VIVER PARA O SENHOR

> *"Porque nenhum de nós vive apenas para si, e nenhum de nós morre apenas para si."*
> **Romanos 14:7**

**UM DEUS**
**13 OUT**

Paulo nos lembra de que nossa vida não nos pertence. Cada decisão, cada ação e cada escolha que fazemos não afeta apenas a nós mesmos, mas reflete nosso relacionamento com Deus e com os outros. Como seguidores de Cristo, somos chamados a viver não para nossos próprios interesses, mas para a glória de Deus e para o bem daqueles que nos cercam.

Quando compreendemos que nossa vida não é independente, mas faz parte de algo maior, nosso foco muda. Passamos a viver com um senso de responsabilidade e propósito, sabendo que tudo o que fazemos deve honrar ao Senhor. Isso significa que nossas palavras, atitudes e decisões precisam ser guiadas pelo amor, pela graça e pela busca de glorificar a Deus em todas as coisas.

Paulo está nos ensinando que, como cristãos, vivemos em comunidade, conectados uns aos outros. Nossas ações afetam os outros, e somos chamados a viver de maneira que edifique, encoraje e traga paz. Assim como nossa vida é para o Senhor, nossas interações com os outros também devem ser marcadas por esse mesmo princípio: viver para servir e amar ao próximo, como Cristo fez.

Esse versículo nos desafia a refletir sobre como estamos vivendo nossas vidas. Estamos buscando nossos próprios interesses ou estamos vivendo para a glória de Deus e o bem dos outros?

**Deus abriu** ___/___

**Devocional** 286/365

**Reflexões**

_____
_____
_____
_____
_____
_____
_____
_____
_____
_____
_____

**FRASE DO DIA**

EU INFLUENCIO MUITA GENTE, MESMO SEM SABER.

#umdeusdevocional

# SEM PRESSA

**UM DEUS**

**14 OUT**

*"Aquietai-vos e sabei que eu sou Deus."*
**Salmos 46:10**

📖 **Deus abriu** ___/___

🙏 **Devocional 287/365**

💡 **Reflexões**

_____
_____
_____
_____
_____
_____
_____
_____
_____

**FRASE DO DIA**

COM SERENIDADE E FÉ, CUMPRO MEUS DEVERES EM DEUS.

#umdeusdevocional

Na correria do dia a dia, Deus nos faz um convite: aquietar o coração e encontrar serenidade em Sua presença. Em meio à agitação e às demandas constantes, podemos nos desconectar da paz que Deus deseja nos oferecer. Aquietar-se é um ato de fé, um momento em que entregamos nossas ansiedades e deixamos Deus preencher nosso ser com Sua tranquilidade.

Jesus é o maior exemplo dessa prática. Diante de tantas pessoas que buscavam Sua ajuda, Ele se retirava em oração, buscando descanso e renovação no Pai. Isso nos ensina que a paz verdadeira não depende da ausência de problemas, mas da nossa capacidade de confiar que Deus está cuidando de cada detalhe. Em um mundo que nos pressiona a agir apressadamente, aquietar-se em Deus é um exercício de entrega e confiança.

Reserve um momento hoje para silenciar sua mente e conectar-se com Deus. Busque Sua paz, que transcende qualquer circunstância, e permita que essa tranquilidade guie suas ações. Que sua pressa dê lugar a uma serenidade, sabendo que Deus está no controle e que Sua presença é a fonte de uma paz que o mundo não pode dar.

# VALOR NAS PEQUENAS VITÓRIAS

*"Quem despreza o dia das pequenas coisas?"*
Zacarias 4:10

UM DEUS
15 OUT

Deus abriu ___/___

Devocional 288/365

Reflexões

Frequentemente, focamos nos grandes acontecimentos e deixamos de valorizar as pequenas vitórias que nos cercam diariamente. No entanto, Deus nos ensina que até os pequenos passos fazem parte de Sua obra em nossa vida. Cada conquista, por menor que pareça, é uma expressão da nossa confiança Nele e da transformação contínua que Ele realiza em nós.

Cada decisão correta, cada momento em que escolhemos agir com bondade, cada esforço para manter a fé – tudo isso tem valor aos olhos de Deus. Ele está presente nos detalhes e usa até as menores ações para moldar nosso caráter e fortalecer nossa fé. Reconhecer e agradecer por essas pequenas vitórias nos ajuda a ver o quanto Ele é fiel em cada aspecto da nossa vida, e que nada passa despercebido ao Seu olhar atento.

Hoje, reflita sobre as pequenas conquistas e agradeça a Deus por elas. Cada passo no caminho da fé, ainda que pareça insignificante, contribui para a construção de algo maior. Ao valorizar essas pequenas vitórias, demonstramos gratidão e nos preparamos para enxergar o propósito divino em cada etapa da nossa caminhada.

**FRASE DO DIA**

VALORIZO AS PEQUENAS VITÓRIAS.

#umdeusdevocional

# ATIVOS NA ESPERA

**UM DEUS**
**16 OUT**

*"A tua salvação espero, ó Senhor!"*
Gênesis 49:18

Deus abriu ___/___

Devocional 289/365

Reflexões

_____
_____
_____
_____
_____
_____
_____
_____
_____
_____

A espera não é ausência de ação; ela exige uma postura ativa de fé e perseverança. Durante esse tempo, Deus nos convida a cultivar o terreno do nosso coração, fortalecendo nossa confiança e desenvolvendo a paciência. Assim como o agricultor que cuida da terra enquanto aguarda a colheita, somos chamados a trabalhar internamente, a buscar em Deus a força e a serenidade que sustentam nossa fé.

Em vez de apenas esperar que o tempo passe, devemos nutrir nossa alma com oração e gratidão, sabendo que Deus está no controle e que cada momento de espera tem um propósito. Essa atitude não só fortalece nossa fé, mas também prepara o nosso coração para as bênçãos futuras, ensinando-nos a depender totalmente de Deus.

Se hoje você se encontra em um período de espera, confie que Deus está preparando o melhor para você. Use esse tempo para se aprofundar em Sua presença, para alinhar sua vontade com a Dele e para crescer espiritualmente. Deus já conhece o fim da sua jornada, e Ele é fiel para te sustentar em cada etapa.

**FRASE DO DIA**

**A SERENIDADE E FORÇA SUSTENTAM MINHA FÉ EM DEUS.**

#umdeusdevocional

# A GRATIDÃO NO DIA A DIA

*"Graças a Deus pelo seu dom inefável!"*
2 Coríntios 9:15

**UM DEUS**
**17 OUT**

A gratidão não deve ser uma resposta ocasional; ela é uma prática para ser incorporada em nossa vida diária. Quando agradecemos a Deus, não estamos apenas reconhecendo Suas bênçãos, mas também nos lembrando de que cada detalhe da nossa rotina é um reflexo de Seu amor e cuidado. Ao despertar esse olhar atento para as bênçãos cotidianas – como a saúde, o alimento e a companhia de quem amamos –, estamos nos alinhando com a vontade de Deus, que deseja que vivamos uma vida de louvor.

Viver com gratidão é encontrar beleza nas pequenas coisas e reconhecer a mão de Deus até nos momentos mais simples. Esse exercício de agradecimento transforma nosso coração, nos ajuda a enfrentar os desafios com uma perspectiva positiva e fortalece nossa fé. A gratidão enche nossos dias de propósito, pois nos torna mais sensíveis ao cuidado divino em cada situação, grande ou pequena.

Faça uma pausa para agradecer por algo em sua vida que muitas vezes passa despercebido. Deixe que a gratidão renove sua visão e traga paz ao seu coração, lembrando-se de que o Senhor é sempre bom e presente em sua jornada.

**Deus abriu** ____/____

**Devocional** 290/365

**Reflexões**

**FRASE DO DIA**
AGRADEÇO PELA BÊNÇÃO QUE MEU CORAÇÃO PEDIU.

#umdeusdevocional

# BONDADE QUE EDIFICA

## UM DEUS
**18 OUT**

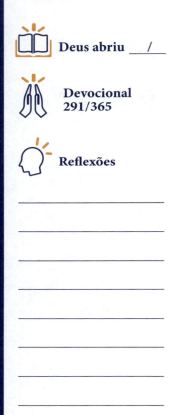

> *"Sejam bondosos e compassivos uns para com os outros, perdoando-se mutuamente, assim como Deus os perdoou em Cristo."*
>
> **Efésios 4:32**

Deus abriu ___/___

Devocional 291/365

Reflexões

_____
_____
_____
_____
_____
_____
_____
_____
_____

### FRASE DO DIA
**QUE MEUS GESTOS DE BONDADE SEJAM SEMENTES DE AMOR.**

#umdeusdevocional

A bondade é uma das formas mais autênticas de refletir o amor de Deus ao mundo. Em meio à correria e aos conflitos, escolher a bondade é um gesto poderoso de fé que não se limita a atos isolados; ela é uma atitude contínua, um esforço consciente de tratar o próximo com respeito e compaixão, colocando-se no lugar do outro. Quando agimos com bondade, manifestamos a presença de Cristo em nossas palavras e ações.

Deus nos convida a sermos agentes de bondade, cultivando um coração disposto a acolher, perdoar e ajudar. Cada ato bondoso é uma oportunidade de levar esperança e conforto para alguém, tornando-nos instrumentos de paz.

A bondade, embora simples, tem o poder de transformar corações. Em um mundo que muitas vezes exalta a indiferença e o egoísmo, um gesto de bondade pode ser a resposta de Deus às orações de alguém. Ao praticar a bondade, não apenas edificamos os outros, mas também nos tornamos mais sensíveis ao propósito divino para nossas vidas.

Hoje, pratique a bondade de maneira intencional. Deixe que o amor de Deus conduza suas palavras e ações, e permita que sua vida seja um reflexo da compaixão divina. Cada gesto bondoso que você oferecer se tornará uma semente de amor, paz e reconciliação, gerando frutos que impactam vidas além do que você pode imaginar.

# CRESCER EM HUMILDADE

*"Humilhem-se diante do Senhor, e ele os exaltará."*
**Tiago 4:10**

**UM DEUS**
**19 OUT**

Deus abriu ____/____

Devocional 292/365

Reflexões

A humildade é essencial para o nosso crescimento espiritual. Quando nos aproximamos de Deus com humildade, reconhecemos que não somos autossuficientes e dependemos Dele para nos guiar e transformar. Ser humilde não significa se diminuir, mas ter a disposição de aprender e crescer em relação ao próximo e a Deus. A humildade abre caminho para que Deus trabalhe em nosso coração, moldando-nos segundo Sua vontade.

Em um mundo que valoriza a autopromoção, cultivar a humildade é um ato de fé e obediência. Quando somos humildes, somos mais receptivos à sabedoria de Deus e à Sua correção. A humildade nos ajuda a perceber nossas limitações e a buscar a força e a direção de Deus. É a postura que Jesus ensinou e exemplificou, colocando a vontade do Pai acima da Sua própria.

A verdadeira humildade nos aproxima do coração de Deus e transforma nossa maneira de lidar com os outros. Reconhecer nossas falhas nos torna mais compreensivos e misericordiosos, e isso reflete o caráter de Cristo em nossas ações. Não se trata apenas de como nos vemos, mas de como permitimos que Deus seja glorificado através de nós.

Peça a Deus que lhe ajude a ser humilde em todas as áreas da vida, lembrando-se de que Ele exalta os que se humilham diante Dele. Que sua vida seja um testemunho da humildade de Cristo, tocando aqueles ao seu redor com amor, graça e compaixão.

**FRASE DO DIA**

SENHOR, AUXILIA-ME A SER HUMILDE SEMPRE.

#umdeusdevocional

# CONFIE EM DEUS NAS TEMPESTADES

**UM DEUS**

**20 OUT**

*"Quando passares pelas águas, estarei contigo; quando passares pelos rios, eles não te submergirão."*

Isaías 43:2

**Deus abriu** ___/___

**Devocional 293/365**

**Reflexões**

_____
_____
_____
_____
_____
_____
_____
_____
_____

**FRASE DO DIA**

**O BARCO DA MINHA VIDA ESTÁ ANCORADO EM DEUS.**

#umdeusdevocional

A vida traz momentos de tempestades, mas em cada uma delas Deus promete estar conosco. Ele não nos abandona nas dificuldades; ao contrário, Ele nos fortalece e guia através delas. Confiar em Deus nas tempestades é um exercício de fé. Ainda que não vejamos o caminho à frente, sabemos que Ele está ao nosso lado, oferecendo força e esperança.

As tempestades da vida não são sinais de que Deus nos deixou, mas oportunidades de experimentarmos Sua presença de maneira mais intensa. Ao confiar Nele, permitimos que Deus nos fortaleça e renove nossa esperança. Quando enfrentamos as dificuldades com fé, somos capazes de ver como Ele transforma cada desafio em um testemunho de Seu amor e fidelidade.

Nas tempestades da vida, confie em Deus. Ele é sua âncora e jamais permitirá que você afunde. Tenha coragem e esperança, sabendo que, ao final, Ele o conduzirá a um lugar de paz.

Lembre-se de que o barco da sua vida está ancorado em Deus. Mesmo quando os ventos parecem fortes, Ele é a sua segurança e a sua direção. Abra o coração e permita que Ele guie cada passo, renovando sua confiança de que, com Ele, nenhuma tempestade será capaz de derrotá-lo.

# A CHAVE DO CORAÇÃO

**UM DEUS**

**21 OUT**

*"Entrem por suas portas com ações de graças, e em seus átrios, com louvor; deem-lhe graças e bendigam o Seu Nome."*
**Salmos 100:4**

Nosso coração possui uma chave poderosa: a gratidão. Ela abre as portas para a alegria e nos aproxima de Deus. Quando somos gratos, reconhecemos as bênçãos que Deus nos concede, grandes e pequenas. A gratidão nos ajuda a ver a vida de uma forma mais positiva, focando na bondade de Deus e não apenas nas dificuldades que enfrentamos.

Ser grato não significa ignorar os desafios, mas encontrar motivos para agradecer mesmo em meio às tempestades. É reconhecer que, mesmo em momentos difíceis, Deus está presente, cuidando e provendo. A gratidão transforma nosso coração, nos ensina a viver com um espírito de contentamento e a valorizar o que temos, em vez de nos concentrarmos no que nos falta.

Reserve um momento para refletir sobre as bênçãos que muitas vezes passam despercebidas. Um sorriso, um dia de trabalho, a provisão de hoje. Todas essas são dádivas de um Deus que cuida de cada detalhe.

Pratique a gratidão. Agradeça a Deus por Suas bênçãos e também pelos desafios que moldam seu caráter. Com um coração grato, você experimentará a paz que só Ele pode oferecer e perceberá que a alegria verdadeira nasce do contentamento em Sua presença.

**Deus abriu** ____/____

**Devocional 294/365**

**Reflexões**

**FRASE DO DIA**

MEU CORAÇÃO É GRATO A DEUS POR BÊNÇÃOS E DESAFIOS.

#umdeusdevocional

# OFEREÇA LOUVORES

**UM DEUS**

**1** 22 OUT

"Ofereçam música ao Senhor com a harpa e ao som de canções."
**Salmos 98:5**

📖 Deus abriu ____ / ____

🙏 Devocional 295/365

💡 Reflexões

_____
_____
_____
_____
_____
_____
_____
_____

**FRASE DO DIA**

**COM LOUVORES, AGRADEÇO A DEUS POR TUDO.**

#umdeusdevocional

Quantos de nós gostamos de cantar, de tocar algum instrumento. Cantamos sozinhos ou em grupos, muitos fazem da música sua profissão. Então, porque não utilizá-la para louvar ao Senhor, para ornar a Palavra que nos é dada por Ele?

A música está presente em nossa vida em várias ocasiões: na alegria, na tristeza, na meditação. Ela nos acompanha no trabalho, no lazer, marca momentos importantes em nossa vida. No entanto, é preciso selecionar o que ouvimos, cantamos ou tocamos em meio ao turbilhão de composições musicais; isto porque há aquelas que nos edificam e até curam. E as que nos levam para longe de Deus, trazem atitudes e pensamentos de baixo teor espiritual, deprimentes ou confusas.

A Bíblia está repleta de passagens em que a música fez parte da vida de Israel. Davi com sua harpa acalmava Saul em seus momentos de desequilíbrio. Nas comunidades atuais há infinitos exemplos daqueles que dedicam sua música para louvar a Deus, para edificar os irmãos, para aliviar os doentes, para alegrar os esquecidos da sociedade nos asilos, nas prisões, nas praças, onde quer que se encontrem.

Façamos de nossa musicalidade instrumento de gratidão a Deus Pai por todo o cuidado que nos dispensa. As canções edificantes são também formas de oração. Oremos, cantando. E se você tem o dom da música, não se acanhe, coloque-o a serviço de Deus que derramará sobre você copiosas bênçãos.

# EM NOME DE DEUS

> "Pois onde dois ou três estiverem reunidos em meu nome, ali estou no meio deles."
>
> **Mateus 18:20**

**UM DEUS**

**23 OUT**

A oração é uma oportunidade de nos conectarmos com Deus de forma profunda e autêntica. Jesus nos ensina que não é preciso estar em meio à multidão para orar e estudar a palavra. Na família, em um pequeno grupo de amigos, com a pessoa amada ou até a sós podemos buscar a Deus, sem distrações ou expectativas externas. Esses momentos são essenciais para desenvolver uma intimidade genuína com o Pai, pois é no silêncio e na quietude que conseguimos ouvir a Sua voz com mais clareza.

Com essa lição Ele também nos alerta para não criticar aqueles que têm uma conexão com Deus, diferente da nossa, pois Ele próprio não faz acepção de pessoas. Seu amor abarca todos na humanidade.

Quando dedicamos tempo para estar com Deus, crescemos em fé e confiança, aprendendo a depender mais da Sua presença em nossas vidas. Esse relacionamento íntimo é o que nos sustenta nos momentos de alegria e nos desafios.

Cultivar a oração a sós ou com alguém é uma maneira de dizer a Deus que Ele é nosso primeiro e maior amor. Que possamos buscar momentos de quietude e entrega e nos aproximar cada vez mais de Deus. Hoje, reserve um tempo a sós com o Senhor, e permita que essa intimidade transforme o seu coração.

**Deus abriu** ____/____

**Devocional** 296/365

**Reflexões**

_____
_____
_____
_____
_____
_____
_____
_____
_____
_____

**FRASE DO DIA**

NÃO SUBESTIMO O PODER DE UMA ORAÇÃO.

#umdeusdevocional

# PERDÃO PARA SI

## UM DEUS
### 24 OUT

> "Se confessarmos os nossos pecados, ele é fiel e justo para perdoar os nossos pecados e nos purificar de toda injustiça."
>
> 1 João 1:9

**Deus abriu** ___/___

**Devocional** 297/365

**Reflexões**

_____
_____
_____
_____
_____
_____
_____
_____
_____
_____

O perdão é um presente precioso que Deus nos oferece. Mas, é mais fácil perdoar os outros do que a nós próprios. Carregamos a culpa e a vergonha dos erros passados, revivendo nossos fracassos em vez de receber o perdão completo que Deus nos oferece. Em 1 João 1:9, vemos que Deus é fiel para nos perdoar, mas precisamos aceitar essa promessa, acreditando que a misericórdia Dele é suficiente.

Quando não nos perdoamos, é como se estivéssemos recusando o presente da graça. Deus não quer que vivamos presos ao passado; Ele nos convida a uma nova vida, livre da culpa. Perdoar a si mesmo é um ato de fé, uma resposta ao amor de Deus que nos chama para viver em paz e plenitude. Ao nos libertarmos da culpa, experimentamos a verdadeira liberdade em Cristo, caminhando com confiança em Sua graça.

Ao lutar com a culpa ou a vergonha, lembre-se: "Deus já te perdoou". Liberte-se e aceite a paz que Ele oferece. Essa paz é a que nos renova, nos permitindo seguir adiante sem os pesos do passado. Entregue a Ele toda a sua culpa e confie em Seu perdão, pois é esse amor incondicional que sustenta nossa vida.

### FRASE DO DIA
**SE DEUS JÁ ME PERDOOU, QUEM SOU EU PARA ME CONDENAR?**

#umdeusdevocional

# O TEMPLO DE DEUS

> *"Acaso não sabem que o corpo de vocês é santuário do Espírito Santo, que habita em vocês, que lhes foi dado por Deus? Vocês não são de si mesmos."*
> 1 Coríntios 6:19-20

**UM DEUS**
**25 OUT**

Nosso corpo é um presente sagrado e deve ser tratado com respeito e amor, pois é o templo onde Deus habita. Cuidar do corpo não é apenas uma questão de saúde, mas um ato de reverência a Deus. A Bíblia nos lembra de que não somos donos de nós mesmos; pertencemos a Deus e, por isso, temos a responsabilidade de honrar esse templo.

Essa perspectiva nos incentiva a adotar hábitos saudáveis, tanto físicos quanto espirituais. Cuidar bem de nosso corpo envolve mais do que práticas externas; inclui alimentar a mente e o coração com pensamentos e atitudes que refletem a presença divina em nós. Nosso compromisso com Deus se reflete na maneira como tratamos a nós próprios, buscando equilíbrio e bem-estar.

Reserve um tempo para avaliar como você cuida do corpo que Deus lhe deu. Peça sabedoria ao Senhor para manter esse templo sagrado em boa saúde, e lembre-se de que cuidar de si é um ato de adoração. Deus deseja que desfrutemos de uma vida plena e saudável, para que possamos servi-Lo com toda a nossa força e vitalidade.

**Deus abriu** ___/___

**Devocional** 298/365

**Reflexões**

---

**FRASE DO DIA**

MEU CORPO É UM TEMPLO SAGRADO.

#umdeusdevocional

# REFLEXO DE DEUS

**UM DEUS**

**26 OUT**

> *"Os céus declaram a glória de Deus; o firmamento proclama a obra das suas mãos."*
>
> **Salmos 19:1**

**Deus abriu** ___/___

**Devocional** 299/365

**Reflexões**

A criação ao nosso redor é uma manifestação da grandeza e bondade de Deus. Desde as montanhas majestosas até as pequenas flores que desabrocham, tudo aponta para a beleza do Criador. Cada detalhe da natureza revela o cuidado e a perfeição de Deus, e somos convidados a contemplar essa obra divina com um coração grato.

Apreciar a criação é também uma forma de louvar. Quando paramos para observar a natureza, lembramo-nos da presença constante de Deus, que sustenta tudo com amor. A criação nos ensina sobre a bondade e a sabedoria Dele, que nos deu um mundo cheio de maravilhas para desfrutarmos. Somos chamados a cuidar desse presente, respeitando o ambiente e preservando-o para as gerações futuras, reconhecendo que somos administradores dessa obra magnífica.

Contemple a beleza ao seu redor. Louve a Deus pela criação e permita que essa admiração te aproxime do Criador. Ao cuidar da natureza, também demonstramos nosso amor e gratidão a Deus, reconhecendo Sua mão em tudo o que vemos. Cada ato de cuidado é uma forma de expressar louvor ao Deus que nos confiou tão preciosa responsabilidade. Que sua interação com a criação reflita o amor que Deus colocou no mundo e em seu coração.

**FRASE DO DIA**

**DEUS É PERFEITO.**

#umdeusdevocional

# CELEBRAR E CONFIAR

> "Eu sei o que é passar necessidade, e sei o que é ter fartura. Aprendi o segredo de viver contente em toda e qualquer situação."
>
> **Filipenses 4:12**

**UM DEUS**

**27 OUT**

Deus abriu ____/____

Devocional 300/365

Reflexões

A vida é uma jornada que nos coloca diante de vitórias e derrotas, sucessos e fracassos. Assim como Paulo nos ensina em Filipenses, aprender a viver contente em todas as situações é um segredo valioso. Cada vitória nos lembra das bênçãos de Deus, e cada derrota nos ensina sobre humildade, perseverança e confiança na graça divina. Deus está presente tanto nos momentos de alegria quanto nos de tristeza, e Ele usa cada experiência para moldar nosso caráter e fortalecer nossa fé.

As vitórias nos trazem gratidão e celebração, mas as derrotas nos desafiam a confiar ainda mais em Deus. Quando vencemos, é importante não nos encher de orgulho, mas reconhecer que todo sucesso vem da força e da sabedoria que Ele nos concede. E quando enfrentamos derrotas, somos chamados a descansar na certeza de que Deus tem um propósito, mesmo em nossas fraquezas e falhas.

Olhe para suas vitórias e derrotas como oportunidades de crescimento espiritual. Agradeça a Deus por cada conquista e, nas dificuldades, peça sabedoria para entender o que Ele quer ensinar. Lembre-se de que, em Cristo, somos mais que vencedores, independentemente das circunstâncias, e que Ele está sempre ao nosso lado, para nos guiar e sustentar.

**FRASE DO DIA**

CELEBRO AS VITÓRIAS E CONFIO NA AÇÃO DIVINA NAS DERROTAS.

#umdeusdevocional

# SERVIR COM AMOR

**UM DEUS**

28 OUT

> *"Cada um exerça o dom que recebeu para servir os outros, administrando fielmente a graça de Deus em suas múltiplas formas."*
>
> **1 Pedro 4:10**

**Deus abriu** ___/___

**Devocional 301/365**

**Reflexões**

_____
_____
_____
_____
_____
_____
_____
_____

Servir ao próximo é uma expressão prática do amor de Deus. Cada um de nós recebeu dons específicos para abençoar outras pessoas. O serviço é um ato de amor e uma resposta ao chamado de Deus para sermos instrumentos de Sua graça. Quando usamos nossos dons para servir, nos aproximamos de Jesus, que nos ensinou que servir ao próximo é o verdadeiro caminho para a grandeza.

Ao servir, aprendemos sobre empatia, compaixão e sacrifício. Cada ato de serviço é uma oportunidade de refletir a bondade de Deus e ser luz em meio às dificuldades. Não importa o quão pequeno seja o ato, o serviço que fazemos com amor toca a vida das pessoas e aproxima nossos corações do coração de Deus. É por meio do serviço que somos transformados, descobrindo que há mais alegria em dar do que em receber.

Reserve um momento para refletir sobre os dons que Deus lhe deu e peça a Ele que mostre como você pode ser uma bênção para as pessoas ao seu redor. Que sua vida seja um reflexo do amor de Cristo, e que, em cada ato de serviço, o mundo veja o amor de Deus em ação. Mesmo nos pequenos gestos, você pode ser a resposta para a oração de alguém e um canal da paz divina.

**FRASE DO DIA**

**QUERO SER BÊNÇÃO PARA AS PESSOAS AO MEU REDOR.**

#umdeusdevocional

# ADMINISTRAÇÃO DO DINHEIRO

> "Portanto, se vocês não forem dignos de confiança em lidar com as riquezas deste mundo ímpio, quem lhes confiará as verdadeiras riquezas?"
>
> Lucas 16:11

**UM DEUS**

**29 OUT**

Jesus nos ensina que o dinheiro é um recurso temporário, que deve ser administrado com responsabilidade e propósito. Ele não condena o uso do dinheiro, mas nos alerta sobre o risco de colocá-lo acima dos valores espirituais. Na parábola do administrador astuto, Ele revela que o dinheiro deve ser usado para ajudar os outros e para fazer amigos, isto é, construir relacionamentos baseados no amor e na generosidade. Assim, o dinheiro torna-se um meio de abençoar e transformar vidas ao nosso redor.

O verdadeiro valor do dinheiro não está na acumulação, mas na sua capacidade de gerar bem. Ao usarmos nossos recursos para ajudar aqueles que precisam, estamos investindo nas verdadeiras riquezas – as que têm valor eterno e que refletem o coração de Deus. Com cada ato de generosidade, participamos do amor de Cristo, que nos chama a cuidar uns dos outros.

Hoje, reflita sobre como você tem usado seus recursos. Que suas finanças possam servir a Deus e ao próximo, permitindo que o amor de Cristo seja visto em suas ações. Use seu dinheiro com sabedoria, construindo amizades e ajudando quem precisa. Afinal, a verdadeira riqueza está em uma vida que reflete a bondade de Deus.

Deus abriu ___/___

Devocional 302/365

Reflexões

**FRASE DO DIA**

O DINHEIRO EM MINHAS MÃOS É FERRAMENTA DO BEM.

#umdeusdevocional

# O VALOR DA ALMA

**UM DEUS**

**30 OUT**

> *"Pois que adianta ao homem ganhar o mundo inteiro e perder a sua alma?"*
> 
> **Mateus 16:26**

Deus abriu ____/____

**Devocional 303/365**

**Reflexões**

_____
_____
_____
_____
_____
_____
_____
_____
_____

Para Deus, a alma humana tem um valor inestimável. Ele nos criou à Sua imagem, e cada alma é preciosa aos Seus olhos, tão preciosa que Ele enviou Jesus para nos resgatar da escuridão dos nossos erros. Essa entrega mostra que o valor da alma é incalculável, transcendendo qualquer riqueza ou poder que o mundo possa oferecer. Para Deus, nada se compara ao valor de uma alma redimida, e Ele investe amor e graça infinitos para nos chamar de volta ao Seu lado, para nos dar vida plena e eterna.

Quantas vezes deixamos de lado aquilo que é eterno em busca de conquistas passageiras? Podemos facilmente ser tentados a colocar a realização pessoal, o dinheiro ou o prestígio acima da saúde da nossa alma, esquecendo-nos de que tudo isso é efêmero.

Jesus nos lembra de que a nossa alma vale mais do que o mundo inteiro. Ele nos convida a refletir sobre onde temos colocado nosso coração e nossa confiança.

Hoje, pense no que tem dado valor à sua vida. Lembre-se de que, aos olhos de Deus, sua alma é mais preciosa do que qualquer tesouro terreno. Busque cuidar dela, alimentá-la com a Palavra e guardá-la na presença de Deus, pois é o bem mais valioso que você possui.

**FRASE DO DIA**

**CUIDADO COM A SAÚDE ESPIRITUAL É SABEDORIA.**

#umdeusdevocional

# O MOMENTO DE PARTIR

> *"Saindo de Nazaré, foi viver em Cafarnaum, que ficava junto ao mar, na região de Zebulom e Naftali."*
>
> Mateus 4:13

**UM DEUS**

**31 OUT**

Saber reconhecer quando um ambiente já não contribui para o nosso crescimento nem dos outros ali, é um ato de sabedoria. Jesus, ao perceber que em Nazaré Suas palavras e milagres não eram valorizados, escolheu partir. Em Sua cidade natal, Ele foi rejeitado e visto apenas como o filho do carpinteiro, alguém comum. A falta de fé dos nazarenos impediu que Ele realizasse muitos milagres ali, mostrando que, às vezes, é necessário seguir em frente quando não somos acolhidos.

Assim como Jesus, Abraão também ouvira o chamado de Deus para deixar seu lar e partir para o desconhecido, com a promessa de um novo propósito (Gênesis 12:1). Ele obedeceu, confiando que Deus o guiava para um lugar melhor. Esses exemplos nos ensinam que permanecer em um ambiente que não alimenta nosso crescimento pode nos estagnar e limitar o cumprimento do plano que Deus tem para nós.

Podemos ver essa partida de outra forma também, não de um lugar físico para outro, mas de uma mudança interior, deixando velhos hábitos, velhos conceitos ou situações estagnadas e adotando novos procedimentos mais condizentes com a Palavra de Jesus.

Se você sente que é hora de sair de um lugar ou situação que já não fortalece sua caminhada, peça a direção de Deus. Ele pode estar abrindo portas para algo maior e nos chamando a dar passos de fé. Confie que Ele está guiando cada movimento, levando-nos para onde realmente devemos estar.

**Deus abriu** ____/____

**Devocional** 304/365

**Reflexões**

**FRASE DO DIA**

TEM HORA QUE PARTIR É A MELHOR OPÇÃO.

#umdeusdevocional

# Meus Aprendizados

# Meus Planos futuros

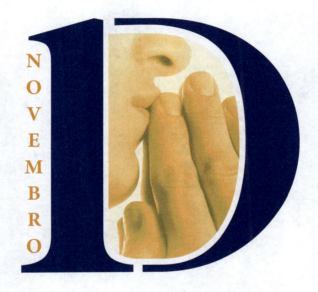

@umdeusdevocional

"Aquele que pratica o bem, colhe o bem."
Provérbios 11:17

11

# A Oração é o Wi-Fi de Deus

# NUVEM DE TESTEMUNHAS

> *"Portanto, visto que estamos rodeados por tão grande nuvem de testemunhas, livremo-nos de tudo o que nos atrapalha e do pecado que nos envolve, e corramos com perseverança a corrida que nos é proposta."*
>
> Hebreus 12:1

**UM DEUS**
**01 NOV**

Reflitamos sobre a nuvem de testemunhas que vieram antes de nós – homens e mulheres de fé que viveram com coragem e perseverança ao longo do tempo, deixando-nos um legado espiritual. Hebreus 12:1 nos lembra de que estamos rodeados por esses exemplos de fé, e nos encoraja a seguir seus passos, livrando-nos de tudo o que nos atrapalha para seguir com perseverança na corrida que Deus nos propôs.

Essas pessoas, que viveram em diferentes épocas e contextos enfrentaram dificuldades semelhantes às nossas. Eles não eram perfeitos, pois todos nós estamos bem longe da perfeição, mas tinham em comum uma fé inabalável em Deus. Suas vidas nos ensinam que, apesar dos desafios, é possível viver de maneira fiel, com os olhos fixos em Cristo.

Cada um de nós é chamado a viver uma vida de santidade, separada para Deus. Não significa perfeição, mas sim um compromisso diário de nos aproximarmos do Senhor e deixarmos para trás aquilo que nos impede de crescer espiritualmente. A corrida cristã é uma jornada que exige fé, perseverança e dependência de Deus.

Inspire-se naqueles que vieram antes de você. Pergunte-se: o que você precisa deixar para trás para seguir mais de perto a Cristo. Lembre-se de que Deus está com você em cada passo dessa jornada.

**Deus abriu** ____/____

**Devocional** 305/365

**Reflexões**

---

**FRASE DO DIA**

**INSPIRO-ME NOS EXEMPLOS DIGNOS DE VIDA EM CRISTO.**

#umdeusdevocional

# ESPERANÇA NA ETERNIDADE

**UM DEUS**
**02 NOV**

*"Eu sou a ressurreição e a vida. Quem crê em mim, ainda que morra, viverá; e quem vive e crê em mim, nunca morrerá."*

**João 11:25-26**

Deus abriu ___/___

Devocional 306/365

Reflexões

O Dia de Finados é uma data que nos convida a refletir sobre a vida e a morte. Para muitos, é um momento de tristeza e saudade, mas para aqueles que creem em Jesus, é também um dia de esperança. A promessa da ressurreição em Cristo nos assegura que a morte não tem a palavra final.

Jesus, ao falar com Marta após a morte de Lázaro, declara-se a "ressurreição e a vida". Ele nos lembra de que a vida em Cristo transcende a morte física. Aqueles que confiam em Jesus têm a certeza de que a morte é apenas uma passagem para a vida eterna.

Embora a dor da perda seja real e a saudade dos que partiram seja sentida, Deus nos oferece consolo em Sua promessa de que um dia estaremos novamente reunidos com nossos entes queridos na eternidade. Este é o nosso grande consolo e nossa maior esperança.

Neste dia, que você possa renovar sua fé na ressurreição. Que a certeza de que Jesus venceu a morte traga paz ao seu coração e esperança para o futuro. Em Cristo, a morte foi vencida, e a vida eterna nos aguarda.

**FRASE DO DIA**

A VIDA ETERNA E FELIZ AGUARDA OS QUE CREEM EM CRISTO.

#umdeusdevocional

# AS MÃOS DE DEUS

> *"E agora ele está aqui, consolado, enquanto você está em tormento."*
> **Lucas 16:25**

**UM DEUS**
**03 NOV**

Na parábola do rico e Lázaro, Jesus nos alerta sobre a responsabilidade de cuidar do próximo. O homem rico tinha tudo de que precisava e mais, enquanto Lázaro, coberto de feridas, mendigava às portas de sua casa. Durante sua vida, o rico ignorou o sofrimento de Lázaro, falhando em ser as mãos de Deus para alguém necessitado. No final, ele entendeu, porém tarde demais, que o valor de Lázaro era muito maior do que ele reconhecia.

Deus nos chama a sermos canais do Seu amor, a estender a mão aos que estão ao nosso redor. Fazer o bem é mais do que um gesto; é um reflexo do coração de Deus em nós. Quando cuidamos dos outros, nos tornamos instrumentos de Sua compaixão e bondade. A parábola nos lembra de que nossa verdadeira riqueza está nas ações de amor e cuidado que demonstramos aos outros.

Seja sensível à dor do próximo, especialmente daqueles que, como Lázaro, parecem invisíveis. Onde houver sofrimento, Deus nos convida a ser luz, a sermos Suas mãos. Ao nos dispormos a fazer o bem, estamos investindo em um tesouro eterno e nos aproximando do coração de Deus. Não espere até que seja tarde para perceber o valor das pessoas ao seu redor; escolha fazer o Bem agora.

**Deus abriu** ___/___

**Devocional** 307/365

**Reflexões**

---

**FRASE DO DIA**

**ESCOLHO SER AS MÃOS DE DEUS ONDE HOUVER SOFRIMENTO.**

#umdeusdevocional

# O VALOR DA PAZ

## UM DEUS
**04 NOV**

> *"Deixo-lhes a paz; a minha paz lhes dou. Não a dou como o mundo a dá. Não se perturbe o seu coração, nem tenham medo."*
>
> **João 14:27**

**Deus abriu** ____/____

**Devocional 308/365**

**Reflexões**

_____
_____
_____
_____
_____
_____
_____
_____
_____

### FRASE DO DIA
**NADA VALE O PREÇO DE UM CORAÇÃO TRANQUILO.**

#umdeusdevocional

A paz que Jesus nos oferece é um presente precioso, muitas vezes ameaçado pelos conflitos e tensões ao nosso redor. Em nossa convivência com os outros, podemos enfrentar palavras duras, desentendimentos e até atos de violência que desafiam nossa serenidade. Nessas horas, é importante refletir: será que isso vale a minha paz?

Jesus nos convida a guardar nosso coração de tudo que busca roubar nossa tranquilidade. A paz que Ele nos oferece é um refúgio interior, uma segurança que não se abala diante de situações de confronto. Até quando as atitudes dos outros parecem nos desestabilizar, somos chamados a preservar essa paz que vem de confiar em Deus e deixar que Ele nos proteja das pressões externas.

Viver em paz exige que saibamos escolher nossas batalhas e que evitemos gastar nossa energia com aquilo que não nos edifica. Não se trata de ignorar os problemas ou de fugir das dificuldades, mas de lembrar que nossa paz é sagrada e deve ser protegida. Quando algo ou alguém ameaça essa serenidade, Deus nos fortalece para manter o equilíbrio, nos afastando do que nos destrói.

A paz que Deus nos dá é uma âncora em tempos de agitação. Ela nos permite responder com calma e sabedoria, e nos lembra de que nada vale o preço de um coração tranquilo. Preserve esse presente divino e busque sempre a paz que só Deus pode proporcionar.

# SUA REAÇÃO

*"A resposta calma desvia a fúria, mas a palavra ríspida desperta a ira."*
**Provérbios 15:1**

**UM DEUS**
**05 NOV**

Os apóstolos enfrentaram muitos momentos de provocação e hostilidade. Em Atos dos Apóstolos, lemos sobre perseguições, julgamentos injustos e ataques diretos. No entanto, ao invés de responder com violência ou raiva, eles usaram suas palavras para comunicar o amor e a verdade de Cristo. Suas respostas sábias, calmas e respeitosas são um exemplo da comunicação não violenta, que reflete a presença de Deus em cada palavra e gesto.

Quando Pedro e João foram presos e ameaçados por pregarem sobre Jesus, eles responderam com firmeza, mas sem agressividade, afirmando: "Não podemos deixar de falar do que vimos e ouvimos" (Atos 4:20). Em vez de reagirem com raiva, eles compartilharam sua fé de maneira clara e respeitosa, demonstrando que a verdade não precisa de violência para ser proclamada.

Quando você se encontrar em situações que provoquem o seu desequilíbrio espiritual e ameacem a sua paz, peça a Deus que guie suas palavras e lhe dê a capacidade de ouvir e validar as batalhas dos outros. Que sua comunicação de paz possa refletir a presença de Cristo, e que, assim como os apóstolos, você seja uma voz de sabedoria e compaixão.

**Deus abriu** ___/___

**Devocional** 309/365

**Reflexões**

---

**FRASE DO DIA**

**REAJO COM CALMA ÀS PROVOCAÇÕES E DESEQUILÍBRIOS.**

#umdeusdevocional

# PODER DAS PALAVRAS

## UM DEUS
### 06 NOV

> "O que contamina o homem não é o que entra pela boca, mas o que sai dela."
> 
> Mateus 15:11

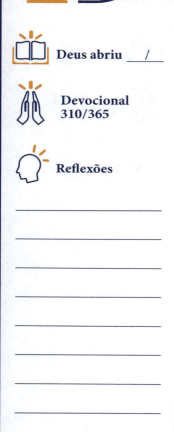

Deus abriu ___/___

Devocional 310/365

Reflexões

_____
_____
_____
_____
_____
_____
_____
_____
_____
_____

**FRASE DO DIA**

**MINHA FALA REFLETE DEUS EM MEU CORAÇÃO.**

#umdeusdevocional

Jesus nos ensina que o verdadeiro problema não está no que ouvimos, mas no que deixamos sair de nossos lábios. Muitas vezes, nos concentramos no que os outros nos dizem ou nas ofensas que recebemos, mas Ele nos chama a olhar para dentro e refletir sobre aquilo que falamos. Nossas palavras têm poder, tanto para edificar quanto para ferir, e devemos usá-las com responsabilidade e bondade.

Quando nos lembramos de nossa condição em Cristo, somos chamados a refletir Sua graça e amor em cada palavra. Não podemos nos esquecer de que somos representantes de Cristo no mundo, e o que dizemos impacta nossa vida e a vida dos que nos rodeiam. Palavras de encorajamento e bondade edificam; palavras de crítica e julgamento destroem.

Oriente sua fala para que ela seja um reflexo do coração de Deus em você. Peça a Ele sabedoria e discernimento para falar com compaixão e paciência, sabendo que as palavras podem ser tanto um instrumento de paz quanto de divisão. Hoje, escolha que suas palavras carreguem a bondade, lembrando-se de que, como seguidores de Cristo, somos chamados a ser luz e a promover a paz.

# TER OLHOS FECHADOS

**UM DEUS**
**07 NOV**

*"Bem-aventurados os misericordiosos, pois obterão misericórdia."*
**Mateus 5:7**

Jesus nos chama a enxergar o mundo através da lente da bondade e da misericórdia. Ter os olhos fechados aqui não significa ignorar o que está errado, mas olhar com empatia e paciência, mantendo o coração equilibrado e a mente aberta ao amor. Esse fechar de olhos é uma metáfora para a escolha de ver além das falhas e estender a graça, até quando percebemos imperfeições e erros nos outros.

Jesus sabia que é fácil criticar e julgar, mas nos ensina a ser diferentes. Ele nos convida a sermos bem-aventurados quando escolhemos um olhar bondoso, que vê as lutas alheias com compaixão. Assim, fechamos os olhos para o julgamento imediato e abrimos nosso coração à empatia. Aquele que vê o próximo com bondade está mais alinhado com o coração de Deus, que é paciente e deseja o bem de todos.

É preciso equilíbrio para enxergar algo que está errado e ainda assim responder com mansidão. Ao praticar a bondade no olhar, agimos como representantes do amor divino, mostrando que é possível ver o outro sem condenação, mas com um desejo sincero de compreensão e apoio. Fechar os olhos ao erro não é ignorá-lo, mas respondê-lo com a graça que nos é ensinada.

Que hoje você busque ter um olhar cheio de bondade, empatia e equilíbrio. Se algo incomodar, responda com misericórdia, lembrando-se de que Deus olha para nós com o mesmo amor e paciência.

**Deus abriu** ___/___

**Devocional** 311/365

**Reflexões**

**FRASE DO DIA**

COM BONDADE, FECHO OS OLHOS PARA O ERRO ALHEIO.

#umdeusdevocional

# VIVA PARA DEUS

## UM DEUS
**08 NOV**

> "Assim, quer vocês comam, bebam ou façam qualquer outra coisa, façam tudo para a glória de Deus."
>
> 1 Coríntios 10:31

**Deus abriu** ___/___

**Devocional** 312/365

**Reflexões**

_____
_____
_____
_____
_____
_____
_____
_____

Estar em conexão com Deus não significa que tudo na nossa vida será perfeito ou que seremos abençoados materialmente em tudo. Muitos acreditam que prosperidade e destaque social são sinais de intimidade com Deus, mas essa visão é limitada. Viver para Deus não é buscar reconhecimento ou glória pessoal, mas sim alinhar cada aspecto da vida à vontade e ao amor Dele. Deus não é um recurso para realizar nossos desejos; Ele é o Criador, o Pai que sustenta o universo com perfeição e sabedoria.

Portanto, a grandeza de uma vida em Deus não está nas conquistas materiais, mas na paz, na humildade e na dedicação ao próximo, que refletem a transformação que Ele realiza em nós. Quando fazemos tudo para a glória Dele, desde os pequenos gestos até as grandes decisões, nossa vida se torna um testemunho vivo do Seu amor.

Avalie sempre as suas intenções e ações. Não busque apenas o que satisfaz os seus desejos, mas pergunte-se como pode glorificar a Deus em cada detalhe. Que sua vida seja uma oferta de louvor ao Senhor, em tudo que você faz. Dessa forma, você encontrará um propósito muito mais profundo e eterno, vivendo não para si, mas para Ele.

### FRASE DO DIA
**MINHA VIDA É OFERTA DE LOUVOR AO SENHOR.**

#umdeusdevocional

# NO CANSAÇO DA ALMA

*"A minha alma espera somente em Deus; Dele vem a minha salvação."*
**Salmos 62:1**

**UM DEUS**
**09 NOV**

Deus abriu ____/____

Devocional 313/365

Reflexões

Muitas vezes, o cansaço que carregamos não tem uma explicação clara. Pode ser uma sobrecarga que se acumula lentamente ou uma angústia silenciosa que nem sempre sabemos nomear. Esse esgotamento não é apenas físico; ele toma nossa mente e nosso coração, deixando-nos sem forças e sem esperança, a ponto de sucumbirmos aos problemas.

Encontramos em Deus uma fonte de alívio que vai além do que o mundo pode oferecer e Dele esperamos confiantes a salvação. Nesse sentido, o Filho de Deus, Jesus, nos fez um convite: "Vinde a mim e os aliviarei" (Mateus 11:28). Ele não promete a ausência de problemas, mas nos garante descanso para a alma, uma paz que supera qualquer circunstância. E em Sua presença as cargas se tornam mais leves, pois Ele nos ajuda a enfrentar cada desafio com uma nova perspectiva e força renovada.

Permita que Jesus toque o seu coração, trazendo conforto e uma renovada esperança para o que virá. Em Sua companhia, a jornada se torna mais leve e o cansaço, mais suportável.

**FRASE DO DIA**

**EM JESUS ENCONTRO ALÍVIO PARA O CANSAÇO DA ALMA.**

#umdeusdevocional

# AMAR A DEUS

**UM DEUS**
**1** **10 NOV**

> *"Ame ao Senhor seu Deus de todo o seu coração, e de toda a sua alma, e de todo o seu pensamento."*
> **Mateus 22:37**

Deus abriu ___/___

Devocional 314/365

Reflexões

_____
_____
_____
_____
_____
_____
_____
_____

Hoje, quero lembrar você de que a melhor maneira de amar a Deus é amando ao próximo. Jesus nos ensinou que o amor a Deus e o amor ao próximo estão intrinsecamente ligados. Ele não nos pede apenas uma devoção silenciosa ou um louvor distante; Ele nos convida a demonstrar esse amor divino através de ações práticas de cuidado, empatia e compaixão por aqueles que nos rodeiam.

Amar ao próximo é um reflexo direto do amor que temos por Deus. Ao tratar cada pessoa com respeito e gentileza, honramos o Criador que nos fez à Sua imagem. Quando estendemos a mão para perdoar e apoiar revelamos Cristo e trazemos a presença de Deus para o cotidiano das nossas vidas. Amar ao próximo não é apenas um mandamento; é uma oportunidade de mostrar que Deus está vivo e atuante em nós.

Busque uma maneira de expressar esse amor. Pode ser um gesto de bondade, uma palavra de incentivo, ou até a paciência com alguém que te desafia. Ao fazer isso, você estará vivendo o maior dos mandamentos e refletindo a luz de Cristo para o mundo.

**FRASE DO DIA**
**NO AMOR AO PRÓXIMO REVELO O AMOR A DEUS.**

#umdeusdevocional

# DEUS NOS DETALHES

*"Meditarei nos teus preceitos e darei atenção às tuas veredas."*
**Salmos 119:15**

UM DEUS
11 NOV

Deus muitas vezes escolhe falar conosco nos detalhes mais sutis do cotidiano. Em momentos de silêncio, em encontros inesperados ou em pequenos gestos, Ele se manifesta, guiando-nos e fortalecendo-nos. É essencial que tenhamos um coração aberto e uma mente tranquila para captar esses sinais que, à primeira vista, podem passar despercebidos. Cada detalhe pode ser uma mensagem, um lembrete de que Ele está presente e atento às nossas necessidades.

Manter uma conexão constante com Deus nos torna mais receptivos a essas nuances. Para isso, é preciso cultivar uma intimidade com Ele, através de momentos dedicados de oração, meditação e uma entrega plena de nossa confiança. Quanto mais nos aproximamos de Deus, mais sensíveis somos à Sua voz, até nas circunstâncias mais simples.

Passe a prestar atenção para descobrir a Deus nos detalhes. Peça a Ele que lhe dê um coração sensível e atento, capaz de perceber Sua presença ao longo do dia. Seja no sorriso de alguém, em uma palavra de conforto ou em um pensamento inesperado, Deus fala conosco. Basta estar disposto a ouvir e a confiar que Ele está conosco, cuidando de cada passo de nossa jornada.

Deus abriu ____/____

Devocional 315/365

Reflexões

_____
_____
_____
_____
_____
_____
_____
_____
_____
_____
_____
_____

**FRASE DO DIA**

PERCEBO DEUS NOS DETALHES INESPERADOS DO DIA.

#umdeusdevocional

# O NÃO DE DEUS

**UM DEUS**

**12 NOV**

> *"Seja o seu falar sim, sim, não, não, porque o que passa disso é de procedência maligna."*
> **Mateus 5:37**

**Deus abriu** ____/____

**Devocional 316/365**

**Reflexões**

_____
_____
_____
_____
_____
_____
_____
_____
_____

**FRASE DO DIA**

**DEUS NADA ME NEGA SEM UM PROPÓSITO MAIOR.**

#umdeusdevocional

O não de Deus pode ser um sim. Muitas vezes, ao nos depararmos com um não de Deus, sentimos uma onda de frustração e incompreensão. Nossos desejos, nossos sonhos e nossas orações parecem não alcançar o resultado que imaginamos. É fácil interpretar esse não como um sinal de que Deus não está ouvindo, mas, na verdade, pode ser a porta para um sim muito maior e melhor do que conseguimos ver naquele momento.

Deus conhece o futuro e vê o quadro completo da nossa vida. Seu não muitas vezes significa proteção, um redirecionamento ou a preparação para algo maior. Quando Ele nos fecha uma porta, Ele nos guia para caminhos que nos levarão a propósitos mais elevados, embora não compreendamos no momento.

Se você recebeu um não de Deus, confie que Ele está trabalhando para o seu bem. Ele está abrindo portas de crescimento e alinhando os Seus planos para sua vida. Em vez de desanimar, busque entender o que Ele está preparando e como você pode crescer com isso. Com o tempo, você verá que o não de Deus foi, na verdade, o caminho para um sim que só Ele poderia oferecer.

# GENTILEZA QUE TRANSFORMA

**UM DEUS**
**13 NOV**

"Revesti-vos, pois, como eleitos de Deus, santos e amados, de entranhas de misericórdia, de benignidade, humildade, mansidão, longanimidade."

**Colossenses 3:12**

A gentileza é um ato poderoso que reflete o amor de Deus em nossas vidas. Em um mundo que muitas vezes valoriza a pressa e o individualismo, ser gentil é um ato de coragem e graça. Jesus nos mostrou como a gentileza pode transformar corações e abrir portas para a bondade divina. Ele nunca hesitou em demonstrar compaixão, cuidar dos marginalizados e acolher aqueles que precisavam de amor.

A gentileza que Jesus ensinou vai além de palavras agradáveis. Ela envolve ações práticas: um sorriso, um ouvido atento, um gesto de ajuda. Esses pequenos atos, embora simples, têm o poder de acalmar almas aflitas, aliviar corações pesados e transmitir a paz que vem de Deus. Quando somos gentis, levamos a presença de Cristo para aqueles ao nosso redor. Quando os outros são gentis conosco, aprendemos que o bem que fazemos em alguma parte retorna para nós por meio de outras faces.

No Dia da Gentileza, que possamos refletir essa virtude em nossas atitudes. Seja em casa, no trabalho ou com desconhecidos, lembremos que nossa gentileza é uma expressão do amor de Deus. Que possamos, assim, ser instrumentos de paz, bondade e compaixão, espalhando luz em cada lugar onde estivermos.

**Deus abriu** ___ / ___

**Devocional** 317/365

**Reflexões**

**FRASE DO DIA**

QUE A GENTILEZA SEJA PERENE EM MINHA VIDA.

#umdeusdevocional

# GOLPES NA AUTOESTIMA

**UM DEUS**
**14 NOV**

"Amarás ao teu próximo como a ti mesmo."
Mateus 22:39

Deus abriu ___/___

Devocional 318/365

Reflexões

_____
_____
_____
_____
_____
_____
_____
_____
_____

**FRASE DO DIA**

NADA ABALA MEU AUTOAMOR: DEUS É MEU APOIO.

#umdeusdevocional

Em alguns momentos, enfrentamos palavras e ações de pessoas que parecem ter como objetivo nos desanimar, golpeando nossa autoestima e nos fazendo sentir inseguros. Essas atitudes podem ser extremamente dolorosas e desgastantes. No entanto, nesses momentos, temos um refúgio e um apoio inabalável: Deus. Quando tudo ao redor tenta nos puxar para baixo, é Nele que encontramos a força para nos manter firmes.

Jesus nos recorda o mandamento de nos amarmos para que possamos amar o próximo com a mesma intensidade, o que em outras palavras significa cuidar de nossa autoestima e contar com o apoio de Deus.

Em vez de permitir que as críticas e julgamentos nos derrubem, podemos escolher ouvir a voz de Deus, que nos chama para sermos fortes e corajosos, confiantes em Sua proteção e amor. Ele é quem nos fortalece, dando-nos a coragem para ignorar as ofensas e seguir o caminho que Ele preparou para nós.

Quando alguém tentar desviar você do propósito que Deus tem para a sua vida, volte-se ao Senhor em oração. Entregue a Ele as feridas e a dor que as palavras negativas possam ter causado, e deixe que Ele seja o alicerce que te mantém em pé. Ele é seu amparo, sua rocha inabalável. Com Deus, nenhuma palavra negativa pode definir quem você é. Sua verdadeira força e valor estão seguros Nele.

# ASSIM COMO NÓS PERDOAMOS

*"Perdoa as nossas dívidas, assim como perdoamos aos nossos devedores."*
**Mateus 6:12**

**UM DEUS**
**D 15 NOV**

Deus abriu ___/___

Devocional 319/365

Reflexões

Na oração do Pai Nosso Jesus nos lembra da importância de perdoar. Ele nos ensina a pedir que Deus perdoe nossas falhas na medida em que somos capazes de perdoar as ofensas dos outros. Esse pedido revela uma verdade profunda: o perdão é uma via de mão dupla. Deus, em Sua infinita misericórdia, está sempre pronto a nos perdoar, mas Ele também deseja que abramos nossos corações para perdoar aqueles que nos feriram.

Perdoar não é apenas um ato de obediência, mas um caminho de libertação pessoal. Ao liberar o perdão, somos aliviados do peso das mágoas que nos prendem ao passado. Carregar ressentimentos é como um fardo que sufoca nossa paz, impedindo-nos de viver plenamente o presente e de construir um futuro livre de amarguras. Quando perdoamos, estamos escolhendo romper essas correntes, deixando para trás o que nos magoou sem permitir que o passado defina quem somos ou nosso propósito em Deus.

O perdão traz equilíbrio para nossas vidas. Ele nos aproxima de Deus e nos ensina sobre a Sua própria natureza – uma natureza de graça e compaixão. Que hoje você encontre forças para perdoar, lembrando-se de que essa atitude não só beneficia o outro, mas principalmente transforma o seu coração, trazendo a paz que Deus deseja para você.

**FRASE DO DIA**
**SINTO MEU CORAÇÃO LEVE AO PERDOAR ALGUÉM.**

#umdeusdevocional

# EM SINTONIA COM JESUS

**UM DEUS**
**16 NOV**

*"Se permanecerdes em mim, e as minhas palavras permanecerem em vós, pedireis o que quiserdes, e vos será feito."*
**João 15:7**

Deus abriu ___/___

Devocional 320/365

Reflexões

_____
_____
_____
_____
_____
_____
_____
_____
_____

### FRASE DO DIA
**MEUS PEDIDOS A DEUS ESTÃO EM SINTONIA COM JESUS.**

#umdeusdevocional

Quando oramos, muitas vezes pedimos por coisas que acreditamos que nos trarão felicidade ou saciedade. Mas será que esses desejos estão em sintonia com o coração de Jesus? Ao orarmos pedindo que o Cristo abençoe nossos caminhos, é importante lembrar que estamos seguindo a vontade do Filho, que em tudo é fiel e obediente ao Pai. Isso significa que nossos pedidos devem buscar refletir a bondade, a humildade e a compaixão que Jesus demonstrou e que revelam a grandiosidade de Deus.

Jesus nos ensinou a orar para nos aproximarmos da vontade do Pai, que é sempre perfeita. Orar com o coração alinhado ao de Jesus nos ajuda a crescer espiritualmente, levando-nos a buscar o que realmente tem valor eterno, aquilo que agrada a Deus. Em vez de desejarmos apenas o que achamos que nos trará satisfação, a oração se torna um meio de encontrar a paz e a plenitude Naquele que conhece nossas necessidades mais profundas.

Ao colocar seus pedidos diante de Deus, sintonize-se com aquilo que o próprio Jesus desejaria, ajustando seu coração e seus desejos ao que é eterno e verdadeiro. Peça que Deus lhe dê a sabedoria para seguir os passos de Jesus, que conhece o Pai e nos mostra o caminho. Assim, cada pedido será uma chance de experimentar a paz que vem de uma oração genuína e alinhada à vontade de Deus.

# VIVER O QUE DECLARAMOS

*"Por que vocês me chamam 'Senhor, Senhor' e não fazem o que eu digo?"*
**Lucas 6:46**

**UM DEUS**
**17 NOV**
**Devocional 321/365**

A pergunta de Jesus nos convida a refletir de forma sincera: quando o chamamos de Senhor, estamos realmente dispostos a seguir o que Ele nos ensina? Reconhecer a autoridade de Jesus não é apenas uma questão de palavras, mas um compromisso que se reflete em cada uma de nossas ações. A verdadeira fé se manifesta na prática, através de atitudes que traduzem o amor, a compaixão e a fidelidade à vontade de Deus.

Jesus nos convida a viver e não apenas declarar Seus ensinamentos, chamando-nos a demonstrar esse compromisso nas decisões que tomamos e na forma como tratamos os outros. Ao agir com bondade, perdoar e estender a mão aos necessitados, refletimos Deus no mundo. Ele nos chama a ser luz em meio às trevas, mostrando, por meio das nossas ações, o poder transformador de Sua presença.

Examine sua própria vida e considere se suas atitudes estão em harmonia com a fé que professa. Permita que cada escolha reflita a verdade do evangelho que você crê. Que seu coração e suas ações demonstrem uma fé viva e autêntica, dedicada a seguir e praticar o que Ele ensinou. Honre o amor e a graça que Deus concede diariamente, tornando cada gesto um reflexo da Sua luz e verdade no mundo.

**FRASE DO DIA**

MINHAS ATITUDES ALINHAM-SE À FÉ QUE DECLARO.
#umdeusdevocional

# PEÇA SABEDORIA

**UM DEUS**

**18 NOV**

> "Se algum de vocês tem falta de sabedoria, peça-a a Deus, que a todos dá livremente, de boa vontade."
>
> **Tiago 1:5**

Deus abriu ___/___

Devocional 322/365

Reflexões

_____
_____
_____
_____
_____
_____
_____
_____
_____

**FRASE DO DIA**

**JESUS, ORIENTE-ME A TOMAR AS MELHORES DECISÕES.**

#umdeusdevocional

Diante de problemas que parecem insolúveis nossa primeira reação costuma ser pedir a Deus que resolva tudo. No entanto, Ele muitas vezes deseja que cresçamos através dessas situações, desenvolvendo nossa fé e nosso caráter. É por isso que Tiago nos lembra: "Se você precisa de sabedoria, peça-a a Deus". A sabedoria divina não é apenas uma solução temporária; ela é um presente contínuo que nos guia em cada decisão.

Essa sabedoria que vem de Deus nos ajuda a enxergar além das dificuldades, encontrando clareza e direção onde antes havia apenas confusão. Com ela, aprendemos a enfrentar os desafios com discernimento e a fazer escolhas que refletem a vontade de Deus. Assim, em vez de fugir dos problemas, nos tornamos mais fortes e amadurecemos espiritualmente.

Se você está diante de uma situação difícil, peça a Deus não apenas uma solução, mas a sabedoria para entender o caminho a seguir. Confie que Ele lhe dará a clareza necessária para tomar as decisões certas, pois Ele é fiel e está sempre ao nosso lado, pronto para nos orientar.

# MOMENTOS CONSTRANGEDORES

*"Mas Jesus imediatamente lhes disse: Coragem! Sou eu. Não tenham medo!"*
Mateus 14:27

**UM DEUS**
**19 NOV**

Se você se encontra em uma situação que lhe traz vergonha ou desconforto e por consequência sinta medo de alguma atitude negativa de outros, procure coragem em Deus. Ele é a fonte de nossa força e nos capacita a enfrentar momentos difíceis com dignidade e confiança. A vergonha muitas vezes pode nos paralisar, mas Deus nos lembra de que não fomos feitos para nos esconder, mas para viver em liberdade e verdade.

Quando buscamos coragem em Deus, aprendemos a nos enxergar com os olhos Dele – não com os olhos da crítica ou da dúvida. Ele nos ajuda a redescobrir nossa identidade e a deixar para trás qualquer culpa ou vergonha que nos limite. Em vez de sermos controlados pelo medo, nos tornamos fortalecidos pela certeza de que Deus nos ama e nos dá poder para superar os desafios.

Esse momento difícil que desperta vergonha ou constrangimento, também passará. Entregue esses sentimentos a Deus, confiando que Ele pode transformar o que hoje pesa em você. Peça a Ele coragem para enfrentar essa situação e a capacidade de olhar para si com compaixão. Lembre-se de que Ele está ao seu lado, pronto para oferecer a força e o direcionamento de que você precisa.

Deus abriu ____/____

Devocional 323/365

Reflexões

**FRASE DO DIA**
QUE EU TENHA FORÇA PARA LEVANTAR A CABEÇA E SEGUIR.

#umdeusdevocional

# OS OLHOS DO CORAÇÃO

**UM DEUS**

**20 NOV**

> "Oro para que os olhos do coração de vocês sejam iluminados, a fim de que vocês conheçam a esperança para a qual ele os chamou, as riquezas da gloriosa herança Dele nos santos."
>
> **Efésios 1:18**

 Deus abriu ___/___

 Devocional 324/365

 Reflexões

_____
_____
_____
_____
_____
_____
_____
_____
_____
_____

**FRASE DO DIA**

OS OLHOS DO MEU CORAÇÃO SÃO ILUMINADOS POR DEUS.

#umdeusdevocional

Nossa visão física é limitada, mas os olhos do coração enxergam além do visível. Eles são despertados para as verdades espirituais e eternas que Deus tem para nós. Quando o apóstolo Paulo escreve aos Efésios, ele ora para que esses olhos interiores sejam iluminados, permitindo-nos ver a profundidade da esperança, da herança e da força que temos em Deus.

Muitas vezes, ficamos presos a uma visão superficial das coisas, permitindo que as circunstâncias ao redor influenciem nossa fé. No entanto, Paulo nos lembra de que a verdadeira percepção espiritual vem de Deus e revela uma dimensão de vida que não se abala com os desafios terrenos. Quando nossos olhos espirituais são abertos, passamos a ver a vida sob a perspectiva do propósito divino, da eternidade e da nossa identidade em Cristo.

Pedir que Deus ilumine nosso coração é buscar uma conexão mais profunda, para que possamos perceber a obra Dele em todas as coisas e entender o valor eterno que Ele nos oferece. Que possamos ver além das aparências, enxergando as riquezas de Deus em nosso relacionamento com Ele e na forma como Ele trabalha em nós e através de nós.

Ore para que Deus ilumine os olhos do seu coração. Que Ele abra sua visão espiritual para perceber a beleza do propósito que Ele plantou em sua vida, a esperança que jamais falha e a herança que nos torna ricos em Sua presença.

# A FONTE DE NOSSA FORÇA

> "Eu nada posso fazer por mim mesmo; julgo apenas conforme ouço, e o meu julgamento é justo, pois não procuro agradar a mim mesmo, mas Àquele que me enviou."
>
> João 5:30

**UM DEUS**
**D 21 NOV**

Jesus nos desafia a repensar nossas prioridades ao nos ensinar sobre total dependência da vontade de Deus. Ele, o próprio Filho de Deus, declarou que não agia por conta própria, mas confiava plenamente no Pai. Sua vida é um exemplo claro de que a verdadeira força e direção vêm de uma entrega completa a Deus, e não de nossos próprios esforços ou méritos.

Quando tentamos assumir o controle absoluto, corremos o risco de cair na armadilha do orgulho e do ego, esquecendo que tudo o que temos e somos provém d'Ele. Acreditar que somos autossuficientes é uma ilusão que nos afasta da paz e da clareza que só encontramos ao nos render ao propósito divino. É na entrega que descobrimos o verdadeiro significado de dependência espiritual, um caminho que nos leva à liberdade e à confiança plenas.

Rendermo-nos à vontade de Deus não nos enfraquece; ao contrário, nos capacita a enfrentar as dificuldades com confiança e a viver com propósito e serenidade. Ao reconhecer que nada podemos fazer sem Ele, permitimos que Sua força e sabedoria guiem nossos passos. Cada dia é uma oportunidade de entregar nossos fardos e permitir que Ele nos conduza com amor. Essa dependência, longe de nos diminuir, revela o poder transformador de viver em harmonia com o que Ele deseja para nós, nos tornando instrumentos de Sua paz e graça.

Deus abriu ____/____

Devocional 325/365

Reflexões

_____
_____
_____
_____
_____
_____
_____
_____
_____
_____

**FRASE DO DIA**

A FONTE DE MINHA FORÇA ESPIRITUAL ESTÁ EM DEUS.

#umdeusdevocional

# AGENTE DE DEUS

## UM DEUS
**1D** 22 NOV

> "Quem tem os meus mandamentos e lhes obedece, esse é o que me ama. Aquele que me ama será amado por meu Pai e eu também o amarei e me revelarei a ele."
>
> **João 14:21**

📖 Deus abriu ____/____

🙏 Devocional 326/365

💡 Reflexões

_____
_____
_____
_____
_____
_____
_____
_____
_____

**FRASE DO DIA**
ESTUDO E VIVO O EVANGELHO COMO AGENTE DE DEUS.

#umdeusdevocional

Amar a Jesus não é apenas admirá-Lo ou respeitá-Lo. É viver de forma a refletir Seu coração e Suas intenções em nossas ações diárias. Ele quer ver esse amor manifestado em nossas ações, que sejamos agentes de seu amor e ensinamentos onde quer que estejamos. Conhecer a Palavra é importante, mas ela só se torna viva em nós quando agimos com amor, exemplificando em cada gesto o Reino de Deus.

Quando Jesus perguntou a Pedro pela terceira vez se ele O amava, não era apenas uma questão de palavras ou de conhecimento intelectual (João 21:17). Jesus estava chamando Pedro a uma transformação profunda, que ia além do simples saber. Muitas vezes, acreditamos que conhecer o Evangelho e suas verdades é suficiente. Porém, a verdadeira fé não é medida pelo quanto sabemos, mas pelo quanto amamos, quanto agimos de acordo com o Evangelho.

Reflita sobre o seu amor por Jesus. Sua mensagem ressoa em nosso coração. Não se contente em saber sobre o Evangelho; viva-o. É no amor verdadeiro e no serviço ao próximo que nos tornamos, de fato, cooperadores do Reino, ajudando a espalhar a luz e a graça de Deus no mundo.

# AMOR INCONDICIONAL

*"Aquele que ama seu irmão permanece na luz, e nele não há nada que o faça tropeçar."*
1 João 2:10

**UM DEUS**
**23 NOV**

Deus abriu ___/___

Devocional 327/365

Reflexões

Amar de verdade é um ato de entrega que exige desapego das expectativas, das cobranças e dos julgamentos. Muitas vezes, condicionamos nosso amor a uma troca, esperando reconhecimento, reciprocidade ou recompensas visíveis. No entanto, o amor que Deus nos ensina é incondicional, sem expectativas e sem exigir nada em troca. Ele é um reflexo do amor de Cristo, que deu tudo por nós sem pedir nada além de nossa fé e entrega.

Esse amor sem cobranças nos mantém na luz de Deus, afastando-nos das sombras do orgulho, da mágoa e do ressentimento. Quando amamos dessa forma, nosso coração permanece leve, nossa mente é preenchida pela paz divina e nos tornamos instrumentos de luz no mundo. O amor sem exigências nos fortalece, nos enche de propósito e nos ajuda a vivenciar a verdadeira essência do Evangelho, que nos convida a sermos agentes de compaixão e bondade em todas as situações.

Desafie-se a amar sem esperar nada em troca. Ame como Jesus amou. Pratique um amor que ofereça compaixão, gentileza e paciência, assim como Ele nos ensina. Deixe de lado as cobranças e permita que o seu amor seja uma expressão sincera de sua fé e de sua gratidão a Deus. Ao fazer isso, você permanecerá na luz e experimentará a paz que vem de um coração livre e em sintonia com o Senhor.

**FRASE DO DIA**
AMO COMO JESUS AMOU, INCONDICIONALMENTE.

#umdeusdevocional

# SEJA PACIFICADOR

**UM DEUS**
**24 NOV**

*"Bem-aventurados os pacificadores, pois serão chamados filhos de Deus."*
**Mateus 5:9**

 Deus abriu ___/___

 Devocional 328/365

 Reflexões

_____
_____
_____
_____
_____
_____
_____
_____
_____

**FRASE DO DIA**
PROCURO PACIFICAR E NÃO FOMENTAR CONFLITOS.

#umdeusdevocional

Qual é o seu papel na construção da paz? Em um mundo tão marcado por conflitos e divisões, ser um pacificador é um chamado especial e desafiador. Às vezes, encontramos discussões e desentendimentos mesmo sem buscá-los, mas a verdadeira questão é: qual será a sua postura nesses momentos? Jesus nos convida a adotar uma atitude de serenidade, trazendo harmonia onde há desordem, e isso exige intencionalidade e autocontrole.

Ser pacificador não significa fugir de problemas ou evitar confrontos, mas enfrentá-los com um coração disposto a ouvir e a compreender. É escolher não responder à ofensa com agressividade, mas com uma atitude que reflete o amor de Deus. A paz verdadeira começa em nosso interior e se expande para o nosso ambiente quando decidimos promover reconciliação e compaixão. Essa escolha de viver em paz e promovê-la ao redor é um reflexo de quem somos em Cristo e de nossa identidade como filhos de Deus.

Ao enfrentar situações desafiadoras, pergunte-se: estou sendo um instrumento de paz? Estou agindo com bondade e paciência, ou estou contribuindo para o conflito? Peça a Deus que o capacite a ser alguém que age com empatia e promove unidade. Que suas palavras e ações inspirem outros a fazer o mesmo, refletindo a luz de Cristo e fazendo da paz uma realidade viva ao seu redor.

# VENCER O MAL COM O BEM

*"Não se deixem vencer pelo mal, mas vençam o mal com o bem."*

**Romanos 12:21**

**UM DEUS**
**25 NOV**

O mal se manifesta de muitas formas ao longo de nossas vidas: nas pequenas irritações do dia a dia, nas injustiças que enfrentamos, nos conflitos que surgem em nossos relacionamentos e até em nossos próprios pensamentos. Ele se apresenta disfarçado de frustração, ressentimento, indiferença. Mas a mensagem de Paulo aos Romanos é clara: "a vitória sobre o mal não vem por meio de vingança, retribuição ou amargura, mas pela escolha ativa de responder com bondade e amor".

Escolher o bem, mesmo nas situações mais difíceis, não significa ignorar as injustiças ou tolerar o que está errado, mas sim manter um coração íntegro e uma atitude de compaixão, até diante da adversidade. Quando respondemos ao mal com o bem, nos tornamos instrumentos de paz e transmitimos a luz de Deus ao mundo, mostrando que o amor é sempre mais poderoso que o ódio.

Lembre-se de que Deus nos capacita para essa batalha interna, oferecendo-nos o discernimento e a força para resistir ao impulso de revidar. Ele nos chama a sermos agentes de mudança e reconciliação, não permitindo que o mal nos molde, mas que sejamos transformados pelo bem.

A cada desafio, escolha a resposta que mais se alinha com o amor de Deus. Em vez de reagir ao mal responda com o bem e permita que a luz de Cristo brilhe através de suas atitudes. Que essa seja a sua maneira de viver e vencer, dia após dia, com a confiança de que o bem sempre triunfa.

**Deus abriu** ____/____

**Devocional 329/365**

**Reflexões**

_____
_____
_____
_____
_____
_____
_____
_____
_____
_____
_____

**FRASE DO DIA**

AO MAL OPONHO O BEM COMO JESUS ENSINOU.

#umdeusdevocional

# O CICLO DO BEM

**UM DEUS**

**26 NOV**

*"Aquele que pratica o bem, colhe o bem."*
**Provérbios 11:17**

📖 Deus abriu ___/___

🙏 Devocional 330/365

💡 Reflexões

_____
_____
_____
_____
_____
_____
_____
_____
_____

**FRASE DO DIA**
TODO ESFORÇO NO BEM É VISTO E USADO POR DEUS.

#umdeusdevocional

Praticar o bem sem expectativas nos ensina a confiar na Lei de Amor de Deus. Quando somos movidos pela verdadeira compaixão, não estamos apenas fazendo algo para o outro, mas estamos contribuindo para o propósito divino de espalhar amor e paz pelo mundo. Esse ciclo nos transforma internamente, criando uma vida plena de gratidão e esperança, pois sabemos que o bem que plantamos sempre encontrará o caminho de volta até nós.

Cada gesto de bondade, cada palavra de encorajamento e cada atitude de generosidade que oferecemos são sementes lançadas no solo da vida. Muitas vezes, podemos esperar que essas sementes floresçam e retornem de quem as recebeu, mas o amor e o bem que espalhamos têm sua própria maneira de voltar a nós, geralmente por formas e pessoas inesperadas. Deus observa cada ato de gentileza e, no tempo certo, Ele nos abençoa de maneira que só Ele pode planejar.

Se você ainda não vê o retorno do bem que fez, confie na promessa de Deus. Ele não ignora nenhum ato de amor e vê seu esforço. Cada gesto seu, ainda que sem retorno imediato, está sendo usado por Deus para tocar outras vidas e, no tempo certo, você será tocado também. O bem que fazemos, aparentemente pode demorar a voltar mas nos traz uma paz profunda, pois sabemos que Deus, em Sua fidelidade, nos recompensará de maneira perfeita e consoladora.

# COMPARAÇÕES

*"Quem dentre vós for o menor de todos, esse será o maior."*

**Lucas 9:48**

## UM DEUS
### 27 NOV

Deus abriu ____/____

Devocional 331/365

Reflexões

Na sociedade atual, somos constantemente medidos, comparados e, muitas vezes, levados a medir e comparar os outros. Esse hábito, profundamente enraizado, gera uma ansiedade que nos afasta da paz e nos coloca em um ciclo de insatisfação. Jesus, ao perceber essa inclinação no coração humano, trouxe um ensinamento radical: a verdadeira grandeza não está em ser o primeiro, mas em ser humilde como uma criança, com um coração puro e desprendido das competições.

Ao chamar uma criança para perto de Si e dizer que aquele que é o menor entre todos é o maior, Jesus nos convida a abandonar o desejo de superioridade e a abraçar a simplicidade. Ser grande, aos olhos de Deus, não é ser aplaudido ou reconhecido, mas agir com humildade e pureza. Jesus nos desafia a nos despir do orgulho e a cultivar um coração livre de comparações, aonde a verdadeira satisfação vem de estar próximo a Deus e de servir ao próximo com autenticidade.

Buscar essa simplicidade é uma escolha diária. Implica abandonar o peso das comparações e reconhecer que nosso valor não depende de padrões humanos, mas do amor incondicional de Deus. Na medida em que cultivamos a pureza e a humildade, encontramos paz e liberdade para viver plenamente.

Cultive um coração simples e generoso, que busca a grandeza não em ocupar os primeiros lugares, mas em refletir o amor e a humildade de Cristo.

### FRASE DO DIA

**COMPARAÇÕES NÃO DEFINEM MEU TAMANHO DIANTE DE DEUS.**

#umdeusdevocional

# CLAME A DEUS PAI

## UM DEUS
### 28 NOV

> "Na minha angústia clamei ao Senhor, e o Senhor me respondeu, dando-me ampla liberdade."
>
> **Salmos 118:5**

Deus abriu ___/___

Devocional 332/365

Reflexões

_____
_____
_____
_____
_____
_____
_____
_____
_____

O salmista nos lembra de que Deus não apenas ouve nossos clamores, mas também responde com libertação e alívio.

A angústia tem a capacidade de nos fazer sentir presos, como se estivéssemos encurralados em circunstâncias das quais não podemos escapar. No entanto, Deus, em Sua infinita bondade, sempre está por perto, aguardando que nos voltemos a Ele que deseja nos socorrer, nos libertar das cadeias emocionais e espirituais que nos afligem. Quando clamamos, não estamos lançando nossas palavras ao vento; estamos direcionando nosso coração ao Único que pode realmente mudar nossa realidade.

Muitas vezes, em nossa dor, buscamos soluções rápidas e respostas imediatas, esquecendo que a verdadeira paz vem de Deus Pai. Em Sua presença encontramos a liberdade que tanto desejamos. Ele transforma aquilo que parecia um peso insuportável em leveza, substituindo a angústia por esperança.

Portanto, Deus está ouvindo seu clamor, Pai amoroso e atento que é com todos os seus filhos. Entregue ao Senhor suas ansiedades e permita que lhe traga a liberdade e paz que seu coração tanto busca.

### FRASE DO DIA
**OUÇA, PAI, MEU CLAMOR POR PAZ ESPIRITUAL.**

#umdeusdevocional

# ARMADILHAS

> "E perguntaram-lhe, para o experimentar: é lícito ao homem repudiar sua mulher por qualquer motivo?"
> 
> **Mateus 19:3**

**UM DEUS**

**29 NOV**

Deus abriu ____/____

Devocional 333/365

Reflexões

Muitas vezes, somos colocados em situações onde nossas palavras, ações e intenções são questionadas. São testes em várias formas: dúvidas plantadas em nossos corações, desafios no trabalho, conflitos nos relacionamentos, tentações atraentes, mas perigosas.

Jesus também foi desafiado pelos fariseus e mestres da lei, em busca de alguma contradição, numa tentativa de usar suas palavras contra Ele, mas sempre respondia com sabedoria e graça. Conhecia as intenções de seus corações e não se deixou enganar. Em Mateus 9:3 revelou a verdade de Deus sobre o casamento, sem cair na cilada que lhe armaram.

Ele enfrentou muitos outros testes, mas usou essas ocasiões para ensinar verdades profundas e eternas. Sua confiança vinha de Sua íntima comunhão com o Pai e de Seu conhecimento da Palavra de Deus.

Nós também enfrentamos testes em nossa vida diária, oportunidades para fortalecer nossa fé e nos aproximar ainda mais de Deus.

Nesses momentos, lembremo-nos do exemplo de Jesus. Ele não reagia com raiva, medo ou hesitação. Enfrentava cada teste com sabedoria e serenidade, confiava em Deus para guiá-lo. Respondamos pois, às armadilhas da vida com a mente clara e o coração firme, buscando a orientação de Deus em oração e na Sua Palavra.

A vida pode nos testar de muitas maneiras, mas com Cristo ao nosso lado, podemos enfrentar cada desafio com coragem e fé.

**FRASE DO DIA**

**DEUS ME PREPARA PARA ENFRENTAR AS ARMADILHAS DA VIDA.**

#umdeusdevocional

# PERMANEÇA FIRME NO AMOR

**UM DEUS**

**30 NOV**

*"Por causa do aumento da maldade, o amor de muitos esfriará."*
**Mateus 24:12**

Deus abriu ___/___

Devocional 334/365

Reflexões

_____
_____
_____
_____
_____
_____
_____
_____
_____
_____

**FRASE DO DIA**
**MEU AMOR POR DEUS É INCONDICIONAL.**

#umdeusdevocional

Jesus nos alertou que o amor de muitos se enfraquecerá diante da maldade no mundo, mas somos chamados a viver de maneira diferente, mantendo a fé e a paixão intactas. Que o seu amor não seja apenas uma chama temporária, mas uma força perseverante que resiste às dificuldades e aos desafios.

Assim como Pedro, que reconheceu Jesus como o Filho de Deus e seguiu-O até o fim, deixe seu amor ser inabalável, firme em qualquer circunstância. Como Maria Madalena, que foi ao túmulo buscar o Senhor mesmo em meio ao luto e à perda, mantenha-se próximo de Cristo, ainda que tudo pareça incerto. Que sua paixão seja como a de Paulo, que enfrentou prisões e perseguições por amor ao Evangelho, mostrando que a fé verdadeira supera todo medo e toda oposição.

O mundo ao nosso redor pode, muitas vezes, parecer desalentador e sombrio, mas nosso amor por Deus e pelos outros não deve ser moldado pelas circunstâncias ou pelas influências externas. Permita que sua fé e seu amor sejam renovados e fortalecidos diariamente em Cristo, de modo que a maldade ao redor nunca seja capaz de esfriar o amor que habita em seu coração. Que sua vida seja uma prova viva de que o amor de Deus é mais forte do que qualquer escuridão.

**DEZEMBRO**

@umdeusdevocional

"Sede perfeitos, como vosso Pai nos céus é perfeito."
Mateus 5:48

**12**

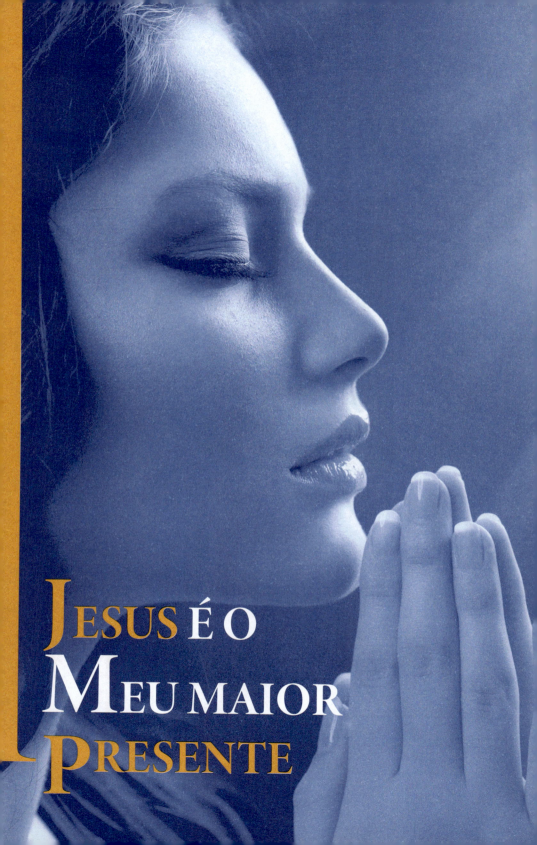

# DEUS NOS SOCORRE

> *"O meu socorro vem do Senhor, que fez os céus e a terra."*
>
> **Salmos 121:2**

**UM DEUS**

**01 DEZ**

Deus abriu ____/____

Devocional 335/365

Reflexões

Nos momentos de incerteza e necessidade, há uma paz incomparável em saber que nosso socorro não depende de circunstâncias passageiras ou de forças que falham. Ele vem do Senhor, o Criador dos céus e da terra, Aquele que rege o Universo com sabedoria e amor. Deus não é uma presença distante e impessoal, mas sim um Pai amoroso que conhece cada detalhe do nosso coração e está ao nosso lado em todos os momentos. Ele é nosso socorro fiel e presente.

Confiar no Senhor como nossa única fonte de auxílio nos traz liberdade e serenidade. Não precisamos olhar ao redor em busca de segurança, pois Ele, o Deus único, nos ampara com Seu poder e compaixão. Em meio às tempestades da vida, quando tudo parece incerto e frágil, Deus permanece firme, sendo um refúgio constante e seguro. Saber que Ele nos assiste e guarda, alivia nossos fardos e renova nossas forças, lembram-nos de que estamos sempre amparados por Suas mãos.

Se em algum momento você se sentir angustiado ou desamparado, lembre-se de que Deus está próximo. Ele é a rocha em que podemos descansar, o auxílio que nunca falha. Olhe para Ele, e encontre Nele a força e o alívio que sua alma busca. Em Sua presença, você descobrirá a paz que ultrapassa qualquer compreensão humana e a segurança inabalável que só o Senhor do Universo pode dar.

**FRASE DO DIA**

**AGUARDO CONFIANTE O SOCORRO DE DEUS.**

#umdeusdevocional

# DEUS NOS GUARDA

## UM DEUS
### 02 DEZ

> *"O Senhor é quem te guarda; o Senhor é a tua sombra à tua direita."*
> **Salmos 121:5**

Deus abriu ___/___

Devocional 336/365

Reflexões

_____
_____
_____
_____
_____
_____
_____
_____
_____
_____

### FRASE DO DIA
**ESTOU EM SEGURANÇA, POIS DEUS ME GUARDA.**

#umdeusdevocional

Quando enfrentamos inseguranças e dúvidas, é natural buscar proteção, um refúgio para nossas fragilidades. Em Salmos 121:5, somos lembrados de que Deus é mais do que um auxílio temporário; Ele é nosso guardião constante e fiel. Sua presença está ao nosso lado como uma sombra reconfortante que nunca nos abandona, que nos acompanha em cada passo, oferecendo-nos abrigo e descanso.

Essa proximidade de Deus é uma manifestação de Seu cuidado amoroso, como um Pai que se inclina para nos acolher quando mais precisamos.

Diferente de qualquer sombra comum, a sombra de Deus nos envolve de paz e de força. Revela um amparo íntimo e infalível. Sua proteção é firme e sutil, de forma que, muitas vezes, Ele nos sustenta sem que percebamos. É Ele quem nos levanta quando caímos e quem nos fortalece em tempos de fraqueza. Nada do que enfrentamos escapa de Seu olhar, e em Sua vigilância constante, podemos repousar.

Quando você estiver precisando de segurança, lembre-se de que Deus conhece seus temores, ouve suas preocupações e observa cada um dos seus passos. E ainda que o cenário ao redor seja instável, Deus é imutável. Ele permanece vigilante. No Seu cuidado, encontramos refúgio contra os desafios, alívio para nossas ansiedades e proteção nos momentos de vulnerabilidade.

# MISSÕES SILENCIOSAS

*"Com efeito, grandes coisas fez o Senhor por nós; por isso, estamos alegres."*
**Salmos 126:3**

**UM DEUS**
**03 DEZ**

Deus abriu ___/___

Devocional 337/365

Reflexões

Muitas vezes, esperamos que Deus nos chame para missões grandiosas e visíveis, acreditando que só assim estamos realmente servindo ao propósito divino. Imaginamos que nosso trabalho só é relevante se houver reconhecimento ou destaque. Mas, esquecemos que Jesus, o próprio Filho de Deus, passou trinta anos como carpinteiro, vivendo de maneira discreta e anônima. Em Seu trabalho simples, Ele serviu ao Pai com a mesma fidelidade que o levaria à cruz, jamais se sentindo inferior ou desvalorizado por isso. Jesus compreendia que cada tarefa e cada momento de Sua vida faziam parte de uma preparação para a missão maior que estava por vir.

Deus nos molda em nossas ações cotidianas, nos pequenos atos e nas tarefas aparentemente comuns. Cada um desses momentos é uma oportunidade de demonstrar nossa dedicação, seja no trabalho, seja nas relações com os outros. Assim como Zorobabel, que voltou do exílio e foi encarregado de reconstruir o Templo, somos convidados a perseverar nos pequenos começos.

Ser fiel nas pequenas coisas revela um coração comprometido e preparado para algo maior. Valorize cada tarefa e cada gesto de amor em sua vida, pois eles fazem parte do plano de Deus. No silêncio dos dias comuns, Ele está lhe preparando para missões que talvez você ainda nem consiga imaginar.

**FRASE DO DIA**

**EM PEQUENOS ATOS DEUS PREPARA-ME PARA GRANDES MISSÕES.**

#umdeusdevocional

# O AMOR QUE RESTAURA

**UM DEUS**

**04 DEZ**

> "Pedro ficou magoado por Jesus lhe ter perguntado pela terceira vez: Você me ama? E lhe disse: Senhor, tu sabes todas as coisas e sabes que te amo. Disse-lhe Jesus: Cuide das minhas ovelhas."
>
> João 21:17

Deus abriu ___/___

Devocional 338/365

Reflexões

_____
_____
_____
_____
_____
_____
_____
_____

**FRASE DO DIA**

JESUS ME GUIA DE VOLTA AO PROPÓSITO DE SERVIR.

#umdeusdevocional

Pedro, um dos discípulos mais próximos de Jesus, havia prometido que nunca o negaria. Contudo, diante da pressão, ele negou seu Mestre três vezes. Após a ressurreição de Jesus, essa falha pesava sobre Pedro. Ele sabia que havia fracassado, e o peso da culpa era imenso. É nesse contexto que Jesus, de maneira amorosa e restauradora, pergunta a Pedro três vezes: Você me ama?

Cada vez que Jesus pergunta, Ele não está apenas buscando uma confirmação do amor de Pedro. Ele está oferecendo uma oportunidade de restauração. Jesus sabia da dor que Pedro carregava por ter falhado, mas, em vez de focar na falha, Ele oferece uma nova chance de reafirmar o amor e a fidelidade.

Essa interação revela a profundidade do amor de Cristo. Jesus não busca perfeição; Ele busca corações dispostos a amar e a seguir, mesmo após falhas. Pedro negou Jesus três vezes, e agora tem a oportunidade de declarar seu amor três vezes. Cada resposta de Pedro é seguida por um chamado: "Cuide das minhas ovelhas." Jesus não apenas perdoa Pedro, mas o confia uma missão. Ele transforma o erro em uma oportunidade de serviço.

Assim como Pedro, todos nós falhamos. Mas a boa notícia é que Jesus está sempre pronto para restaurar, nos oferecendo uma nova chance. Seu amor vai além dos nossos erros. Ele nos chama de volta ao serviço e nos confia missões importantes, até quando achamos que não somos dignos.

# A DOR DA REJEIÇÃO

*"Veio até seu povo e eles o rejeitaram."*
João 1:10

**UM DEUS**
**05 DEZ**

Deus abriu ___/___

Devocional 339/365

Reflexões

As feridas emocionais podem ser profundas e difíceis de curar, e muitas vezes, sentimos que ninguém entende completamente o que estamos passando. No entanto, a Palavra de Deus nos assegura que Jesus é o refúgio para os corações feridos. Ele está sempre perto, pronto para confortar e curar aqueles que estão quebrantados e abatidos.

Jesus conhece a dor da rejeição, do sofrimento e da perda. Ele entende mais do que qualquer um o que significa ter um coração ferido. E é justamente por isso que Ele nos oferece um lugar seguro em Seus braços. Um lugar onde podemos descansar, encontrar conforto e permitir que Ele cure nossas feridas com Seu amor incomparável. Em Sua presença, somos lembrados de que não estamos sozinhos e de que nossa dor nunca é invisível para Deus.

Se hoje você se sente ferido ou quebrantado, lembre-se de que Jesus está com você. Não importa o quão profundas sejam suas feridas, Ele é capaz de restaurar e renovar. Ele caminha ao seu lado, pronto para transformar seu coração. Nos braços de Jesus, você encontra o refúgio e a segurança que seu coração precisa. Confie Nele e permita que Ele transforme sua dor em paz e sua tristeza em alegria. Deixe que Seu amor preencha os espaços vazios e traga esperança para cada momento do seu dia.

**FRASE DO DIA**

**JESUS ME ACOLHE, NÃO ME REJEITA EM TEMPO ALGUM.**

#umdeusdevocional

# CRISTÃO EM TODO LUGAR

## UM DEUS
### 06 DEZ

*"Um leproso aproximou-se dele e suplicou-lhe de joelhos: 'Se quiseres, podes purificar-me!'"*

Marcos 1: 40

Deus abriu ____/____

Devocional 340/365

Reflexões

_____
_____
_____
_____
_____
_____
_____
_____
_____
_____

### FRASE DO DIA
**NAS CELEBRAÇÕES, LEVO COMIGO A ALEGRIA DE CRISTO.**

#umdeusdevocional

Jesus viveu e ensinou que a santidade está no coração e nas ações, não simplesmente no ambiente em que estamos. Ele nos mostrou isso em diversas situações, como nas Bodas de Caná, onde fez seu primeiro milagre em uma celebração. Ele nos lembrou que é possível estar em festas e em ambientes sociais sem perder o foco em nossa identidade em Deus. O propósito, afinal, é sermos uma luz, independentemente do local.

Jesus também tocou o leproso, aquele que era visto como impuro pela sociedade. Ao tocar, Ele não absorveu impureza, mas ao contrário, trouxe cura e pureza ao outro.

O exemplo de Jesus nos convida a lembrar que não é o ambiente que nos torna impuros, mas o estado do nosso coração e a intenção dos nossos atos. Em festas e celebrações, em ambientes de grande distração, podemos agir como filhos de Deus, respeitando nossa fé e nossa missão. Somos chamados a levar alegria verdadeira e uma atitude de bondade onde estivermos.

Lembre-se de quem você é em qualquer lugar que vá. Esteja onde estiver, mantenha-se íntegro e leve a paz que vem do Evangelho. Divirta-se e compartilhe da vida com os outros, mas sem perder sua essência. Seja, como Jesus, um canal de luz, paz e verdadeira alegria. Que cada celebração se torne uma oportunidade de testemunhar sua fé de maneira genuína.

# EM FAVOR DOS OUTROS

*"Assim também a fé, se não tiver as obras está morta em si mesma."*
**Tiago 2:17**

**UM DEUS**
**07 DEZ**

Cada um de nós tem uma tarefa na seara do Senhor. Somos instrumentos em Suas mãos, usados para abençoar, apoiar e fortalecer os que estão conosco na lida diária, onde quer que seja desenvolvida. Quando permitimos que Deus trabalhe por meio de nós, tornamo-nos canais de Sua graça e amor em todos os lugares em que atuamos.

Cada ação de amor, cada gesto de bondade e cada palavra de encorajamento que oferecemos aos companheiros de trabalho, familiares, amigos da comunidade é uma forma de servir ao plano de Deus. Ele escolhe trabalhar através de nós para alcançar Seus outros filhos. Às vezes, aquilo que Deus quer fazer na vida de alguém passa diretamente pela nossa disponibilidade em obedecer e agir conforme Sua vontade.

Ser cooperador de Deus é um privilégio e uma responsabilidade. Isso nos chama a olhar para além de nós mesmos e reconhecer as oportunidades de sermos uma bênção na vida dos outros. O amor de Deus é manifestado de forma prática quando nos disponibilizamos para servir e apoiar aqueles que Ele coloca em nosso caminho.

Se hoje você sente o chamado de Deus para agir em favor de alguém, saiba que Ele está operando por meio de você. Seja o cooperador fiel para o estabelecimento do reino de Deus na Terra.

**Deus abriu** ____/____

**Devocional** 341/365

**Reflexões**

**FRASE DO DIA**
**COOPERO COM OS OUTROS PARA A GLÓRIA DE DEUS.**

#umdeusdevocional

# FAMÍLIA

**UM DEUS**

**08 DEZ**

*"E todos em sua casa creram no Senhor."*
**Atos 16:34**

Deus abriu ___/___

Devocional 342/365

Reflexões

_____
_____
_____
_____
_____
_____
_____
_____
_____

**FRASE DO DIA**

**AMO E PROTEJO A MINHA FAMÍLIA**

#umdeusdevocional

Jesus valorizava profundamente a família e deixou claro que ela é um dom precioso de Deus. Em Suas palavras e ações, vemos um exemplo de amor, respeito e cuidado para com aqueles que estão mais próximos. Desde o início, quando jovem, Ele obedeceu e honrou Sua mãe e Seu pai terreno, demonstrando o valor da obediência e da humildade dentro do lar.

Quando começou Seu ministério, Jesus não abandonou os relacionamentos familiares. Ele transformou a água em vinho no casamento em Caná, demonstrando Sua disposição em abençoar as celebrações de família e Seus momentos de união. E até na cruz, em Suas últimas horas, mostrou Seu amor ao cuidar de Sua mãe, entregando-a aos cuidados de João. Esse gesto revela o compromisso de Jesus com a família, destacando que o amor familiar é parte fundamental de nossa caminhada com Deus.

Jesus também ampliou o conceito de família ao chamar todos os que fazem a vontade de Deus de meus irmãos, irmãs e mãe. Ele nos lembra que a verdadeira família vai além dos laços de sangue e está enraizada na fé. Em Cristo, encontramos uma família espiritual que nos apoia, fortalece e caminha ao nosso lado.

Que hoje possamos valorizar e cuidar de nossas famílias, buscando seguir o exemplo de amor e dedicação de Jesus. A família é um presente divino, e Deus nos chama a cultivar relacionamentos de respeito, perdão e união.

# PODER DESTRUTIVO DA FOFOCA

> *"Quem fala contra seu irmão ou julga seu irmão fala contra a lei e a julga. Quando você julga a lei, não a está cumprindo, mas está se colocando como juiz."*
>
> Tiago 4:11

**UM DEUS**

**09 DEZ**

No âmbito da maledicência – comportamento que se apresenta sob diferentes capas conforme as circunstâncias – um costume nada bonito que muitos de nós achamos ser inocente é a fofoca, ou seja, falar mal de aspectos, ideias e atitudes alheias que não endossamos. Falar mal de alguém não apenas fere a pessoa, mas também prejudica nossa caminhada com Deus, pois nos coloca em uma posição de julgamento, algo que só a Ele compete. Essa falha está na raiz de muitos danos morais e psicológicos e muitas vezes nos leva, ou a outros, a cometer erros mais graves: o *bullying*, a calúnia, as *fake news*. Esses derivados da fofoca geram consequências desastrosas para pessoas, famílias, comunidades.

Se julgamos que alguém não segue os princípios em que acreditamos, palavras duras ou inconsequentes não devem ser nossa resposta. Em vez disso, somos chamados a responder com compaixão, graça e silêncio quando necessário. Falar mal de alguém nos distancia do amor de Deus e da missão de sermos luz em um mundo de trevas.

O silêncio sábio, quando combinado com oração e bondade, tem o poder de transformar situações e corações. Quando resistimos ao impulso de criticar e falar mal, escolhemos o caminho do amor e da paz, o caminho que Cristo nos ensinou a seguir.

Não permita que palavras precipitadas ou levianas apaguem o testemunho de amor que Deus deseja que você seja para os outros.

Deus abriu ____/____

Devocional 343/365

Reflexões

**FRASE DO DIA**

O CRISTÃO CONHECE O PODER DAS PALAVRAS.

#umdeusdevocional

# DEUS SEGURA SUA MÃO

**UM DEUS**

**10 DEZ**

> "Pois eu sou o Senhor, o seu Deus, que o segura pela mão direita e lhe diz: Não tema; eu o ajudarei."
>
> Isaías 41:13

Deus abriu ____/____

Devocional 344/365

Reflexões

_____
_____
_____
_____
_____
_____
_____
_____

**FRASE DO DIA**

DEUS SEGURA MINHA MÃO.

#umdeusdevocional

Deus nos dá uma promessa poderosa: Ele está ao nosso lado, segurando nossa mão e nos garantindo que não precisamos temer. O Senhor, nosso Deus, se aproxima, estende Sua mão e nos dá a segurança de que Ele nos ajudará em qualquer circunstância.

Essa imagem de Deus segurando nossa mão nos conforta. Assim como uma criança segura a mão de seu pai para atravessar uma estrada perigosa, podemos confiar que o nosso Pai celestial nos guia por meio de cada desafio. A ajuda Dele não é distante ou impessoal; Ele se envolve diretamente em nossas vidas, caminhando ao nosso lado e nos sustentando a todo o momento. Quando nos lembramos de que Deus está nos segurando pela mão, encontramos a coragem de continuar a jornada da vida com seus altos e baixos. Sua presença nos dá conforto, confiança e força para enfrentar o desconhecido e superar os obstáculos.

Deus não solta sua mão, mesmo quando você se sente cansado ou com medo. Ele não apenas o guia, mas o sustenta em momentos em que tudo parece pesado demais. É nesse cuidado constante que podemos descansar e renovar nossa fé. Lembre-se de que o Deus que segura sua mão hoje é o mesmo que promete caminhar com você todos os dias da sua vida.

Confie Nele, segure firme Sua mão e siga em frente com coragem. Ele está com você, a cada passo, e nunca o deixará caminhar sozinho.

# A SERENIDADE NA JORNADA

*"Não se turbe o coração de vocês; creiam em Deus, creiam também em mim."*

**João 14:1**

**UM DEUS**
**11 DEZ**

Deus abriu ____/____

Devocional 345/365

Reflexões

O ritmo frenético da vida atual pode nos fazer distanciar do que é essencial à nossa vida. Ora vivemos em abundância, ora em escassez, ora tudo está uma maravilha, ora o mundo desaba sobre nós.

Em razão desse cenário, em nossa jornada terrena muitas vezes somos tentados a buscar importância e reconhecimento, acreditando que isso trará felicidade, equilíbrio futuro ainda que à custa de nossa paz e saúde hoje. No entanto, é mais importante ser humilde, humano e grato do que ser considerado importante aos olhos dos outros, fato que nem sempre acontece ou vem carregado de frustrações. Independentemente das circunstâncias, é possível encontrar contentamento e serenidade ao confiar em Deus.

Quando somos capazes de nos desligar dessa necessidade de validação externa e aprendemos a estar em paz com nossa jornada, encontramos uma serenidade que não depende de fatores externos. Em vez de buscar reconhecimento ou status, devemos buscar ser fiéis àquilo que Deus nos chamou a ser: Seus filhos, vivendo com gratidão e serenidade em qualquer situação.

Encontre serenidade no propósito que Deus desenhou para sua vida, não importando as circunstâncias, mas confiando plenamente em Sua providência.

**FRASE DO DIA**

**NA JORNADA TERRENA TRAGO A SERENIDADE DA FÉ EM DEUS.**

#umdeusdevocional

# CRER SEM TER VISTO

**UM DEUS**
**12 DEZ**

> *"Jesus lhe disse: Porque me viu, você creu? Felizes os que não viram e creram."*
> **João 20:29**

Deus abriu ____/____

Devocional 346/365

Reflexões

_____
_____
_____
_____
_____
_____
_____
_____
_____

**FRASE DO DIA**
EU CREIO SEM PRECISAR VER: EU SINTO DEUS.

#umdeusdevocional

A história de Tomé, um dos doze discípulos, traz uma poderosa reflexão sobre a fé. Após a ressurreição de Jesus, Tomé disse que só acreditaria se visse e tocasse as marcas dos cravos em Suas mãos, Jesus, em Sua graça, permitiu que Tomé O visse e tocasse, mas em seguida afirmou que bem-aventurados são aqueles que, sem ver, creem.

Em contraste, Lucas, um dos quatro evangelistas, nunca encontrou Jesus em pessoa. Sua fé e confiança em Cristo eram tão profundas que ele se dedicou a narrar a vida e a obra de Jesus de maneira detalhada e inspirada, buscando fortalecer a fé de outros. Mesmo sem ver ou tocar o Cristo ressurreto, Lucas confiou no testemunho de outros e tornou-se um instrumento de Deus para espalhar o Evangelho. Sua fé, baseada no ouvir e na reflexão, é o exemplo do valor de acreditar sem precisar de sinais físicos.

Essa bem-aventurança — crer sem ver — nos chama a confiar em Deus de maneira plena e profunda, acreditando que Ele está presente e atuante, mesmo sem evidências tangíveis. A fé verdadeira é uma entrega confiante, é crer naquilo que nossos olhos não podem ver, mas que o coração sente como real. Quando caminhamos assim, confiamos que Deus nos revela o suficiente para a jornada e nos guia pelo que ainda não vemos. Nele, encontramos a certeza de que somos guiados e amparados em todo o tempo.

# VOZ DE JESUS

> *"E disse-lhes: Vão pelo mundo todo e preguem o evangelho a todas as pessoas."*
>
> **Marcos 16:15**

## UM DEUS
### 13 DEZ

Deus abriu ____/____

Devocional 347/365

Reflexões

Em um mundo de tantas vozes e mensagens confusas, a Palavra de Cristo é a âncora que muitos corações esperam. Não estamos todos, em algum momento, precisando de orientação, consolo ou uma palavra de esperança? É aí que a importância de pregar o Evangelho se torna clara: ele é a luz que pode dissipar a escuridão que tantos enfrentam.

O Evangelho de Cristo não é só para ser ensinado em palavras, mas também vivido em nossos gestos e atitudes. Ao pregar, nosso papel não é impor, mas sim compartilhar a boa nova de maneira gentil e amorosa, deixando que a verdade de Cristo fale por si. Jesus nos convida a ser Sua voz, Seu conforto e Sua presença nos momentos mais desafiadores, oferecendo compaixão e bondade em tempos de aflição.

Quando praticamos o evangelho com amor e sem interesses, revelamos um testemunho vivo que fala mais alto que qualquer discurso. Somos chamados a ser instrumentos de Deus, deixando que Ele nos use para levar paz e entendimento a quem está perdido.

O mundo nunca precisou tanto de esperança genuína. Aceite, portanto, o convite de ser essa voz. Que o seu exemplo e a sua palavra, guiados pela verdade de Cristo, tragam ao coração do próximo o conforto e a força que o Evangelho oferece.

### FRASE DO DIA

**PROCURO SER A VOZ DE JESUS EM PALAVRA E AÇÃO.**

#umdeusdevocional

# RENOVE SEU ESPÍRITO

**UM DEUS**

**14 DEZ**

*"Do tronco de Jessé sairá um rebento, e das suas raízes, um renovo."*
**Isaías 11:1**

Deus abriu ____/____

Devocional 348/365

Reflexões

_____
_____
_____
_____
_____
_____
_____
_____
_____

**FRASE DO DIA**

**MEU ESPÍRITO SE RENOVA DIANTE DE JESUS.**

#umdeusdevocional

Daqui a alguns dias, comemoraremos a vinda de Jesus para nos trazer a Palavra do Pai e renovar nosso compromisso com Ele. Assim como nos preparamos com antecedência para as festividades terrenas, também devemos preparar nosso coração e espírito. Busquemos renovar nosso espírito, libertando-nos de culpas, comportamentos falhos e tudo o que nos distancia de Deus.

Um espírito renovado é um presente de Deus, que molda nosso interior ao nos aproximarmos Dele. Renovar o espírito é mais do que encontrar ânimo para seguir em frente. É uma transformação profunda, que nos ajuda a resistir às tentações e a nos manter firmes na presença de Deus. Quando pedimos que renove nosso espírito, estamos reconhecendo nossa dependência Dele para nos sustentar, nos fortalecer e nos dar um novo começo.

Que este período de preparação para a celebração do advento de Jesus seja um tempo de introspecção e esperança. Permita-se sentir o renovo que Deus oferece e deixe que Ele transforme seu coração. Peça a Ele um espírito inabalável, uma alegria genuína e a força para viver plenamente Sua Palavra. Um coração restaurado e uma fé renovada não apenas nos aproximam de Deus, mas também nos preparam para compartilhar esse amor com o mundo ao nosso redor.

# A VIDA A DEUS PERTENCE

> *"Porque sou eu que conheço os planos que tenho para vocês, diz o Senhor, planos de fazê-los prosperar e não de lhes causar dano, planos de dar-lhes esperança e um futuro."*
>
> **Jeremias 29:11**

**UM DEUS**

**15 DEZ**

A vida é o maior presente que recebemos de Deus. Ele planeja minuciosamente a existência de cada ser vivo na Terra, do menor ao maior. No entanto, muitas vezes tomamos decisões infelizes por nos sentirmos incapazes de lidar com as agruras da vida, seja a nossa ou dos que nos foram confiados. De outras vezes julgamo-nos legisladores da vida alheia, cheios de rancor por algum sofrimento ou perda que alguém nos causou.

E aí tomamos o lugar de Deus, legislando sobre a vida que só a Ele pertence, esquecidos de que Ele a concede e retoma no momento certo definido de acordo com Seus propósitos. E entre início e fim, cuida de cada um de acordo com os planos que traça para nós. Não nos cabe, portanto, interromper a vida de um nascituro, nem a nossa, nem de alguém querido que esteja sofrendo, muito menos a de quem nos causou dor.

Quantas vezes somos testemunhas de pessoas que voltaram de estados de coma; ou surgem tratamentos para doenças consideradas incuráveis. Quantas crianças rejeitadas que se tornam adultos extraordinários. E criminosos arrependidos que seguem caminhos de redenção. Deus não faz acepção de pessoas e tem, para todas, propósitos que nos escapam ao entendimento. Tudo no Seu tempo e medida certa.

Lembre-se de que os planos Dele são sempre maiores e melhores do que os nossos, portanto valorize a vida em todas as suas instâncias.

**Deus abriu** ____/____

**Devocional 349/365**

**Reflexões**

**FRASE DO DIA**

**SÓ DEUS DECIDE SOBRE A DURAÇÃO DA VIDA.**

#umdeusdevocional

# SUPERAR LIMITES

## UM DEUS
## 16 DEZ

> "*Tenho visto que toda perfeição tem seu limite; mas o teu mandamento é ilimitado.*"
>
> **Salmos 119:96**

 **Deus abriu** ___/___

 **Devocional 350/365**

 **Reflexões**

Há situações na vida que testam nossos limites. Os desafios diários, as pressões e as dificuldades podem nos deixar esgotados, tanto física quanto emocionalmente. Por vezes sentimos que chegamos ao fim de nossas forças, e parece impossível continuar. Oramos a Deus, pedindo forças, discernimento. E Ele nos supre extraordinariamente de novas energias, renovando nossa esperança e permitindo que retomemos a escalada do ponto em que estagnamos.

Quando esperamos em Deus, Ele nos capacita a seguir em frente e nos sustenta em nossos momentos de maior fraqueza. É como se ganhássemos asas, voando acima das circunstâncias, porque não estamos mais confiando em nossas próprias forças, mas na força infalível de Deus. É Ele quem transforma nosso cansaço em vigor e nosso desânimo em coragem para enfrentar o que parecia intransponível.

Permita que Deus renove suas forças hoje. Não confie apenas em suas capacidades, mas busque a força que vem do Senhor. Ao confiar Nele, você encontrará a energia, o ânimo e a coragem necessários para continuar, mesmo quando as dificuldades forem grandes. Lembre-se de que os limites humanos são apenas oportunidades para Deus demonstrar Sua grandeza. Nas mãos Dele, não há barreira que não possa ser superada.

### FRASE DO DIA
**TUDO POSSO EM DEUS QUE ME FORTALECE.**

#umdeusdevocional

# MUDANÇAS INESPERADAS

> "Em seu coração o homem planeja o seu caminho, mas o Senhor determina os seus passos."
>
> **Provérbios 16:9**

**UM DEUS**
**17 DEZ**

Deus abriu ____/____

Devocional 351/365

Reflexões

Fazemos planos, traçamos metas e visualizamos o futuro de acordo com nossos desejos e sonhos. Acreditamos que sabemos o que é melhor para nós e tentamos controlar os acontecimentos em nossas vidas. Mas, de repente, algo muda tudo radicalmente. Provérbios nos lembra de uma verdade profunda: por mais que possamos planejar nossos caminhos, é o Senhor quem realmente guia nossos passos. Esse versículo nos convida a reconhecer que, embora tenhamos o livre-arbítrio para traçar nossas rotas, é Deus quem tem o controle final sobre a direção de nossas vidas.

Nos momentos de mudanças inesperadas ou quando os caminhos que planejamos parecem se desviar, é essencial confiarmos que Deus está conduzindo nossa jornada. Ele sabe exatamente o que precisamos e nos direciona para o melhor, embora no momento não compreendamos. Essas situações nos ensinam a depender Dele, a abandonar o medo e a entregar nossos planos em Suas mãos.

Se hoje você enfrenta uma mudança de planos, uma situação que parece fugir ao controle ou um caminho incerto, confie na direção de Deus e descanse na certeza de que Ele está trabalhando para o seu bem. A mudança pode ser desconfortável, mas nas mãos de Deus ela se torna uma oportunidade de crescimento e de renovação. Permita que Ele transforme as incertezas em passos firmes, guiando você com amor para onde realmente precisa estar.

**FRASE DO DIA**

NADA MUDA SEM QUE DEUS PERMITA.

#umdeusdevocional

# EDUCAR O CORAÇÃO

**UM DEUS**
**18 DEZ**

> "Se alguém afirmar: 'Eu amo a Deus', mas odiar seu irmão, é mentiroso, pois quem não ama seu irmão, a quem vê, não pode amar a Deus, a quem não vê."
>
> **1 João 4:20**

Deus abriu ____/____

Devocional 352/365

Reflexões

_____
_____
_____
_____
_____
_____
_____
_____
_____

**FRASE DO DIA**
PAI, EDUCA MEU CORAÇÃO!

#umdeusdevocional

A verdadeira essência do cristianismo é o amor a Deus e ao próximo e sem ele, nossa fé perde seu fundamento. Não podemos viver em Cristo se rejeitamos a Sua obra, que é a humanidade.

Quando não sabemos amar é possível educar nosso coração para isso. É tarefa que leva tempo, apresenta quedas e recomeços. Amar a Deus significa amar aquilo que Ele criou, incluindo nossos irmãos e irmãs. É fácil dizer que amamos a Deus, pois Ele é perfeito e Sua bondade nos toca profundamente. O verdadeiro teste é amar os outros, principalmente quando nos trazem desafios. Nossas ações e atitudes em relação a eles revelam a verdadeira condição de nosso coração. Guardar rancor, ódio ou desprezo por qualquer pessoa criada à imagem de Deus, significa contradizer o amor que dizemos ter por Ele.

Educar o coração para amar é um processo contínuo de abrir mão do orgulho, das mágoas e dos preconceitos. Jesus nos ensinou a amar até os nossos inimigos, demonstrando que o amor cristão transcende as circunstâncias e os sentimentos pessoais. Esse amor, incondicional e transformador, é a prova de que Cristo vive em nós.

Se há alguém em sua vida com quem você guarda ressentimentos, ore para que Deus eduque seu coração a perdoar e amar, assim como Cristo nos ama. Ao fazer isso, você viverá em plena comunhão com o Pai e experimentará a paz que só o amor pode trazer.

# DIANTE DO INUSITADO

*"E se ele vier de repente, que não os encontre dormindo!"*
Marcos 13:36

UM DEUS
19 DEZ

Em situações inesperadas ou inusitadas devemos entregar nossas expectativas a Deus, permitindo que Ele aja conforme Sua sabedoria. Muitas vezes, em nossa ansiedade, tentamos determinar a resposta de Deus, impondo a Ele nossos desejos e planos. Mas Deus vê além. Ele conhece o amanhã e entende o que realmente precisamos, ainda que seja diferente do que imaginamos.

Isso não significa deixarmos tudo acontecer de qualquer forma, mas confiar nas soluções que Deus nos mostra.

É confortante saber que o Senhor está sempre um passo à frente, cuidando de cada detalhe, tanto do presente quanto do futuro. Ele não responde apenas ao que desejamos; Ele responde ao que precisamos, suprindo nossas vidas com amor e sabedoria. A visão divina vai além do nosso entendimento, e é por isso que confiar Nele é um ato de fé e submissão. Ele nos surpreende, não por ser imprevisível, mas porque Sua graça e bondade ultrapassam nossa capacidade de compreender.

Deixe que Deus guie seu caminho, confie nos planos que Ele tem para você e abrace a certeza de que, mesmo nas respostas que parecem não fazer sentido agora, Ele está conduzindo tudo para o seu bem. Sua jornada é segura nas mãos Dele, que vê o que nós não vemos e que nunca falha em cuidar de nós.

Deus abriu ___/___

Devocional 353/365

Reflexões

**FRASE DO DIA**

DEUS ESTÁ SEMPRE UM PASSO À FRENTE.

#umdeusdevocional

# A BELEZA DA AMIZADE EM JESUS

**UM DEUS**
**20 DEZ**

*"Então, Jesus subiu ao monte e sentou-se com os seus discípulos."*
**João 6:3**

Deus abriu ___/___

Devocional 354/365

Reflexões

_____
_____
_____
_____
_____
_____
_____
_____
_____

**FRASE DO DIA**
SER AMIGO COMO JESUS É APRENDER A ACOLHER O OUTRO.

#umdeusdevocional

Nunca é demais refletirmos sobre a amizade que Jesus nos oferece. Ele nos ensina que a verdadeira amizade é um vínculo sagrado, onde não há lugar para superioridade ou distanciamento. Ele, sendo o Filho de Deus, não escolheu ver seus discípulos como servos, mas como amigos. Em seus gestos, revela-se um modelo de amizade que acolhe, compreende e se coloca ao lado do outro, sem esperar nada em troca. A intimidade que Ele estabeleceu com os doze apóstolos demonstra como o amor verdadeiro é construído em atos de serviço, de união e de entrega.

Jesus compartilhou com eles não apenas ensinamentos, mas também suas emoções, medos e sonhos. Jesus chorou com eles, compartilhou refeições com eles, orou por eles e caminhou ao lado deles em todas as circunstâncias, mostrando que a amizade genuína é um convite para estar presente nos momentos de alegria e de dor.

Ser amigo como Jesus é aprender a acolher o outro, a perdoar e a amar sem reservas. Assim como Ele fez com seus discípulos, somos chamados a cultivar amizades que inspiram, fortalecem e refletem o amor de Deus.

Permita que Jesus seja o seu modelo de amizade. Ao seguir Seu exemplo, você encontrará a beleza de uma vida compartilhada em amor, onde a presença e o cuidado são os maiores presentes que podemos oferecer. Que possamos ser amigos que refletem a luz de Cristo em cada gesto, criando vínculos eternos que glorificam a Deus.

# HONRA AOS ANCESTRAIS

*"Honra teu pai e tua mãe, para que se prolonguem os teus dias na terra que o Senhor, teu Deus, te dá."*

Êxodo 20:12

**UM DEUS**

**21 DEZ**

Honrar nossos pais e ancestrais é mais do que um simples gesto de respeito; é um reconhecimento de que não chegamos onde estamos sozinhos. É um chamado à gratidão, para que possamos reconhecer as mãos que moldaram nossa vida e os corações que nos guiaram. Eles enfrentaram desafios, fizeram escolhas difíceis e nos amaram da maneira que lhes foi possível. Alguns, intensamente, outros, em silêncio ou até sob a capa da indiferença.

Seja como for, nossos pais, avós e ancestrais dedicaram suas vidas para nos dar uma base sobre a qual pudéssemos construir o nosso futuro. Não devemos desonrar esse esforço negligenciando o valor de suas contribuições ou esquecendo o caminho que eles pavimentaram para nós.

Então, ainda que seus pais ou aqueles que vieram antes de você não tenham sido perfeitos, há um valor profundo em ser-lhes gratos. No mínimo foram os instrumentos do Criador para trazer-te à vida.

Honrar aqueles que vieram antes de nós é honrar a Deus, que trabalha através de todas as gerações para cumprir Seu propósito em nossa vida.

Agradeça a Deus por sua família, por suas raízes e pelo caminho que foi traçado para você. Viva de uma maneira que honre esse legado, mostrando respeito, amor e gratidão por tudo o que foi feito para que pudesse estar onde está agora. Lembre-se de que, ao honrar seu passado, você está construindo um futuro ainda mais forte.

**Deus abriu** ____/____

**Devocional** 355/365

**Reflexões**

_____
_____
_____
_____
_____
_____
_____
_____
_____
_____

**FRASE DO DIA**

HONRAR NOSSAS RAÍZES É RECONHECER O LEGADO DE DEUS EM NOSSA HISTÓRIA.

#umdeusdevocional

# NA PRESENÇA DE DEUS

**UM DEUS**

**22 DEZ**

*"Recorram ao Senhor e ao seu poder; busquem sempre a sua presença."*
**Salmos 105:4**

Deus abriu ____/____

Devocional 356/365

Reflexões

_____
_____
_____
_____
_____
_____
_____
_____
_____

**FRASE DO DIA**
**TENHO FORÇA E PAZ NA PRESENÇA DE DEUS.**

#umdeusdevocional

Em um mundo onde tantas vozes competem por nossa atenção, o convite de Deus para buscarmos Sua presença e nos apoiarmos em Seu poder é um alívio e uma promessa. No Salmo 105:4 somos lembrados de que não precisamos caminhar sozinhos; temos um Deus poderoso que deseja que busquemos Nele o sustento e a orientação de que necessitamos. Ele não nos chama apenas para um momento, mas para uma busca constante e intencional por Sua presença, uma conexão que nos fortalece e nos alinha com Sua vontade.

Buscar a presença de Deus não significa uma experiência mística distante da realidade, mas sim um encontro contínuo e diário, que transforma o ordinário em sagrado. Quando buscamos o Senhor de todo o coração, Ele nos enche de paz, sabedoria e discernimento para enfrentarmos os desafios diários. Seu poder é como um farol que ilumina nosso caminho, dando-nos coragem e direção. Ele age em nosso favor quando reconhecemos nossa dependência Dele e entregamos nossos passos à Sua direção amorosa.

Que hoje possamos nos voltar para Deus em busca de força e paz, sabendo que, ao nos aproximarmos Dele, encontramos a segurança e a esperança que o mundo não pode oferecer. Que essa busca constante nos encha de confiança e nos lembre de que, em qualquer circunstância, Deus está presente e pronto para agir em nossas vidas.

# BUSQUE A PERFEIÇÃO

*"Sede perfeitos, como vosso Pai nos céus é perfeito."*
**Mateus 5:48**

**UM DEUS**

**23 DEZ**

Jesus nos chama a uma vida de busca pela perfeição divina, não no sentido de sermos impecáveis, mas de estarmos em constante crescimento espiritual, alinhados com os valores e o amor de Deus. Esse chamado é um convite para a transformação e o cuidado com o nosso interior. Quando nos dedicamos a esse processo de autoconhecimento e melhoria, cultivamos uma vida em harmonia com o bem e nos afastamos das influências negativas.

Esse processo não é um caminho fácil, pois envolve enfrentar nossas falhas e buscar ser melhores a cada dia. É nos aproximarmos de Deus com humildade, pedindo forças para superar nossas imperfeições.

Cada vez que ouvimos a voz da consciência e seguimos os ensinamentos de Jesus, fortalecemos nosso vínculo com o Pai e nos preparamos para agir de acordo com a Sua vontade. Quando nos encontramos em dúvida, essa orientação serve como uma bússola para nossos atos e decisões.

Essa frase de Jesus nos lembra de que a perfeição que Ele nos pede é fruto de um coração dedicado ao amor, à bondade e à misericórdia. É um chamado para que, em cada escolha, busquemos nos tornar reflexos da Luz de Deus, deixando que brilhe em nossos pensamentos e ações. Que, a cada dia, possamos nos aproximar mais desse ideal, confiando que o próprio Deus nos ajudará a trilhar esse caminho de aperfeiçoamento.

**Deus abriu** ____/____

**Devocional 357/365**

**Reflexões**

---

**FRASE DO DIA**

**BUSCAR A PERFEIÇÃO É CRESCER EM AMOR E REFLETIR A LUZ DE DEUS.**

#umdeusdevocional

# VÉSPERA DE NATAL

**UM DEUS**
**24 DEZ**

> *"Porque um menino nos nasceu, um filho nos foi dado, e o governo está sobre os seus ombros. E ele será chamado Maravilhoso Conselheiro, Deus Poderoso, Pai Eterno, Príncipe da Paz."*
>
> **Isaías 9:6**

📖 Deus abriu ___/___

🙏 Devocional 358/365

💡 Reflexões

___
___
___
___
___
___
___
___
___

Na véspera de Natal, o mundo se prepara para celebrar o nascimento de Jesus Cristo, o maior presente que já recebemos. Enquanto nos reunimos com a família e amigos, trocamos presentes e participamos de celebrações, é importante lembrar o verdadeiro significado dessa data. Isaías profetizou que um menino nasceria e seria chamado Maravilhoso Conselheiro, Deus Poderoso, Pai Eterno, Príncipe da Paz. Esse menino é Jesus, nosso Salvador.

Jesus veio ao mundo de maneira humilde, nascendo em uma simples manjedoura. Mas Sua chegada trouxe esperança para toda a humanidade. Ele veio para ser a luz em meio às trevas, para nos reconciliar com Deus e nos oferecer o presente da vida eterna. Naquela noite em Belém, Deus revelou Seu imenso amor por nós de uma forma profunda e transformadora.

Nesta véspera de Natal, tire um tempo para refletir sobre o que o nascimento de Jesus significa para você. Mais do que uma data comemorativa, o Natal nos lembra da incrível obra de amor que Deus realizou ao enviar Seu Filho para nos salvar. Que esta noite seja um tempo de renovação espiritual, gratidão e celebração do maior presente que já recebemos: a salvação em Cristo.

---

**FRASE DO DIA**

**O NATAL É A CELEBRAÇÃO DO AMOR DE DEUS QUE NOS DEU JESUS.**

#umdeusdevocional

# O VERDADEIRO NATAL

**UM DEUS**

**25 DEZ**

> "Hoje, na cidade de Davi, lhes nasceu o Salvador que é Cristo, o Senhor."
>
> Lucas 2:11

Deus abriu ___/___

Devocional 359/365

Reflexões

Mais do que um feriado festivo, o Natal é a celebração do amor de Deus revelado em Jesus. O Filho de Deus escolheu deixar o céu para habitar entre nós, trazendo a salvação e a verdadeira paz. É a ocasião em que comemoramos o maior presente que a humanidade já recebeu: Jesus Cristo, nosso Salvador.

Na simplicidade de uma manjedoura, Jesus veio ao mundo para ser o caminho que nos reconduziria ao Pai. Em um tempo de consumismo e distrações, é fácil perder de vista o verdadeiro significado do Natal. O convite de Jesus é para que, em meio a toda celebração, nos lembremos do amor sacrificial que Ele demonstrou por nós desde o Seu nascimento até a cruz.

O verdadeiro significado do Natal não está nas luzes, nos presentes ou nas festas, mas no fato de que Deus nos amou tanto que deu Seu único Filho para nos salvar. Jesus nasceu para nos dar vida em abundância, para restaurar nossa conexão com o Pai e nos trazer uma esperança eterna. Não há presente maior do que esse e nossa alegria é viver com gratidão por esse grande amor.

Que nesta data especial, ao refletir sobre o nascimento de Cristo, você possa enxergar o Natal como um tempo de gratidão pelo amor demonstrado por Deus e renovação da sua fé. Jesus nasceu para que pudéssemos viver plenamente, e isso deve ser lembrado em cada detalhe da nossa vida, não apenas hoje, mas em todos os dias.

**FRASE DO DIA**

CELEBRO O NATAL COM GRATIDÃO POR TODO O AMOR DE DEUS.

#umdeusdevocional

# FRATERNIDADE CRISTÃ

**26 DEZ**

*"Portanto, enquanto temos oportunidade, façamos o bem a todos, especialmente aos da família da fé."*

**Gálatas 6:10**

Deus abriu ___/___

Devocional 360/365

Reflexões

_____
_____
_____
_____
_____
_____
_____
_____
_____
_____

**FRASE DO DIA**

**MINHAS MÃOS ESTÃO A SERVIÇO DE DEUS E DO PRÓXIMO.**

#umdeusdevocional

Desde os primeiros cristãos, que se reuniam na Casa do Caminho para cuidar uns dos outros, a prática da caridade e do amor ao próximo é um reflexo direto do amor de Deus por nós. A solidariedade e a fraternidade, portanto, estão no coração do ensinamento cristão.

A verdadeira fé não se manifesta apenas nas orações e palavras, mas nas atitudes de compaixão e apoio àqueles que precisam.

Quando nos unimos em iniciativas de promoção social e caridade, prolongamos a missão daqueles primeiros cristãos e respondemos ao chamado de Deus para sermos agentes de misericórdia no mundo. Não precisamos esperar grandes oportunidades para agir. Pequenos gestos diários e o apoio a ações coletivas são formas poderosas de sermos luz onde há escuridão. Deus espera de nós um coração disposto e mãos prontas para ajudar.

A solidariedade cristã é um convite a sair de nós mesmos, a quebrar o ciclo do egoísmo e a compartilhar o que temos, seja tempo, recursos ou atenção. Fazer parte dessa rede de amor e serviço é mais do que uma escolha; é um reflexo da nossa fé e do compromisso com o propósito de Deus.

Assim, não se acomode, não se distancie. A verdadeira alegria e realização vêm ao permitir que Deus use sua vida para abençoar outras pessoas. Ame com o maior amor que Deus espera de você, seja um canal da Sua misericórdia no mundo.

# FRUTOS DA FÉ

> "E vendo de longe uma figueira com folhas, foi ver se nela acharia alguma coisa; e, aproximando-se dela, nada achou senão folhas, porque não era tempo de figos."
>
> Marcos 11:13

**UM DEUS** — 27 DEZ

Deus abriu ____/____

Devocional 361/365

Reflexões

_____
_____
_____
_____
_____
_____
_____
_____

A parábola da figueira estéril é uma das passagens mais impactantes do Novo Testamento. Traz um convite poderoso para examinarmos nossa vida espiritual. Jesus, ao se aproximar da figueira frondosa, mas sem frutos, repreende a árvore e ela seca. Essa atitude Dele nos ensina a importância de uma fé que dá frutos reais, e não apenas mostre aparência de vitalidade.

Uma figueira cheia de folhas fora da estação era especial, pois significava uma promessa de fruto. Contudo, a árvore estava sem frutos. Assim também pode ser nossa vida espiritual: uma aparência cheia de rituais e práticas, mas sem frutos de compaixão, perdão e bondade. A figueira simboliza aqueles que parecem espiritualmente vivos, mas cujas atitudes e ações não refletem um coração transformado por Deus.

Ele deseja que nossa vida seja cheia de frutos espirituais que sirvam de alimento e testemunho para o mundo ao nosso redor. Não basta ter folhas – ou seja, uma aparência de piedade – sem a substância que confirma a nossa fé. Somos convidados a produzir frutos de justiça, de amor ao próximo, e de compaixão verdadeira. Jesus nos alerta para não sermos apenas figueiras frondosas, mas para vivermos de maneira autêntica e frutífera.

Tenhamos o propósito de tornar nossa vida um testemunho vivo. Que não apenas pareçamos cristãos, mas sejamos verdadeiros discípulos de Cristo, produzindo frutos espirituais.

**FRASE DO DIA**

OS MEUS ATOS SÃO FRUTOS DE QUALIDADE NA SEARA DIVINA.

#umdeusdevocional

# ÁGUA DA VIDA

## UM DEUS
**28 DEZ**

> "Quem crer em mim, como diz a Escritura, do seu interior fluirão rios de água viva."
> 
> **João 7:38**

 **Deus abriu** ____/____

 **Devocional 362/365**

**Reflexões**

_____
_____
_____
_____
_____
_____
_____
_____

### FRASE DO DIA
**SENHOR, QUE EU POSSA SER FONTE DA SUA ÁGUA VIVA.**

#umdeusdevocional

---

Jesus utiliza a água como elemento vital de suas curas, ensinamentos e até de seu dia a dia. Ele vai até João Batista para que o batize nas águas do rio Jordão; transforma água em vinho nas bodas de Caná; vai ao encontro de seus discípulos sobre o mar após acalmar a tempestade; lava os olhos do cego para que enxergue; pede à samaritana lhe dê água e assim por diante.

Entre muitas razões para que Ele a utilize é que a água é o mais poderoso elemento criado por Deus para sustentar a vida na Terra. Ela se modifica de muitas maneiras, serve ao sagrado e ao cotidiano. No Evangelho é símbolo da fé que burila a alma, lava-a de suas falhas, conduz e renova todas as coisas; da generosidade que acalma e socorre o próximo; da alegria da convivência entre amigos.

Jesus assegura aos que creem em Sua Palavra, rios de água viva que jamais secam ou se poluem que fertilizam a vida em seu redor, trazem a verdadeira prosperidade e paz proporcionada pelo cumprimento de Suas divinas Leis.

Utilizemo-nos desse recurso divino com respeito e gratidão em nosso dia a dia. E façamos o propósito de aceitarmos o convite de Jesus para que de nós fluam perenes rios de água viva, ao renovarmos nossas atitudes, fortalecermos nossa fé, contribuirmos para o crescimento espiritual e material de todos aqueles com quem convivamos.

# O AMOR DE DEUS

*"Faze-me ouvir do teu amor leal pela manhã, pois em ti confio. Mostra-me o caminho que devo seguir, pois a ti elevo a minha alma."*

**Salmos 143:8**

**UM DEUS**

**29 DEZ**

Começar o dia buscando ouvir o amor leal de Deus é um gesto de profunda confiança e entrega. Este versículo do Salmo 143 nos lembra de que, ao elevarmos nossa alma ao Senhor logo pela manhã, encontramos direção, paz e segurança para enfrentar o que nos espera. No silêncio do amanhecer, quando o mundo ainda desperta, Deus sussurra Seu amor e nos mostra o caminho.

Cada manhã é uma nova chance de alinhar nosso coração com a vontade de Deus, de renovar nossa fé e nos entregar ao Seu cuidado. Ao pedirmos que Ele nos mostre a direção, reconhecemos que nossos próprios planos são limitados, mas os caminhos de Deus são perfeitos. O amor leal do Senhor não apenas nos ampara, mas nos orienta e nos encoraja a seguir adiante, confiantes de que Ele está no controle.

Se hoje você busca clareza, eleve sua alma a Deus e peça que Ele fale ao seu coração. Deixe que a Sua presença encha o seu dia com paz e propósito. Quando confiamos em Deus e permitimos que Ele guie nossos passos, encontramos serenidade e segurança. Que cada manhã seja uma oportunidade de ouvir o amor leal do Senhor e caminhar sob Sua orientação.

Deus abriu ____/____

Devocional 363/365

Reflexões

_____
_____
_____
_____
_____
_____
_____
_____
_____
_____

**FRASE DO DIA**

CADA AMANHECER É UM CONVITE PARA OUVIR O AMOR FIEL DE DEUS.

#umdeusdevocional

# RETROSPECTIVA ESPIRITUAL

## UM DEUS
### 30 DEZ

*"Que entesourem para si mesmos um bom fundamento para o futuro, para que possam se apoderar da vida eterna."*
1 Timóteo 6:19

**Deus abriu** _____/_____

**Devocional 364/365**

**Reflexões**

_____
_____
_____
_____
_____
_____
_____
_____
_____

### FRASE DO DIA
**COM DEUS RENOVO-ME EM ESPERANÇA PARA O FUTURO.**

#umdeusdevocional

Quando se aproxima o final de um ano e o início de outro, muitos de nós costumamos fazer uma faxina especial em nossas casas, descartamos ou damos novo destino àquilo que não nos interessa mais. Fazemos também uma retrospectiva dos acontecimentos bons e ruins que vivenciamos, projetamos o futuro. Um misto de esperança e medo pelo que virá nos toma o coração. O que nos acontecerá no futuro? Como reagiremos se algo não sair tão bem quanto aspiramos?

Lembremo-nos de uma verdade reconfortante: o Senhor é a nossa luz. Ele dissipa as trevas e ilumina o caminho à nossa frente. Não há razão para temer, porque Ele nos guia com segurança. Ele é o nosso refúgio, a rocha firme em que podemos nos apoiar.

Sua confiança Nele não será em vão, pois o Senhor está presente, agindo em sua vida e lhe trazendo paz. Use sua retrospectiva para descartar atitudes que provocam distanciamento dos propósitos divinos para sua vida e o que deseja fortalecer para o próximo ciclo de crescimento espiritual. Nessa tarefa, não se deixe paralisar pelo medo e permita que a luz de Deus invada suas áreas de incerteza. Ele é a sua proteção, a sua força e a sua salvação.

# UM NOVO COMEÇO

> "Aquele que estava sentado no trono disse: Estou fazendo novas todas as coisas!"
> Apocalipse 21:5

**UM DEUS**
**31 DEZ**

O fim de mais um ano nos lembra da fragilidade do tempo e da nossa jornada constante rumo ao futuro. Cada 31 de dezembro marca a conclusão de um ciclo e o início de outro, nos dando uma oportunidade única de refletir, agradecer e renovar nossas esperanças. Pode ser que este ano tenha sido de vitórias, perdas, desafios ou crescimento. Seja como for, ele nos trouxe lições importantes que moldaram quem somos e nos aproximaram de Deus.

O Senhor nos convida a olhar para o futuro com fé e confiança. Ele não apenas promete mudanças, mas garante que a renovação é parte essencial de Seu plano divino.

A cada final de ano, somos lembrados de que Deus trabalha em nossa vida constantemente, até nas situações mais difíceis. Ele abre novos caminhos no deserto e faz com que rios fluam em meio à sequidão, preparando-nos para tempos de abundância e paz.

No último dia do ano, reflita sobre os momentos em que Deus esteve presente na sua vida, ainda que você não tenha percebido. Reconheça a mão Dele nos detalhes, nas pequenas vitórias, e até nos momentos de dificuldade, quando Ele sustentou você. O ano novo que se aproxima é uma nova chance de se render completamente ao cuidado de Deus que já preparou um novo tempo para você. Tudo o que Ele pede é que você confie, siga em frente, e não tenha medo do desconhecido, porque já está lá, esperando por você.

Deus abriu ____/____

Devocional 365/365

Reflexões

**FRASE DO DIA**

GRATIDÃO, PAI, POR MAIS UM CICLO DE RENOVAÇÃO ESPIRITUAL.

#umdeusdevocional

# APÓS NOSSOS 365 DIAS JUNTOS, TENHO UM CONVITE PARA VOCÊ.

Ao longo desses 365 dias, espero que cada devocional tenha tocado o seu coração de maneira singular, trazendo paz e inspiração nos momentos difíceis e nos felizes. Que você tenha percebido Deus cuidando de cada detalhe da sua vida. Não guarde essa experiência apenas para si.

Compartilhe a mensagem de Jesus com o mundo. Fale sobre o Evangelho, divulgue as mensagens do **1Deus** nos ambientes digitais e em sua comunidade. Lembre-se de que só existe UM Deus, mas somos muitos **1Discípulos**, refletindo o amor dEle no mundo.

# Deus

# Devocional

# Doutrina

# Discípulo - você

# Minhas Reflexões Finais

Obrigado por comprar uma cópia autorizada deste livro e por cumprir a lei de direitos autorais não reproduzindo ou escaneando este livro sem a permissão.

**Letramais Editora**
Rua Lucrécia Maciel, 39 - Vila Guarani
CEP 04314-130 - São Paulo - SP
(11) 2369-5377 -   (11) 93235-5505
intelitera.com.br - facebook.com/intelitera

Os papéis utilizados foram Off Set Chambril Book 75g/m² para o miolo e o papel Cartão Eagle Plus High Bulk GC1 Lt 250 g/m² para a capa. O texto principal foi composto com a fonte Minion Variable Concept 11,5/14 e os títulos com a fonte Minion Variable Concept 19/25.

**Editores**
Luiz Saegusa e Claudia Zaneti Saegusa

**Direção editorial**
Claudia Zaneti Saegusa

**Capa e Projeto Gráfico**
Felipe Headley Pereira Frazão da Costa

**Diagramação**
Mauro Bufano

**Revisão**
Fátima Salvo

**Impressão**
Lis Gráfica e Editora

**1ª Edição**
2024

Copyright© Intelítera Editora

# UM DEUS
*365 dias de conexão com Ele*

Dados Internacionais de Catalogação na Publicação (CIP)
(Câmara Brasileira do Livro, SP, Brasil)

Ribeiro Jaime
    Um Deus : 365 dias de conexão com Ele  /  Jaime Ribeiro  --  São Paulo  :  Intelítera Editora, 2024.

ISBN: 978-65-5679-065-7

1. Bíblia  - Ensinamentos  2. Deus (Cistianismo)  3. Jesus Cristo  4. Literatura devocional  I. Título.

24-240035                                                                                           CDD-242

Índices para catálogo sistemático:
1. Litaratura devocional : Cristianismo
Eliete Marques da Dilva - Bibliotecária - CRB-8/9380

242

Para receber informações sobre nossos lançamentos, títulos e autores, bem como enviar seus comentários, utilize nossas mídias:

🌐 intelitera.com.br
✉ atendimento@intelitera.com.br
▶ youtube.com/inteliteraeditora
📷 instagram.com/intelitera
f facebook.com/intelitera

# UM DEUS
# 1D

Siga o perfil do
### 1Deus
nas redes sociais

**@umdeusdevocional**